技术转移人才培训系列教材

技术转移法律实务解析

邹 毅 戴力新 主编

东南大学出版社
SOUTHEAST UNIVERSITY PRESS
·南京·

内 容 简 介

本书结合技术转移工作的实际需求，全面系统地阐述了技术转移全流程中所涉及的法律体系与制度框架。通过深入浅出的讲解，使读者能够正确且概括地理解技术转移过程中所涉及的各种法律、不同法律体系（部门法）的构成，以及针对技术转移中不同问题所应适用的具体法律条款。本书内容覆盖了技术转移的全过程和主要应用场景，不仅注重法律体系的完整性介绍，更强调实操性，旨在帮助专业人员在实际工作中能够熟练运用法律知识，有效应对技术转移过程中的各种法律挑战。

图书在版编目(CIP)数据

技术转移法律实务解析 / 邹毅，戴力新主编.
南京：东南大学出版社，2024.12. -- ISBN 978-7
-5766-1706-1

Ⅰ. D922.174

中国国家版本馆 CIP 数据核字第 20240ZZ418 号

责任编辑：张新建　　责任校对：张万莹　　封面设计：王　玥　　责任印制：周荣虎

技术转移法律实务解析

| 主　　编：邹　毅　戴力新 |
| 出版发行：东南大学出版社 |
| 出 版 人：白云飞 |
| 社　　址：南京市四牌楼2号　　邮编：210096　电话：025-83793330 |
| 网　　址：http://www.seupress.com |
| 经　　销：全国各地新华书店 |
| 印　　刷：广东虎彩云印刷有限公司 |
| 开　　本：700 mm×1000 mm　1/16 |
| 印　　张：15.75 |
| 字　　数：300 千字 |
| 版　　次：2024 年 12 月第 1 版 |
| 印　　次：2024 年 12 月第 1 次印刷 |
| 书　　号：ISBN 978-7-5766-1706-1 |
| 定　　价：70.00 元 |

本社图书若有印装质量问题，请直接与营销部联系。电话(传真)：025-83791830

编委会

主　编　邹　毅　戴力新

副主编　孙清白　李　红　闫中秋

编　著　孙兴莲　肖　莺　张　聪　张　欢
　　　　　汤倩倩　钱　猛　陈　立

序 言

为深入贯彻执行《中华人民共和国促进科技成果转化法》及其相关配套规定,深入实施《国家技术转移体系建设方案》,加强技术转移人才培养的系统性与专业性,在江苏省科技资源统筹服务中心指导下,由国家技术转移人才培养(江苏)基地牵头组织编撰《技术转移人才培训系列教材》。本书作为该系列教材中的法律法规模块,旨在全面而深入地解析技术转移全过程中涉及的法律规范及其实际应用,以期提升技术转移从业者的法律素养与实操能力。

本书在编纂过程中,充分借鉴了全国各地技术转移法律人才培养的宝贵经验,并紧密结合当前技术转移领域的新模式、新特征,构建了既具体系性又兼顾实操性的技术转移法律制度框架。我们不仅着眼于法律制度的阐述,更敏锐地捕捉到了新技术发展所带来的新型法律问题,以及技术转移实践中涌现的新挑战,力求实现国内法律与国际规则的有机融合,确保内容的科学性、系统性与实用性。

鉴于技术转移领域的广泛性与复杂性,相关法律法规浩如烟海,不同编者对于教材体系的构建、内容的取舍难免存在各异的理解。本书定位为非法律专业人士的技术转移基础法律知识普及读物,因此,在内容的选取与表述上,我们力求语言通俗易懂,知识点覆盖全面而有所侧重,旨在帮助读者快速掌握技术转移的核心法律要点。

具体而言,本书围绕技术转移的核心流程与关键应用场景,精心挑选与技术转移最为紧密相关的法律知识点,遵循"法律主体—民事权利—知识产权—合同制度—法律风险及其应对—前沿法律问题"的逻辑脉络,以技术转移活动的主体、相关民事权利、知识产权法律体系、技术转移合同、风险防控策略、新型法律问题以及科技法律制度为主线,展开系统而深入的阐述。

尽管我们在内容编排上力求基于现有法律规范的通说理论与制度介绍,尽量避免争议性内容,但受限于作者团队的主观视角及实践经验,书中难免存在不足与疏漏。我们诚挚邀请广大读者批评指正,您的宝贵意见将是本书不断完善的动力源泉。未来,我们将持续跟踪我国技术转移法律制度的更新与实践需求的变化,确保本书内容的时效性与实用性,为技术转移领域的发展贡献绵薄之力。

编委会

2024 年 6 月 15 日

目 录

第一章 技术转移活动的主体 ········· 1

第一节 技术转移活动主体的形式 ········· 1
  一、公司 ········· 1
  二、事业单位 ········· 11
  三、合伙企业 ········· 13
  四、个人独资企业 ········· 17
  五、自然人 ········· 18
  六、民办非企业单位 ········· 18

第二节 主要技术转移活动的当事人 ········· 22
  一、技术开发当事人 ········· 22
  二、技术转让当事人 ········· 25
  三、技术许可当事人 ········· 27
  四、技术咨询与服务当事人 ········· 28
  五、技术投融资中的当事人 ········· 30

第三节 技术转移中介机构及从业人员 ········· 37
  一、技术交易平台 ········· 37
  二、技术经理人 ········· 38
  三、江苏省备案技术经理人 ········· 39

第二章 技术转移中的民事权利 ········· 41

第一节 民事权利概述 ········· 41
  一、民事权利的概念 ········· 41
  二、民事权利的分类 ········· 42
  三、民事权利的行使与保护 ········· 44

第二节 民事权利客体 ········· 53

一、民事权利客体概述 …………………………………………… 53
　　二、物与有价证券 ………………………………………………… 54
　　三、智力成果 ……………………………………………………… 57
　　四、其他客体 ……………………………………………………… 60
　第三节　职务技术成果 ……………………………………………… 67
　　一、职务技术成果概述 …………………………………………… 67
　　二、职务技术成果的权属认定 …………………………………… 68

第三章　知识产权法律制度 …………………………………………… 77
　第一节　知识产权概述 ……………………………………………… 77
　　一、知识产权的概念 ……………………………………………… 78
　　二、知识产权的性质与特征 ……………………………………… 79
　　三、知识产权的类型 ……………………………………………… 81
　　四、知识产权法律体系 …………………………………………… 82
　第二节　专利权 ……………………………………………………… 87
　　一、专利制度的起源 ……………………………………………… 87
　　二、专利权的概念与特征 ………………………………………… 88
　　三、专利权的客体 ………………………………………………… 89
　　四、专利权的主体 ………………………………………………… 91
　　五、专利权的授予条件 …………………………………………… 92
　　六、专利申请文件 ………………………………………………… 93
　　七、专利的申请、审查与授权 …………………………………… 94
　　八、专利权的期限、终止和无效 ………………………………… 96
　　九、专利的实施许可 ……………………………………………… 96
　　十、专利权的保护 ………………………………………………… 98
　第三节　商业秘密 …………………………………………………… 101
　　一、商业秘密概述 ………………………………………………… 101
　　二、商业秘密的概念与类型 ……………………………………… 102
　　三、商业秘密的构成要件 ………………………………………… 103
　　四、侵害商业秘密的典型侵权行为 ……………………………… 105
　　五、商业秘密的合法来源 ………………………………………… 105
　第四节　计算机软件著作权 ………………………………………… 107
　　一、著作权概述 …………………………………………………… 107

二、计算机软件著作权的客体 …… 108
　　三、软件著作权的主体与著作权取得 …… 109
　　四、软件著作权的内容 …… 110
　　五、著作权的保护 …… 111
　　六、软件著作权侵权行为及其认定规则 …… 111
　第五节　其他知识产权 …… 112
　　一、注册商标专用权 …… 112
　　二、集成电路布图设计专有权 …… 114
　　三、植物新品种权 …… 118

第四章　技术转移中的合同 …… 125
　第一节　合同的一般知识 …… 125
　　一、合同概述 …… 126
　　二、合同的订立 …… 127
　　三、合同的主要条款 …… 130
　　四、合同的效力 …… 131
　　五、合同的履行 …… 133
　　六、合同的变更和转让 …… 135
　　七、合同的权利义务终止 …… 136
　　八、违约责任 …… 137
　　九、典型合同 …… 140
　第二节　技术合同 …… 141
　　一、技术合同的一般规定 …… 141
　　二、典型技术合同 …… 143
　第三节　技术转移中的其他合同 …… 150
　　一、知识产权出资合同 …… 150
　　二、知识产权质押合同 …… 151
　　三、知识产权代理合同 …… 151

第五章　技术转移中的风险及应对 …… 154
　第一节　技术转移中的知识产权风险 …… 154
　　一、知识产权权属风险 …… 154
　　二、知识产权侵权风险 …… 161

三、知识产权风险应对 …………………………………………… 170
    第二节 技术转移中的合同风险 ………………………………………… 171
         一、合同订立阶段的风险 ………………………………………… 171
         二、合同履行阶段的风险 ………………………………………… 175
    第三节 技术转移中的风险应对 ………………………………………… 179
         一、合同订立阶段的风险应对 …………………………………… 179
         二、合同履行中的风险应对 ……………………………………… 182

第六章 技术转移新型法律问题 …………………………………………… 184
    第一节 跨境技术转移法律问题 ………………………………………… 184
         一、跨境技术转移的进出口管制问题 …………………………… 184
         二、跨境技术转移的合同风险问题 ……………………………… 187
         三、跨境技术转移的知识产权保护问题 ………………………… 191
         四、跨境技术转移的反垄断问题 ………………………………… 193
    第二节 技术转移所涉及的数据法律问题 ……………………………… 199
         一、数据安全问题 ………………………………………………… 199
         二、数据交易问题 ………………………………………………… 204
         三、数据授权运营问题 …………………………………………… 207
    第三节 技术转移所涉及的人工智能法律问题 ………………………… 209
         一、算法问题 ……………………………………………………… 209
         二、人工智能生成物的知识产权问题 …………………………… 210
         三、侵权责任分配问题 …………………………………………… 212
    第四节 技术转移中的其他法律问题 …………………………………… 214
         一、生物安全问题 ………………………………………………… 215
         二、科技伦理问题 ………………………………………………… 216

第七章 技术转移相关的科技法律规范 …………………………………… 221
    第一节 《科学技术进步法》 …………………………………………… 221
         一、立法概述 ……………………………………………………… 221
         二、内容解读 ……………………………………………………… 223
    第二节 《促进科技成果转化法》 ……………………………………… 225
         一、立法概述 ……………………………………………………… 225
         二、内容解读 ……………………………………………………… 226

三、相关配套 ·· 228
第三节　《技术合同认定登记管理办法》 ·· 231
　　一、立法背景 ·· 231
　　二、内容介绍 ·· 232
　　三、技术合同认定登记的实务操作 ·· 233

法律法规简称 ·· 236

参考文献 ·· 238

第一章

技术转移活动的主体

技术转移业务多样,不同类型、不同内容的技术转移活动有着不同的参与主体。对于技术转移活动的主体可以从技术转移活动主体的形式、主要技术转移活动的当事人以及技术转移中介机构及从业人员三个维度加以理解。技术转移活动主体的形式指参与技术转移活动主体的组织形态,包括公司、事业单位、合伙企业、个人独资企业、自然人和民办非企业单位等。主要技术转移活动的当事人是指在常见的技术转移业务中,具体从事相关技术转移活动,享有相应权利、承担相应义务的当事各方。技术转移中介机构及从业人员指为技术转移提供中介服务、辅助服务的机构及其从业人员。本章以《民法典》《公司法》《合伙企业法》《个人独资企业法》以及《民办非企业单位登记管理暂行条例》等法律法规的相关规定为基础,介绍各类技术转移活动主体所涉及的主要法律制度和法律规范。

第一节 技术转移活动主体的形式

本节要点

1. 掌握公司、合伙企业、个人独资企业的基本特征及其组织结构,深刻理解公司、合伙企业、个人独资企业不同的法律人格及其责任形式。
2. 掌握高等学校和科研院所有关技术转移机构的设置,理解有关高等学校和科研院所技术转移的相关规定。

一、公司

企业是建立产学研深度融合的技术创新体系的核心,公司是最重要的企业组织形式,也是从事技术转移活动的主力军。依据我国《公司法》,公司分为有限责任公司和股份有限公司两类。

（一）《公司法》的一般规定

依据我国《公司法》，公司是企业法人，有独立的法人财产，享有法人财产权。公司以其全部财产对公司的债务承担责任。公司的合法权益受法律保护，不受侵犯。有限责任公司的股东以其认缴的出资额为限对公司承担责任；股份有限公司的股东以其认购的股份为限对公司承担责任。公司股东对公司依法享有资产收益、参与重大决策和选择管理者等权利。

1. 总则

公司需要在一定的规则范围内运作。与国家类似，公司也有自己的"宪法"，即公司章程。公司章程是由设立公司的股东制定，并对公司、股东、董事、监事、高级管理人员具有约束力的，调整公司内部组织关系和经营行为的自治规则。公司的经营范围由公司章程规定。

公司是法人，无法像自然人那样直接参与经营活动，需要有人依据法律和章程规定代表公司行使职权，该人即为公司的法定代表人。依据《公司法》，公司的法定代表人按照公司章程的规定，由代表公司执行公司事务的董事或者经理担任。法定代表人以公司名义从事的民事活动，其法律后果由公司承受。法定代表人因执行职务造成他人损害的，由公司承担民事责任。公司承担民事责任后，依照法律或者公司章程的规定，可以向有过错的法定代表人追偿。

公司有自己的独立财产，可以对外进行投资。依据《公司法》，公司可以设立子公司，子公司具有法人资格，依法独立承担民事责任。公司可以设立分公司，分公司不具有法人资格，其民事责任由公司承担。公司还可以向其他企业投资或提供担保。公司向其他企业投资或者为他人提供担保，按照公司章程的规定，由董事会或者股东会决议；公司章程对投资或者担保的总额及单项投资或者担保的数额有限额规定的，不得超过规定的限额。公司为公司股东或者实际控制人提供担保的，应当经股东会或者股东大会决议。公司为公司股东或者实际控制人提供担保的，受该股东或者实际控制人支配的股东，不得参加该担保事项的表决，该项表决由出席会议的其他股东所持表决权的过半数通过。

公司的股东、实际控制人、董事、监事、高级管理人员应当在法律和公司章程规定的范围内从事相关活动。依据《公司法》，公司股东应当遵守法律、行政法规和公司章程，依法行使股东权利，不得滥用股东权利损害公司或者其他股东的利益。公司股东滥用股东权利给公司或者其他股东造成损失的，应当承担赔偿责任。公司的控股股东、实际控制人、董事、监事、高级管理人员不得利用关联关系损害公司利益,利用关联关系给公司造成损失的,应当承担赔偿责任。公司股东滥用公司法人独立地位和股东有限责任,逃避债务,严重损害公司债权人利益的,应当对公司债务承担连带责任。股东利用其控制的两个以上公司实施前款规定行为的,各公司应当对任一公司的债务承担连带责任。只有一个股东的公司,股东不能证明公司财产独立于股东自己的财产的,应当对公司债务承担连带责任。董事、监事、高级管理人员不得有下列行为:(1)侵占公司财产、挪用公司资金;(2)将公司资金以其个人名义或者以其他个人名义开立账户存储;(3)利用职权贿赂或者收受其他非法收入;(4)接受他人与公司交易的佣金归为己有;(5)擅自披露公司秘密;(6)违反对公司忠实义务的其他行为。

公司股东会、董事会、监事会应当依法召开并作出决议。依据《公司法》,公司股东会、董事会、监事会召开会议和表决可以采用电子通信方式。公司股东会、董事会的决议内容违反法律、行政法规的无效。公司股东会、董事会的会议召集程序、表决方式违反法律、行政法规或者公司章程,或者决议内容违反公司章程的,股东自决议作出之日起六十日内,可以请求人民法院撤销。有下列情形之一的,公司股东会、董事会的决议不成立:(1)未召开股东会、董事会会议作出决议;(2)股东会、董事会会议未对决议事项进行表决;(3)出席会议的人数或者所持表决权数未达到本法或者公司章程规定的人数或者所持表决权数;(4)同意决议事项的人数或者所持表决权数未达到本法或者公司章程规定的人数或者所持表决权数。

2. 公司登记

设立公司,应当依法向公司登记机关申请设立登记。法律、行政法规规定设立公司必须报经批准的,应当在公司登记前依法办理批准手续。申请设立公司,应当提交设立登记申请书、公司章程等文件,提交的相关材料应当真实、合法和有效。公司登记事项包括:(1)名称;(2)住所;(3)注册资本;(4)经营范围;(5)法定代表人的姓名;(6)有限责任公司股东、股份有限公司发起人的姓名或者名称。依法设立的公司,由公司登记机关发给公司营业执照。公司营业执照签发日期为公司成立日期。公司登记事项发生变更的,应当依法办理变更登记。公司因解散、被宣告破产或者其他法定事由需要终止的,应当依法向公司登记机关申请注销登记,由公司登记机关公告公司终止。

3. 公司利润分配

公司在有盈利的情况下可以进行利润分配,但必须满足相应条件。依据《公司法》,公司分配当年税后利润时,应当提取利润的百分之十列入公司法定公积金。公司法定公积金累计额为公司注册资本的百分之五十以上的,可以不再提取。公司的法定公积金不足以弥补以前年度亏损的,在提取法定公积金之前,应当先用当年利润弥补亏损。公司弥补亏损和提取公积金后所余税后利润,有限责任公司按照股东实缴的出资比例分配利润,全体股东约定不按照出资比例分配利润的除外;股份有限公司按照股东所持有的股份比例分配利润,公司章程另有规定的除外。公司持有的本公司股份不得分配利润。公司违反规定向股东分配利润的,股东应当将违反规定分配的利润退还公司;给公司造成损失的,股东及负有责任的董事、监事、高级管理人员应当承担赔偿责任。

4. 公司的解散

公司因下列原因解散:(1)公司章程规定的营业期限届满或者公司章程规定的其他解散事由出现;(2)股东会决议解散;(3)因公司合并或者分立需要解散;(4)依法被吊销营业执照、责令关闭或者被撤销;(5)人民法院依照《公司法》有关规定予以解散。公司经营管理发生严重困难,继续存续会使股东利益受到重大损失,通过其他途径不能解决的,持有公司百分之十以上表决权的股东,可以请求人民法院解散公司。

(二) 有限责任公司

有限责任公司,简称有限公司,是指由法律规定的一定人数的股东所组成,股东以其出资额为限对公司债务承担责任,公司以其全部资产对其债务承担责任的企业法人。依据我国《公司法》,有限责任公司由一个以上五十个以下股东出资设立。

1. 有限责任公司的设立

有限责任公司设立时的股东可以签订设立协议,明确各自在公司设立过程中的权利和义务。有限责任公司设立时的股东为设立公司从事的民事活动,其法律后果由公司承受。公司未成立的,其法律后果由公司设立时的股东承受;设立时的股东为二人以上的,享有连带债权,承担连带债务。设立时的股东为设立公司以自己的名义从事民事活动产生的民事责任,第三人有权选择请求公司或者公司设立时的股东承担。设立时的股东因履行公司设立职责造成他人损害的,公司或者无过错的股东承担赔偿责任后,可以向有过错的股东追偿。设立有限责任公司,应当由股东共同制定公司章程。

2. 有限责任公司股东的出资

依据《公司法》,股东认缴的出资额由股东按照公司章程的规定自公司成立之日起五年内缴足。法律、行政法规以及国务院决定对有限责任公司注册资本实缴、注册资本最低限额、股东出资期限另有规定的,从其规定。股东的出资形式较为多元,可以用货币出资,也可以用实物、知识产权、土地使用权、股权、债权等可以用货币估价并可以依法转让的非货币财产作价出资。对作为出资的非货币财产应当评估作价。股东以货币出资的,应当将货币出资足额存入有限责任公司在银行开设的账户;以非货币财产出资的,应当依法办理其财产权的转移手续。股东未按期足额缴纳出资的,除应当向公司足额缴纳外,还应当对给公司造成的损失承担赔偿责任。公司不能清偿到期债务的,公司或者已到期债权的债权人有权要求已认缴出资但未届出资期限的股东提前缴纳出资。

3. 有限责任公司股东的知情权

股东有权查阅、复制公司章程、股东名册、股东会会议记录、董事会会议决议、监事会会议决议和财务会计报告。股东可以要求查阅公司会计账簿、会计凭证。股东要求查阅公司会计账簿、会计凭证的,应当向公司提出书面请求,说明目的。公司有合理根据认为股东查阅会计账簿、会计凭证有不正当目的,可能损害公司合法利益的,可以拒绝提供查阅,并应当自股东提出书面请求之日起十五日内书面答复股东并说明理由。公司拒绝提供查阅的,股东可以向人民法院提起诉讼。股东查阅前款规定的材料,可以委托会计师事务所、律师事务所等中介机构进行。股东及其委托的会计师事务所、律师事务所等中介机构查阅、复制有关材料,应当遵守有关保护国家秘密、商业秘密、个人隐私、个人信息等法律、行政法规的规定。

4. 有限责任公司的股东会

有限责任公司股东会由全体股东组成,股东会是公司的权力机构,有权决定公司重大事项。依据《公司法》,股东会会议分为定期会议和临时会议。定期会议应当按照公司章程的规定按时召开。代表十分之一以上表决权的股东、三分之一以上的董事或者监事会提议召开临时会议的,应当召开临时会议。

股东会应当对所议事项的决定作成会议记录,出席会议的股东应当在会议记录上签名或者盖章。股东会会议由股东按照出资比例行使表决权;但是,公司章程另有规定的除外。股东会的议事方式和表决程序,除《公司法》有规定的外,由公司章程规定。股东会作出的决议,应当经代表过半数表决权的股东通过。股东会作出修改公司章程、增加或者减少注册资本的决议,以及公司合并、分立、解散或者变更公司形式的决议,应当经代表三分之二以上表决权的股东通过。

5. 有限责任公司的董事会

董事会是指依法由股东会选举产生,代表公司并行使经营决策权的公司常设机关。依据《公司法》,有限责任公司董事会成员为三人以上,其成员中可以有公司职工代表。职工人数三百人以上的有限责任公司,除依法设监事会并有公司职工代表的外,其董事会成员中应当有公司职工代表。董事会中的职工代表由公司职工通过职工代表大会、职工大会或者其他形式民主选举产生。

董事会设董事长一人,可以设副董事长。董事长、副董事长的产生办法由公司章程规定。董事任期届满,连选可以连任。董事辞任的,应当以书面形式通知公司,公司收到通知之日辞任生效,但存在一定情形的,董事应当继续履行职务。股东会可以决议解任董事,决议作出之日解任生效。无正当理由,在任期届满前解任董事的,该董事可以要求公司予以赔偿。

董事会的议事方式和表决程序,除《公司法》有规定的外,由公司章程规定。董事会会议应当有过半数的董事出席方可举行。董事会作出决议,应当经全体董事的过半数通过。董事会决议的表决,应当一人一票。

有限责任公司可以设经理,由董事会决定聘任或者解聘。经理对董事会负责,根据公司章程的规定或者董事会的授权行使职权。经理列席董事会会议。规模较小或者股东人数较少的有限责任公司,可以不设董事会,设一名董事,行使公司法规定的董事会的职权。该董事可以兼任公司经理。

6. 有限责任公司的监事会

监事会是依法产生,对董事和经理的经营管理行为及公司财务进行监督的常设机构。它代表全体股东对公司经营管理进行监督,行使监督职能,是公司的监督机构。依据《公司法》,有限责任公司的监事会成员为三人以上。监事会成员应当包括股东代表和适当比例的公司职工代表。监事会中的职工代表由公司职工通过职工代表大会、职工大会或者其他形式民主选举产生。

监事会设主席一人,由全体监事过半数选举产生。监事的任期每届为三年。监事任期届满,连选可以连任。监事会可以要求董事、高级管理人员提交执行职务的报告。董事、高级管理人员应当如实向监事会提供有关情况和资料,不得妨碍监事会或者监事行使职权。监事会每年度至少召开一次会议,监事可以提议召开临时监事会会议。

监事会的议事方式和表决程序,除《公司法》有规定的外,由公司章程规定。监事会决议应当经全体监事的过半数通过。监事会决议的表决,应当一人一票。规模较小或者股东人数较少的有限责任公司,可以不设监事会,设一名监事,行使《公司法》规定的监事会的职权;经全体股东一致同意,也可以不设监事。

7. 有限责任公司的股权转让

有限责任公司的股东之间可以相互转让其全部或者部分股权。股东向股东以外的人转让股权的,应当将股权转让的数量、价格、支付方式和期限等事项书面通知其他股东,其他股东在同等条件下有优先购买权。人民法院依照法律规定的强制执行程序转让股东的股权时,应当通知公司及全体股东,其他股东在同等条件下也有优先购买权。

股东转让股权的,应当书面通知公司,请求变更股东名册;需要办理变更登记的,并请求公司向公司登记机关办理变更登记。公司拒绝或者在合理期限内不予答复的,转让人、受让人可以依法向人民法院提起诉讼。股权转让的,受让人自记载于股东名册时起可以向公司主张行使股东权利。股东转让已认缴出资但未届出资期限的股权的,由受让人承担缴纳该出资的义务;受让人未按期足额缴纳出资的,转让人对受让人未按期缴纳的出资承担补充责任。

有下列情形之一的,对股东会该项决议投反对票的股东可以请求公司按照合理的价格收购其股权:(1)公司连续五年不向股东分配利润,而公司该五年连续盈利,并且符合《公司法》规定的分配利润条件;(2)公司合并、分立、转让主要财产;(3)公司章程规定的营业期限届满或者章程规定的其他解散事由出现,股东会通过决议修改章程使公司存续。自股东会决议作出之日起六十日内,股东与公司不能达成股权收购协议的,股东可以自股东会决议作出之日起九十日内向人民法院提起诉讼。公司的控股股东滥用股东权利,严重损害公司或者其他股东利益的,其他股东有权请求公司按照合理的价格收购其股权。

(三) 股份有限公司

股份有限公司,简称股份公司,是指公司全部资本分为等额股份,股东以其所认购的股份对公司承担责任,公司以其全部资产对公司债务承担责任的企业法人。

1. 股份有限公司的设立

设立股份有限公司,可以采取发起设立或者募集设立的方式。发起设立,是指由发起人认购设立公司时应发行的全部股份而设立公司。募集设立,是指由发起人认购设立公司时应发行股份的一部分,其余股份向特定对象募集或者向社会公开募集而设立公司。设立股份有限公司,应当有一人以上二百人以下为发起人,其中应当有半数以上的发起人在中华人民共和国境内有住所。股份有限公司发起人承担公司筹办事务。发起人应当签订发起人协议,明确各自在公司设立过程中的权利和义务。设立股份有限公司,应当由发起人共同制订公司章程。

2. 股份有限公司股东的出资

股份有限公司的注册资本为在公司登记机关登记的已发行股份的股本总额。在发起人认购的股份缴足前,不得向他人募集股份。法律、行政法规以及国务院决定对股份有限公司注册资本最低限额另有规定的,从其规定。以发起设立方式设立股份有限公司的,发起人应当认足公司章程规定的公司设立时应发行的股份。以募集设立方式设立股份有限公司的,发起人认购的股份不得少于公司章程规定的公司设立时应发行股份总数的百分之三十五;但是,法律、行政法规另有规定的,从其规定。发起人应当在公司成立前按照其认购的股份全额缴纳股款。发起人的出资,适用《公司法》关于有限责任公司股东出资的规定。发起人不按照其认购的股份缴纳股款,或者作为出资的非货币财产的实际价额显著低于所认购的股份的,其他发起人与该发起人在出资不足的范围内承担连带责任。

3. 股份有限公司股东的知情权

股份有限公司应当将公司章程、股东名册、股东会会议记录、董事会会议记录、监事会会议记录、财务会计报告、债券持有人名册置备于本公司。股东有权查阅、复制公司章程、股东名册、股东会会议记录、董事会会议决议、监事会会议决议、财务会计报告,对公司的经营提出建议或者质询。连续一百八十日以上单独或者合计持有公司百分之三以上股份的股东要求查阅公司的会计账簿、会计凭证的,适用《公司法》有关有限责任公司股东知情权的规定。公司章程对持股比例有较低规定的,从其规定。上市公司股东查阅、复制相关材料的,应当遵守《证券法》等法律、行政法规的规定。

4. 股份有限公司的股东会

股份有限公司股东会由全体股东组成,股东会是公司的权力机构。《公司法》关于有限责任公司股东会职权的规定,适用于股份有限公司股东会。

股东会应当每年召开一次年会。有下列情形之一的,应当在两个月内召开临时股东会会议:(1)董事人数不足《公司法》规定人数或者公司章程所定人数的三分之二时;(2)公司未弥补的亏损达股本总额三分之一时;(3)单独或者合计持有公司百分之十以上股份的股东请求时;(4)董事会认为必要时;(5)监事会提议召开时;(6)公司章程规定的其他情形。召开股东会会议,应当将会议召开的时间、地点和审议的事项于会议召开二十日前通知各股东;临时股东会会议应当于会议召开十五日前通知各股东。单独或者合计持有公司百分之一以上股份的股东,可以在股东会会议召开十日前提出临时提案并书面提交董事会。临时提案应当有明确议题和具体决议事项。股东出席股东会会议,所持每一股份有一表决权,类别股股东除外。公司持有的本公司股份没有表决权。

股东会作出决议,应当经出席会议的股东所持表决权过半数通过。股东会作出修改公司章程、增加或者减少注册资本的决议,以及公司合并、分立、解散或者变更公司形式的决议,应当经出席会议的股东所持表决权的三分之二以上通过。

5. 股份有限公司的董事会

股份有限公司设董事会,《公司法》关于有限责任公司董事会职权的规定适用于股份有限公司。股份有限公司可以按照公司章程的规定在董事会中设置由董事组成的审计委员会,行使《公司法》规定的监事会的职权,不设监事会或者监事。审计委员会成员为三名以上,过半数成员不得在公司担任除董事以外的其他职务,且不得与公司存在任何可能影响其独立客观判断的关系。

董事会设董事长一人,可以设副董事长。董事长和副董事长由董事会以全体董事的过半数选举产生。董事会会议应当有过半数的董事出席方可举行。董事会作出决议,应当经全体董事的过半数通过。董事会决议的表决,应当一人一票。董事会应当对所议事项的决定作成会议记录,出席会议的董事应当在会议记录上签名。董事会的决议违反法律、行政法规或者公司章程、股东会决议,给公司造成严重损失的,参与决议的董事对公司负赔偿责任;经证明在表决时曾表明异议并记载于会议记录的,该董事可以免除责任。

股份有限公司设经理,由董事会决定聘任或者解聘。经理对董事会负责,根据公司章程的规定或者董事会的授权行使职权。经理列席董事会会议。公司董事会可以决定由董事会成员兼任经理。规模较小或者股东人数较少的股份有限公司,可以不设董事会,设一名董事,行使《公司法》规定的董事会的职权。该董事可以兼任公司经理。公司应当定期向股东披露董事、监事、高级管理人员从公司获得报酬的情况。

6. 股份有限公司股份的发行

股份有限公司的资本划分为股份。公司的全部股份,根据公司章程的规定择一采用面额股或者无面额股。股份的发行,实行公平、公正的原则,同类别的每一股份应当具有同等权利。同次发行的同类别股份,每股的发行条件和价格应当相同;认购人所认购的股份,每股应当支付相同价额。

公司的股份采取股票的形式。股票是公司签发的证明股东所持股份的凭证。公司发行的股票,应当为记名股票。面额股股票的发行价格可以按票面金额,也可以超过票面金额,但不得低于票面金额。股份有限公司成立后,即向股东正式交付股票。公司成立前不得向股东交付股票。公司章程或者股东会授权董事会决定发行新股的,董事会决议应当经全体董事三分之二以上通过。

7. 股份有限公司股份的转让

股份有限公司的股东持有的股份可以向其他股东转让,也可以向股东以外的人转让;公司章程对股份转让有限制的,其转让按照公司章程的规定进行。股东转让其股份,应当在依法设立的证券交易场所进行或者按照国务院规定的其他方式进行。公司公开发行股份前已发行的股份,自公司股票在证券交易所上市交易之日起一年内不得转让。公司董事、监事、高级管理人员应当向公司申报所持有的本公司的股份及其变动情况,在就任时确定的任职期间每年转让的股份不得超过其所持有本公司股份总数的百分之二十五;所持本公司股份自公司股票上市交易之日起一年内不得转让。上述人员离职后半年内,不得转让其所持有的本公司股份。公司章程可以对公司董事、监事、高级管理人员转让其所持有的本公司股份作出其他限制性规定。

有下列情形之一的,对股东会该项决议投反对票的股东可以请求公司按照合理的价格收购其股份,公开发行股份的公司除外:(1)公司连续五年不向股东分配利润,而公司该五年连续盈利,并且符合公司法规定的分配利润条件;(2)公司转让主要财产;(3)公司章程规定的营业期限届满或者章程规定的其他解散事由出现,股东会通过决议修改章程使公司存续。

案例

股东因未按期缴纳出资从而对公司债务承担补充赔偿责任案

【案情简介】 2015年4月,工贸公司将注册资本由100万元变更至500万元,新增注册资本由股东曹某、张某分别认缴280万元、120万元,均以专利权出资,新增注册资本认缴期限为2015年5月30日前。但该专利权一直登记在曹某、张某名下,并未变更至公司名下,且因未缴年费已于2016年1月终止。

工贸公司因与朱某提成款分配纠纷一案,被判令向朱某支付89 329.95元及利息。后朱某申请强制执行,因工贸公司名下无可供执行财产,法院裁定终结本次执行程序,朱某遂提起本案诉讼,请求判令曹某、张某对生效判决确定的工贸公司所负债务承担连带清偿责任。

【裁判结果】 一审法院认为,曹某、张某未就新增的400万元注册资本完成出资义务,应在未出资本息范围内对工贸公司不能清偿朱某的债务承担补充赔偿责任。二审中,曹某提交证据证明,2023年2月,某实用新型专利的权利人由曹某、张某变更为工贸公司,评估价值为401.6万元。二审法院查明,曹某、张某取得该专利权及评估报告的费用为18 000元。二审法院认为,在一审法院判决曹某、张某承担补充赔偿责任后,向工贸公司转让评估价值为400余万元的专利权,不能达到完成出资义务的法律效果。一方面,出资专利权的评估价值与取得对价差距大,专利权评估价值难以采信;另一方面,一审判决已经确认股东对公司债务承担补充赔偿责任,曹某、张某此时以评估价值为401.6万元的实用新型专利权来出资,亦具有逃避直接承担责任的主观恶意,遂判决驳回上诉,维持原判。

【典型意义】 本案属于典型的因股东未按期缴纳出资从而对公司债务承担补充赔偿责任的情形。公司股东参与经营活动,应当遵循诚实信用原则,依法行使权利、履行义务。一般情况下,股东积极补足出资的行为值得鼓励,但本案股东出资方式为专利权,且股东系于一审判决作出后才将专利权变更至公司名下,故应当依法严格审查其出资的真实价值,防止虚假出资,不当损害债权人利益。

二、事业单位

我国事业单位可以细分为很多类型,高等学校和科研院所是最典型的事业单位,集中了大量的科技人才,也是技术转移活动中最为活跃的参与主体之一,通常扮演着技术供给方的角色。

(一)高等学校

高等学校是我国知识创新的主要来源,承担着推进科技成果转移、交流和推广普及的重要角色。相比于其他技术转移机构,高校具有天然的优势,但目前高校实现技术成果转移、产业化的数量、比例相对较低。2016年8月,教育部、科技部出台《关于加强高等学校科技成果转移转化工作的若干意见》,提出简政放权以增强高校的技术转移自主性。教育部随后印发《促进高等学校科技成果转移转化行动计划》以督促高校完善制度建设、创新服务体系。2021年3月,《中华人民共和国国民经济和社会发展第十四个五年规划和2035年远景目标纲要》提出:"支持发展新型研究型大学、新型研发机构等新型创新主体,推动投入主体多元化、管理制度现代化、运行机制市场化、用人机制灵活化。"

高校专业化技术转移机构(简称技术转移机构)是为高校科技成果转移转化活动提供全链条、综合性服务的专业机构。在不增加本校编制的前提下,高校可设立技术转移办公室、技术转移中心等内设机构,或者联合地方、企业设立的从事技术开发、技术转移、中试熟化的独立机构,以及设立高校全资拥有的技术转移公司、知识产权管理公司等方式建立技术转移机构。国内诸多高校都已经成立了技术转移中心或技术转移办公室,负责高校的成果转化和技术对接等工作。为适应技术市场化,一部分高校还专门组建了技术转移公司,具有科技开发与合作、专利代理、专利技术孵化、专利技术推广与转化等多种职能。目前,国内清华大学、浙江大学等高水平高校都建立了专门的技术转移机构。从国内外情况看,顶尖高校技术转移体系的组织创新特点主要体现为:管办分离(设产学研工作委员会进行决策和管理,另有技术转移中心和资产经营管理公司为具体执行机构),建议独立决策机构(产学研工作委员会可以对技术转移相关政策和项目进行及时反馈、独立决策),教学科研机构纳入技术转移体系等。

为贯彻落实《中共中央 国务院关于构建更加完善的要素市场化配置体制机制的意见》和《国家技术转移体系建设方案》(国发〔2017〕44号),进一步提升高校科技成果转移转化能力,2020年5月13日,科技部、教育部印发《关于进一步推进高等学校专业化技术转移机构建设发展的实施意见》(国科发区〔2020〕133号)。该意见提出,"十四五"期间,全国创新能力强、科技成果多的高校普遍建立技术转移机构,体制机制落实到位,有效运行并发挥作用。在符合国家科技成果转化权属相关法律和政策前提下,高校赋予技术转移机构管理和转化(转让、许可、作价投资)科技成果(包括知识产权)的权利,授权技术转移机构代表高校和科研人员与需求方进行科技成果转移转化谈判。高校在有关制度中规定或通过订立协议约定高校、科研人员、技术转移机构各自的权利、义务和责任,按照服务质量、转化绩效确定技术转移机构的收益分配方式及比例。高校可以聘请社会化技术转移机构协助其开展科技成果转移转化工作。技术转移机构要建立高水平、专业化的人员队伍,其中接受过专业化教育培训的技术经理人、技术经纪人比例不低于70%,并具备技术开发、法律财务、企业管理、商业谈判等方面的复合型专业知识和服务能力。高校要支持专业化技术转移机构人员队伍选派、招聘等工作,鼓励有条件的高校开设科技成果转移转化相关课程,开展技术转移专业学历教育,加速高层次技术转移人才培养。技术转移机构要制定市场化的运行机制和标准化管理规范,建立技术转移全流程的管理标准和内部风险防控制度,鼓励建立质量管理体系。技术转移机构应具备政策法规运用、前沿技术判断、知识产权管理、科技成果评价、市场调研分析、法律协议谈判等基本能力,逐步形成概念验证、科技金融、企业管理、中试熟化等服务能力。鼓励专业技术转移机构早期介入科研团队研发活动,为科研人员知识产权管理、运用和成果转移转化提供全面和完善的服务。高校要加强对科技成果转移转化、知识产权管理等工作的统一领导,制定成果转移转化管理办法,理顺成果转移转化全链条的管理机制和规范流程,健全职务科技成果披露制度、专利申请前评估制度和转化公示制度,健全面向转化应用的科技成果评价机制,建立内部风险防范和监督制度,落实成果转化尽职免责的有关规定。

(二)科研院所

科研院所,是对实施科学研究的研究院和研究所的统称,包括各科研类研究院、研究所。国家和部委文件中所指的科研院所,一般是指属于国家事业单位的研究院、研究所。科研院所是科学研究和技术开发的基地,是培养高层次科技人才的基地,是促进高科技产业发展的基地。科研院所从事探索性、创造性科学研究活动,具有知识和人才独特优势,是实施创新驱动发展战略、建设创新型国家的重要力量。

依据《促进科技成果转化法》,国家鼓励研究开发机构、高等院校采取转让、许可或者作价投资等方式,向企业或者其他组织转移科技成果。国家设立的研究开发机构应当加强对科技成果转化的管理、组织和协调,促进科技成果转化队伍建设,优化科技成果转化流程,通过本单位负责技术转移工作的机构或者委托独立的科技成果转化服务机构开展技术转移。国家设立的研究开发机构对其持有的科技成果,可以自主决定转让、许可或者作价投资,但应当通过协议定价、在技术交易市场挂牌交易、拍卖等方式确定价格。通过协议定价的,应当在本单位公示科技成果名称和拟交易价格。国家设立的研究开发机构所取得的职务科技成果,完成人和参加人在不变更职务科技成果权属的前提下,可以根据与本单位的协议进行该项科技成果的转化,并享有协议规定的权益。该单位对上述科技成果转化活动应当予以支持。科技成果完成人或者课题负责人,不得阻碍职务科技成果的转化,不得将职务科技成果及其技术资料和数据占为己有,侵犯单位的合法权益。依据《国家技术转移示范机构管理办法》,科研院所应建立技术转移机构或机制,整合科研院所的内部资源,将其承担的国家重大科技计划、竞争前技术与共性关键技术研发、引导战略产业的原始创新和重点领域的集成创新所形成的成果,尽快转移和扩散到企业。

科研院所与高等院校在技术转移方面所扮演的角色和适用的其他规定基本一致,不再专门介绍。

三、合伙企业

合伙企业,是指自然人、法人和其他组织依照法律在中国境内设立的普通合伙企业和有限合伙企业。普通合伙企业由普通合伙人组成,合伙人对合伙企业债务承担无限连带责任。有限合伙企业由普通合伙人和有限合伙人组成,普通合伙人对合伙企业债务承担无限连带责任,有限合伙人以其认缴的出资额为限对合伙企业债务承担责任。合伙企业作为技术转移活动的直接参与方比较少见,但以合伙企业为组织形式的私募股权基金却是从事技术转移相关业务的公司获取投资、进行融资的重要渠道。一些从事技术转移相关业务的公司对员工进行股权激励,也常常通过设立合伙企业的方式实现。因此,了解并掌握合伙企业相关法律制度对于技术转移从业人员而言十分必要。

(一)普通合伙企业

1. 普通合伙企业的设立

依据《合伙企业法》,普通合伙企业名称中应当标明"普通合伙"字样。设立普通合伙企业,应当具备下列条件:(1)有二个以上合伙人,合伙人为自然人的,应当具有完全民事行为能力;(2)有书面合伙协议;(3)有合伙人认缴或者实际缴付的出资;(4)有合伙企业的名称和生产经营场所;(5)法律、行政法规规定的其他条件。合伙人可以用货币、实物、知识产权、土地使用权或者其他财产权利出资,也可以用劳务出资。合伙人以实物、知识产权、土地使用权或者其他财产权利出资,需要评估作价的,可以由全体合伙人协商确定,也可以由全体合伙人委托法定评估机构评估。合伙人以劳务出资的,其评估办法由全体合伙人协商确定,并在合伙协议中载明。合伙人应当按照合伙协议约定的出资方式、数额和缴付期限,履行出资义务。以非货币财产出资的,依照法律、行政法规的规定,需要办理财产权转移手续的,应当依法办理。

合伙企业应当制定合伙协议,合伙协议应载明下列事项:(1)合伙企业的名称和主要经营场所的地点;(2)合伙目的和合伙经营范围;(3)合伙人的姓名或者名称、住所;(4)合伙人的出资方式、数额和缴付期限;(5)利润分配、亏损分担方式;(6)合伙事务的执行;(7)入伙与退伙;(8)争议解决办法;(9)合伙企业的解散与清算;(10)违约责任。合伙协议经全体合伙人签名、盖章后生效。合伙人按照合伙协议享有权利,履行义务。修改或者补充合伙协议,应当经全体合伙人一致同意;但是,合伙协议另有约定的除外。合伙协议未约定或者约定不明确的事项,由合伙人协商决定;协商不成的,依照《合伙企业法》和其他有关法律、行政法规的规定处理。

2. 普通合伙企业财产份额的转让

合伙人的出资、以合伙企业名义取得的收益和依法取得的其他财产,均为合伙企业的财产。除合伙协议另有约定外,合伙人向合伙人以外的人转让其在合伙企业中的全部或者部分财产份额时,须经其他合伙人一致同意。合伙人之间转让在合伙企业中的全部或者部分财产份额时,应当通知其他合伙人。合伙人向合伙人以外的人转让其在合伙企业中的财产份额的,在同等条件下,其他合伙人有优先购买权;但是,合伙协议另有约定的除外。合伙人以其在合伙企业中的财产份额出质的,须经其他合伙人一致同意;未经其他合伙人一致同意,其行为无效,由此给善意第三人造成损失的,由行为人依法承担赔偿责任。

3. 普通合伙企业合伙事务的执行

合伙人对执行合伙事务享有同等的权利。按照合伙协议的约定或者经全体合伙人决定,可以委托一个或者数个合伙人对外代表合伙企业,执行合伙事务,不执行合伙事务的合伙人有权监督执行事务合伙人执行合伙事务的情况。合伙人为了了解合伙企业的经营状况和财务状况,有权查阅合伙企业会计账簿等财务资料。

合伙人对合伙企业有关事项作出决议,按照合伙协议约定的表决办法办理。合伙协议未约定或者约定不明确的,实行合伙人一人一票并经全体合伙人过半数通过的表决办法。除合伙协议另有约定外,合伙企业的下列事项应当经全体合伙人一致同意:(1)改变合伙企业的名称;(2)改变合伙企业的经营范围、主要经营场所的地点;(3)处分合伙企业的不动产;(4)转让或者处分合伙企业的知识产权和其他财产权利;(5)以合伙企业名义为他人提供担保;(6)聘任合伙人以外的人担任合伙企业的经营管理人员。合伙企业的利润分配、亏损分担,按照合伙协议的约定办理;合伙协议未约定或者约定不明确的,由合伙人协商决定;协商不成的,由合伙人按照实缴出资比例分配、分担;无法确定出资比例的,由合伙人平均分配、分担。合伙协议不得约定将全部利润分配给部分合伙人或者由部分合伙人承担全部亏损。合伙人按照合伙协议的约定或者经全体合伙人决定,可以增加或者减少对合伙企业的出资。

4. 普通合伙企业合伙人的入伙和退伙

新合伙人入伙,除合伙协议另有约定外,应当经全体合伙人一致同意,并依法订立书面入伙协议。订立入伙协议时,原合伙人应当向新合伙人如实告知原合伙企业的经营状况和财务状况。入伙的新合伙人与原合伙人享有同等权利,承担同等责任。入伙协议另有约定的,从其约定。新合伙人对入伙前合伙企业的债务承担无限连带责任。

合伙协议约定合伙期限的,在合伙企业存续期间,有下列情形之一的,合伙人可以退伙:(1)合伙协议约定的退伙事由出现;(2)经全体合伙人一致同意;(3)发生合伙人难以继续参加合伙的事由;(4)其他合伙人严重违反合伙协议约定的义务。合伙协议未约定合伙期限的,合伙人在不给合伙企业事务执行造成不利影响的情况下,可以退伙,但应当提前三十日通知其他合伙人。

合伙人有下列情形之一的,当然退伙:(1)作为合伙人的自然人死亡或者被依法宣告死亡;(2)个人丧失偿债能力;(3)作为合伙人的法人或者其他组织依法被吊销营业执照、责令关闭、撤销,或者被宣告破产;(4)法律规定或者合伙协议约定合伙人必须具有相关资格而丧失该资格;(5)合伙人在合伙企业中的全部财产份额被人民法院强制执行。合伙人退伙,其他合伙人应当与该退伙人按照退伙时的合伙企业财产状况进行结算,退还退伙人的财产份额。退伙人对给合伙企业造成的损失负有赔偿责任的,相应扣减其应当赔偿的数额。退伙时有未了结的合伙企业事务的,待该事务了结后进行结算。

5. 普通合伙企业的解散与清算

合伙企业有下列情形之一的,应当解散:(1)合伙期限届满,合伙人决定不再经营;(2)合伙协议约定的解散事由出现;(3)全体合伙人决定解散;(4)合伙人已不具备法定人数满三十天;(5)合伙协议约定的合伙目的已经实现或者无法实现;

(6)依法被吊销营业执照、责令关闭或者被撤销;(7)法律、行政法规规定的其他原因。

合伙企业解散,应当由清算人进行清算。清算人由全体合伙人担任;经全体合伙人过半数同意,可以自合伙企业解散事由出现后十五日内指定一个或者数个合伙人,或者委托第三人,担任清算人。自合伙企业解散事由出现之日起十五日内未确定清算人的,合伙人或者其他利害关系人可以申请人民法院指定清算人。清算期间,合伙企业存续,但不得开展与清算无关的经营活动。清算结束,清算人应当编制清算报告,经全体合伙人签名、盖章后,在十五日内向企业登记机关报送清算报告,申请办理合伙企业注销登记。

(二) 有限合伙企业

1. 有限合伙企业的设立

依据《合伙企业法》,有限合伙企业由二个以上五十个以下合伙人设立;但是,法律另有规定的除外。有限合伙企业至少应当有一个普通合伙人。有限合伙企业名称中应当标明"有限合伙"字样。有限合伙企业的合伙协议除符合普通合伙协议的要求外,还应当载明下列事项:(1)普通合伙人和有限合伙人的姓名或者名称、住所;(2)执行事务合伙人应具备的条件和选择程序;(3)执行事务合伙人权限与违约处理办法;(4)执行事务合伙人的除名条件和更换程序;(5)有限合伙人入伙、退伙的条件、程序以及相关责任;(6)有限合伙人和普通合伙人相互转变程序。

有限合伙人可以用货币、实物、知识产权、土地使用权或者其他财产权利作价出资。有限合伙人不得以劳务出资。有限合伙人应当按照合伙协议的约定按期足额缴纳出资;未按期足额缴纳的,应当承担补缴义务,并对其他合伙人承担违约责任。有限合伙企业登记事项中应当载明有限合伙人的姓名或者名称及认缴的出资数额。

2. 有限合伙企业合伙事务的执行

有限合伙企业由普通合伙人执行合伙事务。执行事务合伙人可以要求在合伙协议中确定执行事务的报酬及报酬提取方式。有限合伙人不执行合伙事务,不得对外代表有限合伙企业。

3. 有限合伙企业的特殊规定

有限合伙企业不得将全部利润分配给部分合伙人,合伙协议另有约定的除外。有限合伙人可以同本有限合伙企业进行交易,合伙协议另有约定的除外。有限合伙人可以自营或者同他人合作经营与本有限合伙企业相竞争的业务,合伙协议另有约定的除外。有限合伙人可以按照合伙协议的约定向合伙人以外的人转让其在有限合伙企业中的财产份额,但应当提前三十日通知其他合伙人。

有限合伙人的自有财产不足清偿其与合伙企业无关的债务的,该合伙人可以以其从有限合伙企业中分取的收益用于清偿;债权人也可以依法请求人民法院强制执行该合伙人在有限合伙企业中的财产份额用于清偿。人民法院强制执行有限合伙人的财产份额时,应当通知全体合伙人。在同等条件下,其他合伙人有优先购买权。

有限合伙企业仅剩有限合伙人的,应当解散;有限合伙企业仅剩普通合伙人的,转为普通合伙企业。作为有限合伙人的自然人在有限合伙企业存续期间丧失民事行为能力的,其他合伙人不得因此要求其退伙。作为有限合伙人的自然人死亡、被依法宣告死亡或者作为有限合伙人的法人及其他组织终止时,其继承人或者权利承受人可以依法取得该有限合伙人在有限合伙企业中的资格。有限合伙人退伙后,对基于其退伙前的原因发生的有限合伙企业债务,以其退伙时从有限合伙企业中取回的财产承担责任。除合伙协议另有约定外,普通合伙人转变为有限合伙人,或者有限合伙人转变为普通合伙人,应当经全体合伙人一致同意。有限合伙人转变为普通合伙人的,对其作为有限合伙人期间有限合伙企业发生的债务承担无限连带责任。普通合伙人转变为有限合伙人的,对其作为普通合伙人期间合伙企业发生的债务承担无限连带责任。

四、个人独资企业

个人独资企业,是指依照《个人独资企业法》在中国境内设立,由一个自然人投资,财产为投资人个人所有,投资人以其个人财产对企业债务承担无限责任的经营实体。个人独资企业作为技术转移活动的直接参与方也不多见。

(一) 个人独资企业的设立

设立个人独资企业应当具备下列条件:(1)投资人为一个自然人;(2)有合法的企业名称;(3)有投资人申报的出资;(4)有固定的生产经营场所和必要的生产经营条件;(5)有必要的从业人员。个人独资企业投资人对本企业的财产依法享有所有权,其有关权利可以依法进行转让或继承。个人独资企业投资人在申请企业设立登记时明确以其家庭共有财产作为个人出资的,应当依法以家庭共有财产对企业债务承担无限责任。

(二) 个人独资企业的管理

个人独资企业投资人可以自行管理企业事务,也可以委托或者聘用其他具有民事行为能力的人负责企业的事务管理。投资人委托或者聘用他人管理个人独资企业事务,应当与受托人或者被聘用的人签订书面合同,明确委托的具体内容和授予的权利范围。受托人或者被聘用的人员应当履行诚信、勤勉义务,按照与投资人签订的合同负责个人独资企业的事务管理。

个人独资企业应当依法设置会计账簿,进行会计核算。个人独资企业招用职工的,应当依法与职工签订劳动合同,保障职工的劳动安全,按时、足额发放职工工资。个人独资企业应当按照国家规定参加社会保险,为职工缴纳社会保险费。

(三) 个人独资企业的解散与清算

个人独资企业有下列情形之一时,应当解散:(1)投资人决定解散;(2)投资人死亡或者被宣告死亡,无继承人或者继承人决定放弃继承;(3)被依法吊销营业执照;(4)法律、行政法规规定的其他情形。

个人独资企业解散,由投资人自行清算或者由债权人申请人民法院指定清算人进行清算。投资人自行清算的,应当在清算前十五日内书面通知债权人,无法通知的,应当予以公告。债权人应当在接到通知之日起三十日内,未接到通知的应当在公告之日起六十日内,向投资人申报其债权。个人独资企业解散后,原投资人对个人独资企业存续期间的债务仍应承担偿还责任,但债权人在五年内未向债务人提出偿债请求的,该责任消灭。清算期间,个人独资企业不得开展与清算目的无关的经营活动。在按规定清偿债务前,投资人不得转移、隐匿财产。个人独资企业财产不足以清偿债务的,投资人应当以其个人的其他财产予以清偿。个人独资企业清算结束后,投资人或者人民法院指定的清算人应当编制清算报告,并于十五日内到登记机关办理注销登记。

五、自然人

依据《民法典》,自然人即生物学意义上的人,是基于出生而取得民事主体资格的人。十八周岁以上的自然人为成年人,不满十八周岁的自然人为未成年人。成年人一般为完全民事行为能力人,可以独立实施民事法律行为。十六周岁以上的未成年人,以自己的劳动收入为主要生活来源的,视为完全民事行为能力人。自然人依法就下列客体享有专有权利:(1)作品;(2)发明、实用新型、外观设计;(3)商标;(4)地理标志;(5)商业秘密;(6)集成电路布图设计;(7)植物新品种;(8)法律规定的其他客体。

六、民办非企业单位

民办非企业单位,是指企业事业单位、社会团体和其他社会力量以及公民个人利用非国有资产举办的,从事非营利性社会服务活动的社会组织。成立民办非企业单位,应当经其业务主管单位审查同意,并依照《民办非企业单位登记管理暂行条例》的规定登记。国务院民政部门和县级以上地方各级人民政府民政部门是本级人民政府的民办非企业单位登记管理机关。登记管理机关负责同级业务主管单位审查同意的民办非企业单位的登记管理。国务院有关部门和县级以上地方各级人民政府的有关部门、国务院或者县级以上地方各级人民政府授权的组织,是有关行业、业务范围内民办非企业单位的业务主管单位。

(一)民办非企业单位的登记

申请登记民办非企业单位,应当具备下列条件:(1)经业务主管单位审查同意;(2)有规范的名称、必要的组织机构;(3)有与其业务活动相适应的从业人员;(4)有与其业务活动相适应的合法财产;(5)有必要的场所。民办非企业单位的名称应当符合国务院民政部门的规定,不得冠以"中国""全国""中华"等字样。申请民办非企业单位登记,举办者应当向登记管理机关提交下列文件:(1)登记申请书;(2)业务主管单位的批准文件;(3)场所使用权证明;(4)验资报告;(5)拟任负责人的基本情况、身份证明;(6)章程草案。

民办非企业单位不得设立分支机构。

(二)民办非企业单位的注销与清算

民办非企业单位自行解散、分立、合并的,或者由于其他原因需要注销登记的,应当向登记管理机关办理注销登记。民办非企业单位在办理注销登记前,应当在业务主管单位和其他有关机关的指导下,成立清算组织,完成清算工作。清算期间,民办非企业单位不得开展清算以外的活动。民办非企业单位法定代表人或者负责人应当自完成清算之日起十五日内,向登记管理机关办理注销登记。办理注销登记,须提交注销登记申请书、业务主管单位的审查文件和清算报告。登记管理机关准予注销登记的,发给注销证明文件,收缴登记证书、印章和财务凭证。

拓展阅读

公司法人人格否认

公司法人人格否认制度是指为阻止公司独立人格和股东有限责任的滥用,基于具体法律关系中的特定事实,否认公司的独立人格与股东的有限责任,责令公司股东对公司债务承担无限责任的一种法律制度。

一、我国公司法人人格否认制度的立法

我国《公司法》第23条对公司法人人格否认制度作了明确规定:"公司股东滥

用公司法人独立地位和股东有限责任,逃避债务,严重损害公司债权人利益的,应当对公司债务承担连带责任。股东利用其控制的两个以上公司实施前款规定行为的,各公司应当对任一公司的债务承担连带责任。只有一个股东的公司,股东不能证明公司财产独立于股东自己的财产的,应当对公司债务承担连带责任。"

二、公司法人人格否认的适用要件

由于公司法人人格否认制度的适用将导致公司独立法律人格被否定,滥用公司独立人格的股东将对公司债务承担连带责任,系对公司独立人格和股东有限责任的修正,故其适用应当受到严格限制。具体而言,公司法人人格否认的适用应满足如下四个要件:

(一) 主体要件

公司法人人格否认制度适用的对象必须是具体的双方当事人:一是公司人格的滥用者,二是因公司法人人格滥用而受到严重损害,并有权提起诉讼的相对人。前者指滥用公司法人独立地位和股东有限责任的股东(没有滥用行为的股东不适用),而后者必须是因公司法人人格滥用行为而受到严重损害的债权人,包括公司的自愿债权人和非自愿债权人,他们都因与人格滥用行为具有利害关系而享有独立的诉权。

(二) 行为要件

公司法人人格否认适用的行为要件是存在股东滥用法人独立地位和股东有限责任行为的事实和行为,如人格混同、过度支配与控制、资本显著不足等。

(三) 结果要件

公司法人人格否认制度适用的结果要件是必须有损害事实存在,即滥用行为造成了逃避债务、严重损害公司债权人利益的结果,也就是要求股东滥用公司独立人格和股东有限责任的行为与损害事实之间具有因果关系。

三、公司法人人格否认的适用后果

(一) 对公司的适用后果

公司法人人格否认不是从根本上彻底、永久地取消公司的法人资格,而仅是在特定的法律关系中否认公司的独立人格,从而追究滥用法人人格的股东的责任,实现利益补偿。人民法院在个案中否认公司法人人格的判决的既判力仅仅约束该诉讼的各方当事人,不当然适用于涉及该公司的其他诉讼,不影响公司独立法人资格的存续。

(二) 对股东的适用后果

公司法人人格否认所追究的责任主体应限于实施滥用行为的股东,而不应扩及其他所有的股东。

四、公司法人人格否认适用的情形

依据《全国法院民商事审判工作会议纪要》,《公司法》规定的滥用行为,实践中常见的情形有人格混同、过度支配与控制、资本显著不足等。在审理案件时,人民法院需要根据查明的案件事实进行综合判断,既审慎适用,又当用则用。

(一)人格混同

认定公司人格与股东人格是否存在混同,最根本的判断标准是公司是否具有独立意思和独立财产,最主要的表现是公司的财产与股东的财产是否混同且无法区分。在认定是否构成人格混同时,应当综合考虑以下因素:(1)股东无偿使用公司资金或者财产,不作财务记载的;(2)股东用公司的资金偿还股东的债务,或者将公司的资金供关联公司无偿使用,不作财务记载的;(3)公司账簿与股东账簿不分,致使公司财产与股东财产无法区分的;(4)股东自身收益与公司盈利不加区分,致使双方利益不清的;(5)公司的财产记载于股东名下,由股东占有、使用的;(6)人格混同的其他情形。

(二)过度支配与控制

公司控制股东对公司过度支配与控制,操纵公司的决策过程,使公司完全丧失独立性,沦为控制股东的工具或躯壳,严重损害公司债权人利益,应当否认公司人格,由滥用控制权的股东对公司债务承担连带责任。实践中常见的情形包括:(1)母子公司之间或者子公司之间进行利益输送的;(2)母子公司或者子公司之间进行交易,收益归一方,损失却由另一方承担的;(3)先从原公司抽走资金,然后再成立经营目的相同或者类似的公司,逃避原公司债务的;(4)先解散公司,再以原公司场所、设备、人员及相同或者相似的经营目的另设公司,逃避原公司债务的;(5)过度支配与控制的其他情形。

控制股东或实际控制人控制多个子公司或者关联公司,滥用控制权使多个子公司或者关联公司财产边界不清、财务混同,利益相互输送,丧失人格独立性,沦为控制股东逃避债务、非法经营,甚至违法犯罪工具的,可以综合案件事实,否认子公司或者关联公司法人人格,判令控制股东或者实际控制人承担连带责任。

(三)资本显著不足

资本显著不足指的是,公司设立后在经营过程中,股东实际投入公司的资本数额与公司经营所隐含的风险相比明显不匹配。股东利用较少资本从事力所不及的经营,表明其没有从事公司经营的诚意,实质是恶意利用公司独立人格和股东有限责任把投资风险转嫁给债权人。由于资本显著不足的判断标准有很大的模糊性,特别是要与公司采取"以小博大"的正常经营方式相区分,因此在适用时要十分谨慎,应当与其他因素结合起来综合判断。

第二节　主要技术转移活动的当事人

本节要点

1. 掌握技术开发、技术转让以及技术许可活动中当事人的类型及其权利、义务。
2. 掌握技术投融资活动中当事人的类型以及知识产权质押的相关规定，深刻理解技术出资相关法律问题。
3. 掌握知识产权证券化融资的特点及其总体思路。

一、技术开发当事人

技术开发是当事人之间就新技术、新产品、新工艺、新品种或者新材料及其系统的研究开发所开展的活动，包括委托开发和合作开发两种类型。

(一) 委托人与研究开发人

委托开发，是指委托人委托研究开发人就新技术、新产品、新工艺、新品种或者新材料及其系统的研究开发所开展的活动。委托人通过研究开发人的研究开发，最终获得以图纸、产品设计等为载体的技术成果，这是委托开发与加工承揽的根本区别。委托开发的研究开发人是以自己的名义、技术、劳务独立进行研究开发工作。委托人所提出的技术经济要求规定了研究开发人的主要工作方向，但不能以此限制研究开发人的独立性。委托人与研究开发人应明确研究开发经费、报酬及其支付或结算方式。

1. 委托人与研究开发人的权利、义务

依据《民法典》，委托人享有如下权利：(1)提出研究开发要求，接受研究开发成果；(2)根据技术开发的目标和需求，明确研究开发人要开发的具体工作内容；(3)要求研究开发人提供有关技术资料和必要的技术指导。委托人应当履行如下义务：(1)按照约定支付研究开发经费和报酬，提供技术资料，提出研究开发要求，完成协作事项；(2)向研究开发人提供有关信息与资料，特别是有关委托人对开发技术的功能和目标需求方面的信息和资料；(3)在领受了研究开发人交付件后，应立即对该交付件进行测试和评估，以确认其是否符合开发技术的功能和规格。

研究开发人享有如下权利：(1)获得研究开发经费和报酬；(2)获得有关开发

技术的功能和目标需求方面的信息和资料。研究开发人应当履行如下义务：(1) 按照约定制定和实施研究开发计划；(2) 合理使用研究开发经费；(3) 按期完成研究开发工作，交付研究开发成果；(4) 提供有关的技术资料和必要的技术指导，帮助委托人掌握研究开发成果。

依据《民法典》，委托人与研究开发人可以约定资料提供、技术协作和指导的具体内容，协作和指导中各方所应承担的义务和责任。双方还可以明确约定研究开发人向委托人提供进度报告的方式和时间，研究开发人向委托人进行技术维护和支持服务的时间和内容。

2. 法律责任与风险负担

依据《民法典》，委托开发任何一方当事人违反约定造成研究开发工作停滞、延误或者失败的，应当承担违约责任。作为技术开发合同标的的技术已经由他人公开，致使技术开发合同的履行没有意义的，当事人可以解除合同。

委托开发过程中，因出现无法克服的技术困难，致使研究开发失败或者部分失败的，该风险由当事人约定；没有约定或者约定不明确，当事人可以协议补充；不能达成补充协议的，按照委托开发合同相关条款或者交易习惯确定；按照委托开发合同相关条款或者交易习惯仍无法确定的，风险由当事人合理分担。

当事人一方发现因出现无法克服的技术困难，可能致使研究开发失败或者部分失败的情形时，应当及时通知另一方并采取适当措施减少损失；没有及时通知并采取适当措施，致使损失扩大的，应当就扩大的损失承担责任。

3. 权利归属与处分

委托开发完成的发明创造，除法律另有规定或者当事人另有约定外，申请专利的权利属于研究开发人。研究开发人取得专利权的，委托人可以依法实施该专利。研究开发人转让专利申请权的，委托人享有以同等条件优先受让的权利。

委托开发完成的技术秘密成果的使用权、转让权以及收益的分配办法，由当事人约定；没有约定或者约定不明确，当事人可以协议补充；不能达成补充协议的，按照委托开发合同相关条款或者交易习惯确定；按照委托开发合同相关条款或者交易习惯仍无法确定的，在没有相同技术方案被授予专利权前，当事人均有使用和转让的权利。但是，研究开发人不得在向委托人交付研究开发成果之前，将研究开发成果转让给第三人。

(二) 合作开发人

合作开发，是指合作开发各方共同就新技术、新产品、新工艺、新品种或者新材料及其系统的研究开发所开展的活动。依据《民法典》，合作开发各方当事人应当按照约定进行投资,包括以技术进行投资,分工参与研究开发工作,协作配合研究开发工作。合作开发合同的当事人违反约定造成研究开发工作停滞、延误或者失败的,应当承担违约责任。

合作开发完成的发明创造,申请专利的权利属于合作开发的各方当事人共有;当事人一方转让其共有的专利申请权的,其他各方享有以同等条件优先受让的权利。但是,当事人另有约定的除外。合作开发的当事人一方声明放弃其共有的专利申请权的,除当事人另有约定外,可以由另一方单独申请或者由其他各方共同申请。申请人取得专利权的,放弃专利申请权的一方可以免费实施该专利。合作开发的当事人一方不同意申请专利的,另一方或者其他各方不得申请专利。

合作开发完成的技术秘密成果的使用权、转让权以及收益的分配办法,由当事人约定;没有约定或者约定不明确,当事人可以协议补充;不能达成补充协议的,按照合作开发合同相关条款或者交易习惯确定;按照合作开发合同相关条款或者交易习惯仍无法确定的,在没有相同技术方案被授予专利权前,当事人均有使用和转让的权利。

案例

技术开发合同履行纠纷案

【案情简介】 2018年4月,山西某股份有限公司与杭州某大学林教授商谈智慧电厂项目合作事宜。2018年5月,双方就订立《智慧燃煤电厂之智慧锅炉控制系统研发技术开发合同》开始进行磋商,但双方并未订立正式合同。杭州某大学林教授就智慧电厂项目事宜在双方未订立合同之时即开始带领团队进行前期项目的研究与开发。2019年1月,山西某公司的项目联系人王某向林教授发送第一阶段研发项目评审通知后,该项目组在西安某大学曾召开燃煤电厂智慧顶层控制系统方案的评审会。该评审会未显示明确的评审方案内容及评审方案是否通过评审。2019年3月,双方进入签约流程,最终原告与被告签订《技术开发合同》。后山西某公司起诉杭州某大学,认为其未保证研发力量的投入、未能通过节点考核、研发工作开展不力、拒不交付研究成果,且拒绝参加后期技术研讨会的行为已构成严重违约,故要求解除合同,并要求被告按照合同总价款的30%赔偿原告的损失。

【裁判结果】 一审法院太原中院经审理认为,关于合同效力:双方签订的《技术开发合同》虽然时间存在倒签的情况,但系双方对该合同正式签订前期进行的准备工作的确认,是双方真实意思的表示,未违反法律法规的强制性规定,应属有效。关于履行义务:虽然合同约定了双方的基本权利义务内容,但从该类合同的履行实践来看,合同约定层面的实践细化、补充等仍有赖于合同双方在履行过程中达成的细节合意。对于双方在签订合同之前的事项,双方未进行明确的确认,因此双方在签订合同时均存在同等的缔约过失责任。关于责任承担:本案双方正式签订合同是在 2019 年 5 月底,时间已经超过合同约定的第一节点的时间段,且双方对第一节点的合同义务的履行与否均未予确认或者重新签订补充协议。由此引发双方无法进行下一节点的合同履行进而导致合同最终无法履行的情况,双方对于此种情形的发生均存在相应的过错。根据双方责任均等的情况,酌情确认被告应返还原告第一节点费用的一半共计 75 万元。本案上诉后经山西高院审理后维持原判。

【典型意义】 技术开发是一项探索性的实践活动,由于受客观因素限制,往往在合同签订前,接受技术开发的一方就开展前期的研发工作。一般在合同签订时,要将前期工作通过合同约定予以确认。对于合同签订后的技术研发,合同无法对于每个技术细节及要达到的效果、验收标准等进行完美约定,因此经常会导致合同履行中存在争议。本案的原告是山西综改区的一家高科技民营企业,原告在与杭州某大学的技术开发合同履行中出现对第一阶段技术方案完成与否发生争议。该判决对合同履行中存在的过错及损失合理分担,既鼓励创新,保护技术开发者的合法权利,又充分考虑科技民营企业的经营中的合法权益。本案例对国家创新驱动战略和民营企业司法保障具有典型意义,同时也为企业和技术人员在技术研发时提供了很好的借鉴。

二、技术转让当事人

技术转让是合法拥有技术的权利人,将现有特定的专利权、专利申请权、技术秘密的相关权利让与他人的行为。其中,合法拥有技术的权利人称为让与人,受让该技术的人称为受让人。技术转让包括专利权转让、专利申请权转让、技术秘密转让等。技术转让合同可以约定实施专利或者使用技术秘密的范围,但是不得限制技术竞争和技术发展。集成电路布图设计专有权、植物新品种权、计算机软件著作权等其他知识产权的转让,参照适用专利和技术秘密转让的有关规定。法律、行政法规对技术进出口另有规定的,依照其规定。

(一) 让与人

依据《民法典》,技术转让合同的让与人享有如下权利:(1)要求受让人按照合同约定支付转让款;(2)要求受让人按照约定的范围和期限,对让与人提供的技术中尚未公开的秘密部分,承担保密义务。

技术转让合同的让与人应当履行如下义务:(1)保证自己是所转让技术的权利持有人;(2)按照合同的约定,将技术移交受让人所有或者持有,并保证该技术的真实、完整、有效;(3)按照合同约定,办理技术转移手续,交付与转让的权利有关的技术资料等材料,并向受让人提供必要的技术指导。(4)遵守保密义务,不得泄露与技术有关的内容;(5)承担受让人按照约定实施技术,侵害他人合法权益的责任。

(二) 受让人

依据《民法典》,技术转让的受让人享有如下权利:(1)按照合同约定,要求让与人办理技术转移移交手续,交付与转让的权利有关的技术资料等材料;(2)要求受让人提供必要的技术指导;(3)要求受让人遵守保密义务,不得泄露与技术有关的内容。

技术转让的受让人应当履行如下义务:(1)按照合同约定,向让与人支付约定的价款;(2)按照约定的范围和期限,对让与人提供的技术中尚未公开的秘密部分,承担保密义务。

 案 例

不支付专利权转让款纠纷案

【案情简介】 广东某医院独立研发了一种针对高血压的新型复方药物,并申请了专利,于2009年将其以400万元总额转让给苏州某公司,合同中同时约定:若苏州某公司未及时支付转让价款,违约金将按照未支付价款等额计算。苏州某公司在受让专利后,仅支付了第一期转让款80万元,剩余转让款320万元超出合同约定时间后仍未支付。广东某医院诉请苏州某公司支付转让款320万元、违约金320万元及利息等。

【裁判结果】 广州知识产权法院经审理认为,苏州某公司违反合同约定,未按照合同约定支付转让价款,应承担相应的违约责任。应充分保护广东某医院作为研发单位研发药品的积极性,其创新成果应当得到及时保护,故认定苏州某公司应当及时支付320万元合同价款。至于合同约定的320万元违约金,由于超出违约金的合理上限,依法应予调整。同时为了鼓励保护创新,尊重意思自治,法院按照上限百分之三十计算,苏州某公司应向广东某医院支付违约金96万元。

【典型意义】 本案涉及医药领域的技术成果转让。广东某医院独立研发的涉案创新成果为针对高血压的新型药物,对多种相关疾病都是一种有益的尝试,该药品技术如及时用于临床研究或投入生产,对广大高血压患者具有重要的意义。由于合同当事人违约,致使该药品专利未能及时付诸实施、造福社会公众。广州知识产权法院深入了解药物技术研发过程,在相关领域技术专家的辅助下,多维度判断涉案药品专利的技术价值和社会价值,在法律框架内着眼于鼓励技术创新和保障交易安全,着眼于促进诚实信用和扩大公共福祉进行了慎重处理。判决虽未完全按照合同约定全额支持广东某医院关于违约金的诉讼请求,但也按照百分之三十的上限进行计算,充分体现出保护科技创新成果和促进科技创新成果转化、运用的价值取向。

三、技术许可当事人

技术许可是合法拥有技术的权利人,将现有特定的专利、技术秘密的相关权利许可他人实施、使用的行为。技术许可包括专利实施许可、技术秘密使用许可等。其中,合法拥有技术的权利人称为许可方,被许可实施、使用该技术的人称为被许可方。技术许可合同可以约定实施专利或者使用技术秘密的范围,但是不得限制技术竞争和技术发展。集成电路布图设计专有权、植物新品种权、计算机软件著作权等其他知识产权的许可,参照适用专利、技术秘密许可的有关规定。法律、行政法规对技术进出口另有规定的,依照其规定。

(一) 许可人

专利实施许可是指专利技术所有人或其授权人许可他人在一定期限、一定地区、以一定方式实施其所拥有的专利,并向他人收取使用费用的行为。依据《民法典》,专利实施许可的许可人享有如下权利:(1)按照合同获得专利使用费;(2)要求被许可人按照约定对许可人提供的技术中尚未公开的秘密部分,承担保密义务;(3)禁止被许可人擅自许可第三人实施该专利。专利实施许可的许可人应当履行如下义务:(1)不得超过专利权的存续期限许可他人实施专利;(2)不得许可他人实施被宣告无效的专利;(3)按照约定许可被许可人实施专利,交付实施专利有关的技术资料;(4)向被许可人提供必要的技术指导;(5)承担被许可人按照约定实施技术,侵害他人合法权益的责任。

技术秘密许可使用的许可人享有如下权利:(1)按照合同获得技术秘密使用费;(2)要求被许可人按照约定对许可人提供的技术中尚未公开的秘密部分,承担保密义务;(3)禁止被许可人擅自许可第三人使用该技术秘密。技术秘密许可使用的许可人应当履行如下义务:(1)按照约定提供技术资料,进行技术指导;(2)保证技术的实用性、可靠性,承担保密义务;(3)承担被许可人按照约定实施技术,侵害他人合法权益的责任。

(二) 被许可人

专利实施许可的被许可人享有如下权利:(1)交付实施专利有关的技术资料;(2)要求许可人提供必要的技术指导。专利实施许可的被许可人应当履行如下义务：(1)按照约定实施专利,支付专利使用费;(2)按照约定的范围和期限,对许可人提供的技术中尚未公开的秘密部分,承担保密义务;(3)未经许可人同意,不得擅自许可第三人实施该专利。

技术秘密许可的被许可人享有如下权利:(1)要求许可人交付技术秘密使用有关的技术资料;(2)要求许可人提供必要的技术指导。技术秘密许可的被许可人应当履行如下义务:(1)按照约定使用技术秘密,支付技术秘密使用费;(2)按照约定的范围和期限,对许可人提供的技术中尚未公开的秘密部分,承担保密义务;(3)未经许可人同意,不得擅自许可第三人使用该技术秘密。

四、技术咨询与服务当事人

(一) 技术咨询当事人

技术咨询是当事人一方以技术知识为对方就特定技术项目提供可行性论证、技术预测、专题技术调查、分析评价报告等所开展的活动。技术咨询的委托人应当按照约定阐明咨询的问题,提供技术背景材料及有关技术资料,接受受托人的工作成果,支付报酬。技术咨询合同的受托人应当按照约定的期限完成咨询报告或者解答问题,提出的咨询报告应当达到约定的要求。

技术咨询的委托人未按照约定提供必要的资料,影响工作进度和质量,不接受或者逾期接受工作成果的,不得追回已支付的报酬,并应当支付尚未支付的报酬。技术咨询的受托人未按期提出咨询报告或者提出的咨询报告不符合约定的,应当承担减收或者免收报酬等违约责任。技术咨询的委托人按照受托人符合约定要求的咨询报告和意见作出决策所造成的损失,由委托人承担,但是当事人另有约定的除外。

在技术咨询合同履行过程中,受托人利用委托人提供的技术资料和工作条件完成的新的技术成果,属于受托人。委托人利用受托人的工作成果完成的新的技术成果,属于委托人。当事人另有约定的,从其约定。技术咨询合同对受托人正常开展工作所需费用的负担没有约定或者约定不明确的,由受托人负担。

(二) 技术服务当事人

技术服务是当事人一方以技术知识为对方解决特定技术问题所开展的活动,不包括承揽和建设工程。技术服务合同的委托人应当按照约定提供工作条件,完成配合事项,接受工作成果并支付报酬。技术服务合同的受托人应当按照约定完成服务项目,解决技术问题,保证工作质量,并传授解决技术问题的知识。

技术服务合同的委托人不履行合同义务或者履行合同义务不符合约定,影响工作进度和质量,不接受或者逾期接受工作成果的,不得追回已支付的报酬,并应当支付尚未支付的报酬。技术服务合同的受托人未按照约定完成服务工作的,应当承担免收报酬等违约责任。

在技术服务合同履行过程中,受托人利用委托人提供的技术资料和工作条件完成的新的技术成果,属于受托人。委托人利用受托人的工作成果完成的新的技术成果,属于委托人。当事人另有约定的,从其约定。技术服务合同对受托人正常开展工作所需费用的负担没有约定或者约定不明确的,由受托人负担。

案例

技术服务各个环节形成的利益分配及责任承担案

【案情简介】 2018年11月20日,某房地产公司(甲方)与某设计公司(乙方)签订《设计优化协议书》,主要约定以下内容:甲方委托乙方对"京汇·菁华园一期"进行设计优化。协议书约定,本项目优化设计在原设计施工图纸基础上进行,设计优化完成后的图纸由甲方协调原设计单位出图盖章,乙方协助甲方做好相关工作。若协调不畅需乙方负责出图盖章,双方另行约定。协议签订后,房地产公司分批向设计公司支付技术服务费共计100万元。2019年7月10日,韩某富向房地产公司出具承诺书:以蓝图为准计算优化成果,确保优化图纸图审过关。最后综合验收优化部分有问题,责任属于设计公司。2020年1月13日,房地产公司向设计公司回复了电子邮件"关于京汇·菁华园项目优化成果界定的说明",载明主要内容(一)优化部分:……优化费用为3 646 309.57元。(四)设计公司必须出具最终完善的盖章图纸八份,且此图纸设计人员必须签字,并经临沂市建筑图纸审查中心审查盖章通过。

【裁判结果】 法院经审理认为,根据双方合同约定,为了确保设计优化的图纸能够盖章通过,依据不同的情形,设计公司和房地产公司均有相应的约定义务。设计公司按协议约定履行了交付优化图纸的义务,但对优化设计图纸未能通过盖章双方均有未履行相应义务的行为。房地产公司已知原设计单位明确表示拒绝签字盖章、与另一家设计公司重新签订合同且已经过审批之后的时间节点,仍然出具优化成果界定说明明确优化费用的行为,应视为对双方协议履行过程中的变更和对设计公司已完成的涉案优化成果的认可。房地产公司在工程实际施工过程中是采用全部还是部分抑或根本未采用设计公司的任何优化设计,均不能否认设计公司为此已付出的劳动。判决房地产公司支付设计公司优化费用2 646 309.57元及利息,驳回其他诉讼请求及反诉请求。二审法院维持了一审判决。

【典型意义】 本案系技术服务合同纠纷。临沂中院认真贯彻合同法,正确适用证据规则,依法审理科技创新中产生的各类技术合同纠纷案件,维护合同的严肃性和有效性,审慎界定违约行为及责任,严格保护守约方合法权益。本案的处理对于在审理技术合同纠纷案件中合理认定技术服务各个环节形成的利益分配及责任承担做出了有益的探索,对同类案件的处理有一定的借鉴意义。

五、技术投融资中的当事人

知识产权融资的方式包括知识产权质押贷款、知识产权入股、知识产权证券化等多种形式。2021年10月,国务院印发《"十四五"国家知识产权保护和运用规划》,明确提出积极稳妥发展知识产权金融,充分发挥金融支持知识产权转化的作用。2020年3月30日,中共中央、国务院发布的《关于构建更加完善的要素市场化配置体制机制的意见》提出:"促进技术要素与资本要素融合发展。积极探索通过天使投资、创业投资、知识产权证券化、科技保险等方式推动科技成果资本化。鼓励商业银行采用知识产权质押、预期收益质押等融资方式,为促进技术转移转化提供更多金融产品服务。"对于企业而言,通过知识产权进行投融资已经是一种常见的融资方式,技术转移从业人员应当了解有关知识产权投融资的法律知识。

(一)资金需求方

1. 知识产权质押

知识产权质押贷款是指企业或个人以合法拥有的专利权、商标权、著作权等知识产权作为质押标的,向银行申请融资。知识产权质押贷款是知识产权融资最常见的方式之一。2019年8月,中国银保监会联合国家知识产权局、国家版权局发布了《关于进一步加强知识产权质押融资工作的通知》,鼓励银行保险机构积极开展知识产权质押融资业务,支持具有发展潜力的创新型(科技型)企业,支持商业银行建立专门的知识产权质押融资管理制度。鼓励商业银行对企业的专利权、商标专用权、著作权等相关无形资产进行打包组合融资,提升企业复合型价值,扩大融资额度。研究扩大知识产权质押物范围,积极探索地理标志、集成电路布图设计作为知识产权质押物的可行性,进一步拓宽企业融资渠道。由于知识产权质押融资模式因地而变,区域性特点比较明显,发展速度趋快,需要把握好知识产权质押融资法律风险控制。

依据《民法典》,债务人或者第三人有权处分的可以转让的注册商标专用权、专利权、著作权等知识产权中的财产权可以出质。因此,企业可以将其有权处分的知识产权中的财产权予以质押融资,也可以由第三人将其有权处分的知识产权中的财产权予以质押融资。以注册商标专用权、专利权、著作权等知识产权中的财产权出质的,质权自办理出质登记时设立。知识产权中的财产权出质后,出质人不得转让或者许可他人使用,但是出质人与质权人协商同意的除外。出质人转让或者许可他人使用出质的知识产权中的财产权所得的价款,应当向质权人提前清偿债务或者提存。

2. 知识产权证券化

知识产权证券化是知识产权融资的高级形式,即将知识产权现在或未来所产生的收益,通过财务金融技术转化为可交易的金融产品。知识产权证券化是以知识产权及其衍生的特许使用权为支撑,面对金融市场发行证券进行融资活动的金融工具,属于资产支持证券(ABS)的形式之一。具体而言,是发起机构(如企业)将其拥有的知识产权或其衍生权益,移转到特设载体(SPV),再由此特设载体以该资产作担保,经过重新包装、信用评价和信用增强后发行在市场上可流通的证券,为发起机构进行融资的金融操作。与传统质押融资等方式相比,证券化的融资规模更大,融资成本更低,投资风险更小,能够让知识产权与资本有效连接。2015年,《中共中央、国务院关于深化体制机制改革加快实施创新驱动发展战略的若干意见》出台,首次提及知识产权资产证券化;2019年,《粤港澳大湾区发展规划纲要》提出,在粤港澳大湾区开展知识产权资产证券化试点,以深圳、广东、东莞为代表先后发行区域内知识产权资产证券化的首单;2020年,《国务院关于做好自由贸易试验区第六批改革试点经验复制推广工作的通知》将"知识产权资产证券化"纳入全国范围内复制推广的改革事项。2020年以来,知识产权资产证券化迎来飞速发展,截至2022年12月末,8个省(直辖市)、16个地市先后试点了知识产权资产证券化的首单发行。2023年3月末,湖南、湖北、四川、江西等省份也加入知识产权资产证券化的发行工作,知识产权资产证券化已全国开花。

目前我国虽然逐步在制度层面上正式支持知识产权资产证券化业务,但尚未出台专门针对知识产权证券化的法律,知识产权证券化适用的法律法规比较分散。从政策角度来看,由于起步较晚,相关政策也尚不完善,例如缺乏对于基础资产的相关规定、未来收益权的可转让性规定尚不明确等。因此,企业通过知识产权证券化方式融资还存在不少困境和操作上的不确定性,建议在具体推进相关工作时先行向当地主管部门咨询,并聘请专业团队开展工作。

(二)资金提供方

1. 知识产权质押

知识产权质押融资的资金提供方通常是商业银行。根据《关于商业银行知识产权质押贷款业务的指导意见》(银监发〔2013〕6号),商业银行可以接受境内个人、企业或其他组织以本人或他人合法拥有的、依法可以转让的注册商标专用权、专利权、著作权等知识产权中的财产权做质押,按照国家法律法规和相关信贷政策发放贷款或提供其他授信。商业银行要结合国家有关支持中小企业发展的信贷政策,建立适合中小企业知识产权质押贷款特点的风险评估、审批授权、尽职调查和激励约束机制。

在开展知识产权质押融资业务时,商业银行要认真按照规定进行贷前尽职调查,针对知识产权的特点确定质物调查的重点,并严格进行贷款担保审查。商业银行要明确可接受作为质物的不同种类知识产权的具体标准。总体而言,用于质押的知识产权应当合法、完整、有效且权属清晰,依法可转让,且不违反国家保密法规和国有资产管理规定。用于质押的知识产权需获得权属证书的,要由国家相关机构依法正式授予知识产权权属证书;不需获得权属证书的,要提供由商业银行认可的相关权属证明材料。存在共同知识产权人的,应当已取得共同知识产权人的同意。属于被许可人出质的,应当已取得原知识产权人或授权人的同意。用于质押的知识产权剩余有效期或保护期要长于贷款期限,专利和著作权的剩余有效期或保护期一般不少于5年。出质人要承诺按时缴纳年费等相关费用,并及时办理相关权利续展手续。商业银行还要重点关注质物对出质人的重要性,质物所属行业的发展情况、国家行业政策的发展趋势、相关市场的技术发展水平,包括与质物具有竞争性或替代性的同类产品的发展情况等外部因素,以及在不造成债权损失的前提下及时处置质物的时效性、可行性。另外,鉴于出质人的综合实力对知识产权市场价值的影响,商业银行也要重点关注借款人的管理架构、行业经验、业内声誉和生产经营业绩等整体情况。

商业银行在选择用作知识产权质押贷款的质物时,要从该项知识产权的合法性、有效性、完整性、权属清晰性、经济价值、市场交易可行性等方面作出综合评估。必要时,可听取中介机构、外部专家等提供的专业意见。商业银行要根据尽职调查掌握的借款人、出质人和出质知识产权的情况决定采用知识产权单一担保或组合担保。组合担保方式下,由第三人为借款人提供保证的,商业银行可优先接受与借款人所属知识产权相关的同业联盟或同业协会的成员作为保证人。商业银行决定知识产权质押贷款期限时,要考虑各类知识产权的有效期限及其价值变动规律,以短期贷款为主。贷款期限较长的,商业银行在贷款期间要加强对出质知识产权价值变化的跟踪监测,必要时可依合同约定要求借款人提前还款或提供其他形式的补充担保。商业银行要根据出质知识产权的经济价值、出质人的经营管理能力、知识产权的流通性、价值稳定性、是否组合担保等因素,并结合借款人的资信状况,审慎确定知识产权的最高质押率。对不同类型的知识产权可以采用差异化的质押率。商业银行应当要求出质人对知识产权的转让或许可使用事项作出承诺,确保出质人遵守相关法律规定,不擅自转让或许可使用该知识产权而使质权受损或落空。

  商业银行要建立和完善知识产权质押评估管理制度,审慎评估知识产权质押风险,定期或不定期地动态评估质物的质量。商业银行可以委托专业评估机构对出质知识产权进行评估,也可以自行评估。委托外部机构评估的,需要建立评估价值复核认定机制。商业银行、出质人或借款人委托的知识产权评估机构、律师事务所等中介机构应当具有政府相关部门颁发的从业资格,拥有从事知识产权专业工作的丰富经验和一定数量的合格专业人员,并且与委托事项不存在利益冲突,具有良好的诚信和守法记录,主要负责人或合伙人执业声誉良好。商业银行、出质人或借款人可以委托一家或多家知识产权评估机构完成知识产权评估工作。商业银行委托评估的,要与评估机构签订委托合同,并在委托合同中规定具体的评估事项,明确评估报告作为授信审批依据的有效期限以及虚假评估的责任承担,要求评估人对评估结果的客观真实性做出承诺。知识产权评估要严格遵守相关的法律法规和行业准则,坚持独立、客观、公正的原则。中介机构出具的知识产权评估价值与市场交易价格之间有明显差异,或商业银行认为不合理的,商业银行应当要求中介机构说明理由,或重新聘请中介机构进行评估。

  依据《民法典》,质权人(商业银行)在债务履行期限届满前,与出质人约定债务人不履行到期债务时质押知识产权归债权人所有的,只能依法就质押知识产权优先受偿。因不可归责于质权人的事由可能使质押知识产权价值明显减少,足以危害质权人权利的,质权人有权请求出质人提供相应的担保;出质人不提供的,质权人可以拍卖、变卖质押知识产权,并与出质人协议将拍卖、变卖所得的价款提前清偿债务或者提存。

  商业银行发放知识产权质押贷款必须办理质权登记,确保商业银行为优先受偿人。商业银行应当按照知识产权登记管理要求配合出质人办理质权登记手续,或要求出质人配合办理质权登记手续。知识产权行政管理部门应当完善各类知识产权的登记和查询制度,并根据实际需要进行修订,简化登记流程,逐步建立和完善统一的电子化知识产权登记系统和查询系统。

  商业银行应当建立健全知识产权质押贷款贷后风险管理制度,确保借款人按约定的贷款用途使用贷款资金,严密监控借款人的经营管理状况,持续评估借款人的还款能力。在贷款存续期内,商业银行要对出质知识产权的权属关系、有效性、相关维护费用缴纳情况、经济价值变化等因素进行重点监控,持续了解出质知识产权的使用情况。必要时,可由认可的中介机构对影响质物价值的重要因素定期进行调查和通报,并出具动态评估报告。质物的再次评估价值已不能满足商业银行规定的质押率的,应当要求借款人追加其他担保或依合同约定要求提前还款。质押合同主体、质物等实质性内容需变更的,当事人应当按照相关规定和合同约定尽快持变更协议及相关资料到质权登记部门办理变更登记。贷款需要重组的,商业银行应当对质物进行重新审查,必要时重新进行评估。贷款合同约定的还款期限届满,借款人到期未履行还款义务或者发生当事人约定的实现质权的情形,商业银行可以通过协议折价、拍卖、变卖、许可使用等方式实现质权,并依合同约定从所得价款中优先受偿。

2. 知识产权证券化

知识产权证券化的资金提供方较为多元,个人和机构投资者都可以参与知识产权证券化投资。对于投资人而言,需要重点关注知识产权证券化业务的风险,该风险主要体现在知识产权价值的不稳定、政策变动风险、底层企业违约、法律风险等方面。比如说,知识产权本身属性是一种无形资产,当传统的证券化操作应用于知识产权这种无形资产时,将引起一些特殊风险,比如市场价值的不确定性、产权范围的不稳定性、基础资产的可重复利用性等,因而导致知识产权的未来收益存在着不稳定性。而且,知识产权存在被未来新技术超越或取代的可能性。另外,由于开展知识产权证券化的企业多为高新技术企业,科技研发成本高,经营活动不确定性较大,若未依约履行义务给付回款,将可能触发知识产权证券的违约风险。需要注意的是,法律风险是知识产权证券化最重要的风险类型。因知识产权被宣告无效或者撤销、侵权或知识产权权利人破产等法律事实造成知识产权无法正常实施,影响现金流和收益的实现,都会对知识产权价值造成巨大负面影响。

(三)技术出资方

技术出资是指知识产权权利人将能够依法转让的知识产权(如专利权、商标、著作权、集成电路布图设计等)作价,投入企业以获得投资人身份。我国《公司法》《合伙企业法》和《个人独资企业法》都允许投资者以知识产权作价出资。依据我国《公司法》,股东可以用货币出资,也可以用实物、知识产权、土地使用权等可以用货币估价并可以依法转让的非货币财产作价出资。对作为出资的知识产权应当评估作价,核实财产,不得高估或者低估作价。法律、行政法规对评估作价有规定的,从其规定。因此,并非所有的知识产权都能作为财产向公司出资,只有依法转让且能评估作价的知识产权才能作为出资财产。产权关系不清楚,或者不公开的技术秘诀等因无法为办理产权过户手续,不能作为对公司技术出资。另外,根据《最高人民法院关于审理技术合同纠纷案件适用法律若干问题的解释》的,当事人以技术成果向企业出资但未明确约定权属,接受出资的企业主张该技术成果归其享有的,人民法院一般应当予以支持,但是该技术成果价值与该技术成果所占出资比例明显不合理从而损害出资人利益的除外。因此,无论用于出资的知识产权系所有权还是使用权,其价值应与出资额相当。

根据《公司法》规定,有限责任公司成立后,如果发现用于出资的知识产权实际价额显著低于公司章程所定价额的,应当由交付该出资的股东补足其差额;公司设立时的其他股东需要承担连带责任。另依《最高人民法院关于适用〈中华人民共和国公司法〉若干问题的规定(三)》,出资人以非货币财产出资,未依法评估作价,公司、其他股东或者公司债权人请求认定出资人未履行出资义务的,人民法院应当委托具有合法资格的评估机构对该财产评估作价。评估确定的价额显著低于公司章程所定价额的,人民法院应当认定出资人未依法全面履行出资义务。出资人以需要办理权属登记的知识产权等财产出资,已经交付公司使用但未办理权属变更手续的,公司、其他股东或者公司债权人主张认定出资人未履行出资义务的,人民法院应当责令当事人在指定的合理期间内办理权属变更手续;在前述期间内办理了权属变更手续的,人民法院应当认定其已经履行了出资义务;出资人主张自其实际交付财产给公司使用时享有相应股东权利的,人民法院应予支持。出资人以知识产权出资,已经办理权属变更手续但未交付给公司使用,公司或者其他股东主张其向公司交付,并在实际交付之前不享有相应股东权利的,人民法院应予支持。出资人以符合法定条件的非货币财产出资后,因市场变化或者其他客观因素导致出资财产贬值,公司、其他股东或者公司债权人请求该出资人承担补足出资责任的,人民法院不予支持。但是,当事人另有约定的除外。因此,只要知识产权出资人已经完全履行了出资义务,且不存在履行瑕疵,那么即使出资后发生知识产权减值的情况,也不承担补足出资的责任。

技术出资的评估作价

出资人以技术出资的,应当对技术价值进行评估作价,且价值应当合理,如果作价虚高,有被认定为未全面履行出资义务的风险。

一、技术出资作价的方式

《公司法》虽规定作为出资的非货币财产应当评估作价,但未明确评估作价的具体方式。通常评估作价的规范方式是委托专业评估机构出具评估报告。不过,根据一些地区的实践,在以技术出资设立公司的过程中,评估机构出具的评估报告并非必要,当事人可以自行对出资技术协商作价。因此,出资各方自行协商作价或者评估机构评估都具有合法性。当然,从尽可能避免纠纷的角度考虑,由评估机构评估作价相对而言更有必要。

二、技术出资作价的公允性

考虑到评估机构评估作价可能需要较高成本,在没有法律明确要求的情况下,实践中并非每个公司都会对用于出资的技术价值聘请资产评估机构进行评估。从实践案例来看,无论是经过评估机构评估还是由当事人协商作价,只要作价合理,均能被法院认可,而如果作价不合理,即便资产评估机构出具了评估报告甚至已经验资,也可能被推翻,从而导致出资人被认定为未全面履行出资义务。

(一)由评估机构评估作价更容易被法院认可

从实践案例来看,如果出资技术经过了具备资质的资产评估机构评估再行作价入股,除非有证据足以推翻相关评估结果,该评估价值往往会被法院所认可。例如,在(2019)最高法民终959号案中,出资人在以技术出资时委托了评估公司对技术价值进行了评估,据此作价增资入股至目标公司,并办理了相关财产权转移手续。其后,相关专利技术被宣告无效,目标公司起诉认为出资人没有完成出资,法院则以相关知识产权出资已经过专业机构依程序评估作价,且已交付目标公司,而原告未能提供证据证明相关评估存在违法情形,不能推翻评估结果为由,认定出资人已完成出资。

(二)评估机构评估作价也可能不被采纳

虽然评估机构的评估作价常常更有权威性,但如果有证据证明出资时的技术评估程序存在程序违法、评估结果不真实等问题,即便出资人提供了评估报告,相关评估结果也可能被法院否定,进而被认定为出资未到位。例如,在(2019)苏01民终1472号案中,出资人将其以100万元购买的标的技术,在聘请评估机构以2 900万元的价值标准出具评估报告后,按照评估价值向目标公司出资。后经当地评估业务主管部门认定相关评估报告存在评估程序违法、评估结果不真实等问题,相关评估报告被推翻,而出资人又无法提供相关技术资料以供法院另行委托机构评估,法院据此认定出资人未提供相应价值的财产出资,需要向目标公司补缴出资。

(三)股东协商作价也需合理

从实践案例来看,在股东对出资技术协商作价的情况下,根据对价值提出异议的当事人的不同,法院处理方式也会有所差异。

1. 如果对出资技术价值提出异议者为前期参与协商定价的股东,鉴于其已经或者理当获悉技术情况且同意了相关技术的定价,法院通常会尊重双方前期的约定。这方面的案例可参考(2019)粤03民终18309号案。

2. 如果对技术价值提出异议者是技术出资完成后才进入目标公司的股东,只要原股东在新股东入股时已向新股东充分披露了前期技术出资的相关情况,新股东在进入公司后提出的异议也往往难以被法院接受。这方面的案例,可参考(2020)苏04民终4818号案。

3. 如果对技术价值提出异议者为债权人,法院会委托评估机构对标的技术进行评估。在此情况下,如技术出资人拒不提供技术材料等以供评估但又无法提供充分证据证明作价合理的,则可能被认定出资不实。但如果相关技术是因不具评估条件而未能进行评估,法院在综合考虑目标公司的产值、相关技术在公司运营过程中的实际作用等情况后,仍可能会认定协商价值是合理的。这方面的案例,可参考(2018)浙06民终4448号案。

第三节 技术转移中介机构及从业人员

> **本节要点**
> 1. 掌握我国有关技术交易平台建设顶层设计的相关内容。
> 2. 理解技术转移中介人员的主要职能。

一、技术交易平台

依据《促进科技成果转化法》,国家培育和发展技术市场,鼓励创办科技中介服务机构,为技术交易提供交易场所、信息平台以及信息检索、加工与分析、评估、经纪等服务。科技中介服务机构提供服务,应当遵循公正、客观的原则,不得提供虚假信息和证明,对其在服务过程中知悉的国家秘密和当事人的商业秘密负有保密义务。

国务院办公厅《关于印发促进科技成果转移转化行动方案的通知》(国办发〔2016〕28号)(简称《通知》)指出,要构建国家技术交易网络平台。以"互联网+"科技成果转移转化为核心,以需求为导向,连接技术转移服务机构、投融资机构、高校、科研院所和企业等,集聚成果、资金、人才、服务、政策等各类创新要素,打造线上与线下相结合的国家技术交易网络平台。平台依托专业机构开展市场化运作,坚持开放共享的运营理念,支持各类服务机构提供信息发布、融资并购、公开挂牌、竞价拍卖、咨询辅导等专业化服务,形成主体活跃、要素齐备、机制灵活的创新服务网络。引导高校、科研院所、国有企业的科技成果挂牌交易与公示。

该《通知》还提出，要健全区域性技术转移服务机构。支持地方和有关机构建立完善区域性、行业性技术市场，形成不同层级、不同领域技术交易有机衔接的新格局。在现有技术转移区域中心、国际技术转移中心基础上，落实"一带一路"、京津冀协同发展、长江经济带等重大战略，进一步加强重点区域间资源共享与优势互补，提升跨区域技术转移与辐射功能，打造连接国内外技术、资本、人才等创新资源的技术转移网络。

对于技术交易转移服务机构的服务功能，该《通知》也提出了明确要求。《通知》要求，完善技术产权交易、知识产权交易等各类平台功能，促进科技成果与资本的有效对接。支持有条件的技术转移机构与天使投资、创业投资等合作建立投资基金，加大对科技成果转化项目的投资力度。鼓励国内机构与国际知名技术转移机构开展深层次合作，围绕重点产业技术需求引进国外先进适用的科技成果。鼓励技术转移机构探索适应不同用户需求的科技成果评价方法，提升科技成果转移转化成功率。推动行业组织制定技术转移服务标准和规范，建立技术转移服务评价与信用机制，加强行业自律管理。

此外，《国务院办公厅关于完善科技成果评价机制的指导意见》（国办发〔2021〕26号）（简称《意见》）也对技术交易平台的建设作出了总体部署。《意见》提出，健全协议定价、挂牌交易、拍卖、资产评估等多元化科技成果市场交易定价模式，加快建设现代化高水平技术交易市场。推动建立全国性知识产权和科技成果产权交易中心，完善技术要素交易与监管体系，支持高等院校、科研机构和企业科技成果进场交易，鼓励一定时期内未转化的财政性资金支持形成的成果进场集中发布信息并推动转化。自该《意见》颁布后，湖北、内蒙古、河北、甘肃、山西、天津、黑龙江、广西等地区相继出台了关于针对科技成果市场化交易机制的相关政策和举措；其他一些省市诸如北京、上海、广东、浙江、江苏、湖南、吉林等地在先前的政策文件中就已经响应了《意见》的相关内容；这些政策文件的相继出台，形成了科技成果市场化交易机制"全国一盘棋"，发展齐头并进的态势。

二、技术经理人

在国家相关部门的大力推动下，技术经理人作为新职业纳入《职业分类大典》第二类"专业技术人员"，所属编号2-06-07-16，同时对技术经理人的定义及其主要工作任务进行了描述。

1. 技术经理人是指在科技成果转移、转化和产业化过程中，从事成果挖掘、培育、孵化、熟化、评价、推广、交易并提供金融、法律、知识产权等相关服务的专业人员。

2. 技术经理人的主要工作任务包括：收集、储备、筛选、发布各类科技成果信息，促进交易各方建立联系；为技术交易各方提供技术成果在科技、经济、市场方面评估评价、分析咨询、尽职调查、商务策划等服务；为交易各方提供需求挖掘、筛选、匹配和对接等服务；制定科技成果转移转化实施方案、商业计划书、市场调查报告等，开展可行性研究论证；组织各类资源促进技术孵化、熟化、培育、推广和交易；提供科技成果转移转化和产业化投融资相关服务；提供科技成果转移转化知识产权导航、布局、保护和运营等服务；提供科技成果转移转化合规审查、风险预判、争端解决等法律咨询服务。

三、江苏省备案技术经理人

江苏省备案技术经理人是指在江苏省技术产权交易市场注册并实名认证，利用省技术产权交易市场平台资源，在科技成果转移、转化和产业化过程中，从事成果挖掘、培育、孵化、熟化、评价、推广、交易并提供金融、法律、知识产权等相关服务的专业人员。

拓展阅读

江苏省科技资源统筹服务中心（江苏省技术产权交易市场）

江苏省科技资源统筹服务中心成立于 2018 年 12 月，是江苏省科技厅直属事业单位，是推进全省科技资源统筹服务与技术转移服务的专业化管理服务机构。中心坚持以习近平新时代中国特色社会主义思想为指导，着力推动解决科技资源"分散、低效、重复"等问题，全力推进全省科技资源的统筹集成与开放共享。根据江苏省委省政府重要部署，按照"统筹集成、专业运作、竞争联合、共建共享"的思路建设江苏省科技资源统筹服务平台，率先在全国构建"一网打尽"的科技创新资源池、"一键导航"的线上服务云平台、"一站融通"的线下服务共同体、"一享到底"的资源开放新机制，统筹创新资源整体布局，实现要素高效配置。中心是国家技术转移人才培养（江苏）基地的建设依托单位，在江苏省科技厅指导下，承担全省专业化科技成果转移转化人才培养工作。

江苏省技术产权交易市场是根据省委省政府的决策部署，由江苏省科技厅、南京市人民政府联合共建的全省技术交易和科技成果转化公共服务平台。2016 年筹建，2017 年 1 月试运行，坚持技术转移"第四方平台"基础性、公益性定位，按照"一平台、一中心、一体系"建设架构，以促进技术交易为核心，倾力打造技术转移线上商城，推出"成果（专利）拍卖季""J-TOP 创新挑战季""公示挂牌""合同登记""技术经理人培养"等特色服务,着力破解技术交易过程中"找不着""谈不拢""难落地"三大难题,布局建设覆盖全省各设区市和部分创新园区的线下服务网络。加速科技成果转化为现实生产力,服务和支撑江苏经济社会发展。

2020年3月,经科技厅党组研究部署,决定江苏省科技资源统筹服务中心与江苏省技术产权交易市场业务融合发展,通过科技资源共建共享推动技术转移、成果转化。

第二章

技术转移中的民事权利

权利是法律赋予法律关系主体享有一定利益的范围或为某种行为的可能性。本章主要结合《民法典》介绍民事权利的基本问题。重点问题包括：民事权利的概念，民事权利的分类，民事权利的行使和保护。

第一节 民事权利概述

> **本节要点**
> 1. 掌握民事权利的概念、分类。
> 2. 掌握民事权利行使的边界、滥用民事权利的后果。
> 3. 分清民事权利保护方式的区别，掌握正当防卫、紧急避险和自助行为的区别，了解民事权利保护的民事诉讼保护、行政法保护及刑法保护方式。

一、民事权利的概念

民事权利的概念有多种学说，可简要表述为，民事主体依法享有并受法律保护的利益范围或者实施某一行为（作为或不作为）以实现某种利益的可能性。简单地说就是权利主体对实施还是不实施一定行为的选择权。

民事权利的具体内涵主要包括三个方面：

第一，民事权利是民事主体享有的特定利益。我国《民法典》第3条规定，民事主体的合法权益受到法律保护。"合法权益"包括权利和利益。人们在社会生活中的各种利益，有些利益不是法律调整的范围，有些利益受民法的保护，但是没有权利的名义，往往被称之为"法益"。

第二，民事权利通常是指宪法和民法确认的权利。民事权利内容既可以来源于法律规定,也可以是当事人的约定。并且,民事权利的范围和内容也并非一成不变的,随着社会发展,可以通过立法等方式进行增减。

第三,民事权利受到国家强制力的保障。在权利受到侵害时,权利主体请求国家机关予以救济。

二、民事权利的分类

民事权利依其内容、作用等,可以区分为不同的类型,这有助于掌握不同类型民事权利的性质、特点、功能等,以便于正确理解和行使民事权利,有效处理民事纠纷。其中,常见的分类有如下几种:

(一) 人身权、财产权

以民事权利的保护对象为标准,可以将民事权利区分为人身权、财产权。

1. 人身权

人身权包括人格权和身份权。人格权是民事权利中最基本、最重要的一种,因为人格权是直接与权利主体的存在和发展相联系。对人格权的侵害就是对权利人自身的侵害,它在民事权利体系中居于首要地位。人格权是以权利人的人格利益为客体(保护对象)的民事权利。随着时代的发展,对人格利益的认定逐步深入,人格权的范围日益扩大,内容也日益丰富。

人身权不直接体现财产利益,不能直接用货币衡量,不能放弃、转让和继承。但在特定条件下,有些人身权的行使可能形成财产价值,比如公众人物的肖像可以有偿使用。

根据《民法典》第一编第五章第110条以及人格权编规定,自然人享有生命权、身体权、健康权、姓名权、肖像权、名誉权、荣誉权、隐私权、婚姻自主权等人身权利。法人、非法人组织享有名称权、名誉权、荣誉权等人格权利。

2. 财产权

财产权是重要的民事权利,是以财产利益为保护对象的权利,包括物权、债权等。财产权有财产价值,可以用货币衡量,而且一般可以转让、继承、抛弃等。

(二) 支配权、请求权、抗辩权、形成权

根据权利的内容,民事权利可以区分为支配权、请求权、抗辩权、形成权。

支配权是指可以对权利的客体直接支配并排斥他人干涉的权利,如物权。支配权的特点表现在:第一,其客体通常是特定的。第二,其权利主体是特定的,而义务主体是不特定的。第三,其实现不需要义务人的积极行为,但义务人不得实施妨碍行为。第四,它具有排他性的效力。支配权常常是确认之诉的对象。

请求权是指请求他人为一定行为或不为一定行为的权利,如债权的请求权、非债权的请求权等。其中债权的请求权属于独立请求权,可以独立存在;非债权的请求权,如我国《民法典》第 179 条第 1 款规定的基于侵权产生的停止侵害请求权、排除妨碍请求权、消除危险请求权、返还财产请求权等请求权,属于非独立请求权。非独立请求权通常不得单独转让,应当与可转让的权益一并转让。请求权的特点是:第一,具有相对性。请求权都是发生在特定相对人之间的一种权利。第二,具有非公示性。第三,请求权作为独立的实体权利,连接了实体法和程序法,是给付之诉的基础。

抗辩权是指对抗请求权的权利。抗辩权依其行使的法律效果得区分为永久抗辩权和延期抗辩权。所谓永久抗辩权是指该项抗辩权的行使可以永久地阻止某项请求权的实现。如《民法典》第 192 条因诉讼时效期间届满的抗辩权。延期抗辩权是指可以暂时阻止某项请求权实现的抗辩权。如我国《民法典》第 525 条规定的同时履行抗辩权、第 527 条规定的不安抗辩权、第 687 条确认的保证人在一般保证中的先诉抗辩权等。抗辩权的特点是:第一,必须是由法律明确规定的权利。第二,作用在于对抗对方的请求权。第三,其行使必须以对方请求权的行使为前提。

抗辩权与民事诉讼中的抗辩不同。抗辩,是指在民事诉讼程序中提出事实上的主张,它可以对抗请求权,也可以对抗请求权以外的其他权利。这种抗辩包括三种情况:一是提出一些事实,如果事实存在,对方所主张的权利就不会发生。二是提出一些事实,一旦事实存在,对方所主张的权利尽管曾经发生,但现在已归于消灭。三是主张有特定的事实存在,因此可以依据实体法的规定行使抗辩权。

形成权是指当事人一方可以依自己的意思表示使法律关系发生变动的权利,如追认权、撤销权、抵销权等。形成权的特点是:第一,依据权利人自己的意思表示,就能够使既存的法律关系发生、变更或消灭。第二,其效力的发生不需要相对人作出某种辅助行为或共同行为。第三,其不存在被直接侵害的可能。第四,不能与所依附的法律关系分离。第五,其受到除斥期间的限制。

(三) 绝对权与相对权

根据权利人可以向其主张权利实现的义务人的范围,民事权利可以分为绝对权和相对权。

绝对权是指义务人不确定,权利人无须通过义务人实施一定的积极协助行为即可实现的权利,如所有权、人格权。由于绝对权的权利人可以向一切人主张权利的实现,在这种意义上,他可以对抗除他以外的任何人,因此又称为对世权。绝对权通常需要通过特定的公示手段,或者经由法律的规定以及习惯法予以公示。相对权是指义务人为特定人,权利人必须通过义务人积极地实施或不实施一定行为才能实现的权利,如债权。由于相对权的权利人只能向特定的义务人主张权利的实现,在这种意义上,他对抗的是特定的义务人,因此又称对人权。

绝对权与相对权的区分并不是绝对的。如依据我国《民法典》第725条的规定,租赁物在承租人按照租赁合同占有期限内发生所有权变动的,不影响租赁合同的效力。这就意味着承租人可以向出租人以外的第三人主张租赁权的实现。再如在房屋买卖合同中,买受人在取得房屋所有权以前,通过办理预告登记手续保全自己的债权请求权的,其债权具有绝对效力。

三、民事权利的行使与保护

(一)民事权利的行使

民事权利的行使是民事权利内容的实现。权利人通过行使权利,可以实现权利所追求的利益,满足自身的需要。在行使权利的方式上,权利人可以实施事实行为行使权利,也可以实施法律行为来行使权利;可以由自己行使权利,也可以授权他人行使权利。

1. 禁止权利滥用原则

民事权利的行使应当遵循不得滥用的原则。对此,我国《民法典》第132条规定,民事主体不得滥用民事权利损害国家利益、社会公共利益或者他人合法权益。

权利人滥用权利,可能发生的法律后果主要包括:第一,不发生权利行使本应发生的法律效果。即尽管权利人行使了权利,但在构成权利滥用时不发生权利行使的法律效果。如在合同关系中债权人行使解除权未遵循诚实信用原则的要求,不发生合同解除的法律效果。第二,承担损害赔偿责任或其他类型的民事责任。如果权利滥用给他人造成了损害,在符合侵权责任承担条件时,应承担损害赔偿责任或其他类型的民事责任。

子女处分老年人购买并长期居住的房屋应尊重其意愿

【案情简介】 戴某(85岁)系吕某之母。案涉房屋系吕某父亲生前依单位保障家庭住房政策出资购买,戴某一直居住在该房屋内。吕父去世后戴某同意房屋登记于吕某名下。在工作日期间,吕某夫妇为接送孙辈上下学与戴某共同居住。吕某为生活便利欲置换房屋,承诺保障戴某居住需求。戴某认为自己已在该处居住半生,邻里熟悉,就医便利,希望能在此终老。即使新居面积更大、条件更优,亦不愿搬离旧宅。因协商未果,吕某以房屋所有权人身份起诉请求判令戴某不得妨害其置换房屋行为。

【裁判结果】 审理法院认为,《中华人民共和国民法典》第一百三十二条规定,民事主体不得滥用民事权利损害国家利益、社会公共利益或者他人合法权益。戴某虽放弃登记为所有权人,但对该房屋仍有正常居住的权益。吕某欲置换房屋以提高居住品质,但戴某已至耄耋之年,有在此颐养天年直至终老的意愿,吕某轻视戴某意愿而欲售房置换不当。判决驳回吕某的诉讼请求。

【典型意义】 本案判决没有机械按照物权变动规则支持登记权利人的主张,而是全面考虑房屋来源和现实情况,充分尊重耄耋老人对旧有居所数十载的多重情愫和美好回忆,及老人对自身社交、就医养老处所的现实考虑,明确家庭成员要尊重老年人意愿,不应滥用民事权利排除老年人居住权益,不得违背公序良俗。

2. 诉讼时效制度

民事权利人应当及时行使自己的权利。如果权利人在法定期限内不主张或行使自己的权利,将导致义务人行使拒绝履行的抗辩权,这就是诉讼时效制度。

诉讼时效制度的设立可以督促权利人及时行使权利,维护法律秩序的稳定,也有利于证据的收集判断,及时解决纠纷。因此,诉讼时效制度事关整体民事法律秩序的稳定。

(1) 诉讼时效届满后的法律后果

诉讼时效期间必须是法律直接规定的期限,具有强制性,保护了义务人的时效利益。《民法典》第192条规定,诉讼时效期间届满的,义务人可以提出不履行义务的抗辩。但是,如果在诉讼时效期间届满后,义务人同意履行的,不得以诉讼时效期间届满为由抗辩;义务人已经自愿履行的,不得请求返还。

 案例

诉讼时效届满后义务人愿意继续履行的意思表示

【案情简介】 某酒店与房地产开发公司签订《战略合作协议书》,约定:酒店将其商标提供给房地产开发公司使用十年(2015—2025),每年预支付下一年度使用费30万元。后该房地产开发公司仅于2015年支付下一年度使用费30万元,后续未再支付,某酒店也未主张。2021年,该房地产开发公司发送"情况说明"至酒店,声称:原冠名项目因2015年房地产开发公司股权冻结未开展,直至2019年引入新的投资主体才得以继续。希望酒店减免2015—2019年期间的商标使用费。酒店不同意减免,于2021年当年提起诉讼。诉讼过程中,房地产开发公司辩称商标使用费2018年6月16日前的部分已过诉讼时效,不应支持。

【裁判结果】 人民法院审理认为,房地产开发公司使用酒店商标,应当按照合同约定支付商标使用费,虽然部分商标使用费已过诉讼时效,但房地产开发公司于2021年向酒店发送的"情况说明"明确支付的金额为2015—2019年期间的费用,希望酒店予以减免,表明房地产开发公司在诉讼时效期间届满时,仍愿意履行上述期间的费用,只是希望酒店予以减免,房地产开发公司不得以诉讼时效届满进行抗辩。

【典型意义】 本案系商标被许可人出具减免申请是否构成在诉讼时效届满后作出愿意履行的意思表示的认定。《中华人民共和国民法典》第一百九十二条第二款规定诉讼时效期间届满的,义务人同意履行的,不得以诉讼时效期间届满为由抗辩。《民法典》明确规定了债务人在诉讼时效届满后需作出同意履行的意思表示。本案中,房地产开发公司虽未在"情况说明"中用"愿意履行"四个字作出其意思表示,但要求酒店予以减免,减免的前提是债务人愿意履行,故应认定为房地产开发公司作出了同意履行的意思表示。同时从公平原则来讲,诉讼时效制度的设立是为了督促权利人及时行使自己的权利,权利人虽未及时履行自己的权利而丧失了胜诉的权利,但是义务人愿意履行到期债务,只要其将愿意履行的意思到达权利人即可,而不应去要求义务人必须以"愿意履行"四个字作出明确表示,既降低了原告的举证义务,同时也维护了交易安全。

(2) 诉讼时效期间的分类

诉讼时效期间,是指权利人请求人民法院保护其民事权利的法定期限,一般分为三类。第一,普通诉讼时效期间。《民法典》第188条第1款规定,普通诉讼时效期间为3年。第二,特别诉讼时效期间。这主要散见于《民法典》和民事单行法。如,《民法典》第594规定,国际货物买卖和技术及出口合同的时效为四年。再如,《海商法》第257条规定,海上货物运输向承运人要求赔偿的请求权,时效期间为一年,自承运人交付或者应当交付货物之日起计算;在时效期间内或时效期间届满后被认定为负有责任的人向第三人提起追偿请求的,时效期间为90日,自追偿请求人解决原赔偿请求之日起或者收到受理对其本人提起诉讼的法院的起诉副本之日起计算。第三,最长诉讼时效期间。也称绝对时效期间,是指诉讼时效存续的最长期间。《民法典》188条第2款规定,最长诉讼时效期间为20年,如果存在特殊情况,人民法院可以根据权利人的申请决定延长。

(3) 诉讼时效的计算

诉讼时效的计算,一般包括起算、中断、中止和延长。

诉讼时效的起算,一般规则是自权利人知道或应当知道权利受到损害及义务人之日起计算。特殊起算规则包括三类情形：第一，分期履行债务的诉讼时效起算。《民法典》第189条，当事人约定同一债务分期履行的，诉讼时效期间自最后一期履行期限届满之日起计算。第二，无民事行为能力人或限制民事行为能力人对其法定代理人的请求权。《民法典》第190条规定，无民事行为能力人或限制民事行为能力人对其法定代理人的请求权的诉讼时效期间，自该法定代理终止之日起计算。第三，未成年人遭受性侵害的损害赔偿请求权。《民法典》第191条规定，未成年人遭受性侵害的损害赔偿请求权的诉讼时效期间，自受害人年满18周岁之日起计算。

诉讼时效的中断，是指在诉讼时效进行过程中，因为法定事由的发生，致使已经过的时效期间统归无效，待事由消除后诉讼时效重新起算。诉讼时效中断的发生可以不止一次，只要法定事由发生即可。根据《民法典》第195条规定，诉讼时效的中断事由主要包括四种：权利人向义务人提出履行请求；义务人同意履行义务；权利人提起诉讼或者申请仲裁；与提起诉讼或申请仲裁具有同等效力的其他形式。对第四种中断事由，可结合《诉讼时效司法解释》第11条规定综合理解，比如申请支付令、申请破产、申报破产债权、为主张权利而申请宣告义务人失踪或死亡、申请诉前财产保全和诉前临时禁令等诉前措施、申请强制执行、申请追加当事人或者被通知参加诉讼、在诉讼中主张抵销等；权利人向人民调解委员会以及其他依法有权解决相关民事纠纷的机构提出请求；权利人向公安机关、人民检察院、人民法院报案或者控告。

诉讼时效中止，是指在诉讼时效进行过程中因为法定事由的发生，致使权利人不能行使请求权，从而暂时停止计算诉讼时效期间。《民法典》第194条第1款规定，诉讼时效期间的最后6个月内，因为以下五种障碍导致权利人不能行使请求权的，诉讼时效中止：不可抗力；无民事行为能力人或限制民事行为能力人没有法定代理人或者法定代理人死亡、丧失民事行为能力、丧失代理权；继承开始后未确定继承人或遗产管理人；权利人被义务人或者其他人控制；其他导致权利人不能行使请求权的障碍。当中止事由消除后，诉讼时效期间一律再行计算6个月，而不论中止事由耽误时间的长短，这样可以简化计算方法，减少相关纠纷。

诉讼时效延长，是指在诉讼时效届满以后，人民法院查明权利人在诉讼时效期间确有法律规定之外的正当理由而未行使请求权的，适当延长已完成的诉讼时效期间。

（二）民事权利的保护

民事权利的保护措施，按照性质可以分为自我保护和国家保护两种。

1. 民事权利的自我保护

民事权利的自我保护,是指权利人自己采取各种合法手段来保护自己的权利不受侵犯。例如,依法向侵权行为人提出请求等。这种保护措施由于是由当事人自己采取的,因而又被称为私力救济或自我救济。权利主体采取一定的方式保护其权利,是权利本身应有的属性,但是为维护正常的社会秩序,采取自我保护手段应受到法律的严格限制,权利主体只能以法律许可的方式和在法律允许的限度内保护自己的权利。我国民法明文规定的自我保护措施,包括正当防卫、紧急避险和自助行为等。

(1) 正当防卫

正当防卫,是指为了使本人或他人的人身或财产免遭正在进行的不法侵害,对侵权行为人采取的必要防卫行为。

通过正当防卫实现民事权利的自我保护,必须符合一定的条件,即现实性、违法性、针对性和目的性。首先是现实性,即对本人或他人的人身和财产实施的侵害行为必须是现实的,也就是说该侵害行为已经开始并正在进行。其次是违法性,即对本人或他人的人身和财产实施的侵害行为并非依法或依据合同约定进行的合法行为。如果行为是公务人员依法进行的职权行为或医生依据医疗服务合同实施手术,就不得进行正当防卫。再次是针对性,指正当防卫必须针对侵害人本人实施。不法侵害行为来自侵害人,防卫的目的在于制止侵害,故防卫行为只能对侵害人本人实施,不得针对第三人。最后是目的性,是指防卫人具有保护合法权益的意图。防卫不得出于报复,不得针对侵害非法权益的行为。

同时,进行正当防卫不能违反比例原则,即防卫人采取的防卫措施与实现保护权利的目的应当相称。防卫人通常应采取既能避免自己或他人权利遭受损害,又仅给侵害人造成最小损失的方法来进行防卫。

《民法典》第181条规定,在通常情形下,因正当防卫造成的损害,防卫人不承担民事责任。但是,正当防卫超过必要的限度,造成不应有损害的,防卫人应当承担适当的民事责任。所谓超过必要限度,造成不应有损害,是指正当防卫违反比例原则,致侵害人遭受严重损害,而防卫人在当时完全有条件采取符合比例原则的防卫措施。此时,有过错的防卫人应适当承担赔偿责任。

案例

正当防卫时间与限度的民事判断

【案情简介】 原告唐某某向被告王某提起民事侵权诉讼。原告诉称,2009年10月18日17时许,原告唐某某对被告王某实施抢夺后,王某驾车追赶,在高新区劲力五星城故意撞伤原告唐某某,故要求被告王某赔偿住院伙食补助费、续医费、营养费、被抚养人生活费、交通费、精神抚慰金、医药费、误工费、护理费等,共计11 900元。

被告王某辩称,2009年10月18日17时许,唐某某与其同伙对被告实施抢夺,并骑乘摩托车逃逸。被告为维护自身合法财产权利,驾车追赶原告,原告在逃逸过程中因撞上停在路边的黑色轿车而受伤。故被告的行为并无不当,不同意原告的诉讼请求。

另有事实:原告唐某某对被告王某的抢夺行为在刑事案件中已经被人民法院判决构成抢夺罪。

【裁判结果】 人民法院经审理认为,因正当防卫造成损害的,不承担民事责任。正当防卫超过必要的限度,造成不应有的损害的,应当承担适当的民事责任。正当防卫要求以下四个构成要件:一是对象条件,即正当防卫只能针对加害人本人实施,被告王某的行为系针对加害人唐某某实施,满足正当防卫的对象条件;二是目的条件,即正当防卫的目的是使国家、公共利益、本人或者他人的人身、财产和其他权利免受不法侵害,被告王某的目的在于追回被抢手提包,即保护自身的财产权,满足正当防卫的目的条件;三是时间条件,即正当防卫只能针对正在发生的侵害行为,虽然唐某某的抢夺行为已经构成既遂,但王某及时采取措施还来得及挽回损失,所以应当认定该抢夺行为导致的危险状态尚在持续中,受害人可以实施正当防卫;四是限度条件,即正当防卫不能超过必要的限度,原告使用强力夺取的方法侵害被告的财产权,且犯罪金额特别巨大,被告的防卫行为虽导致原告受伤,但被告作为个人,在面对两个犯罪行为人时,不采取这一方式不足以抵抗现实的侵害,因此,被告的行为并未超过必要的限度,满足正当防卫的限度条件。

综上,虽然被告王某在驾车追赶原告的过程中,将原告唐某某骑乘的摩托车撞倒,并导致原告唐某某受伤,但被告王某的行为是为制止原告的不法侵害行为,在不得已的情况下采取的必要措施,其行为具有合法性,且未超过必要限度,不应就原告所受伤害承担赔偿责任。据此,依法判决驳回原告唐某某的诉讼请求。

【典型意义】 正当防卫应当满足主观条件、对象条件、时间条件与限度条件。就时间条件而言,应根据侵权行为所针对的财产权、人身权而有所区分,针对人身权的侵权行为一旦实施终结,其损害结果往往同时发生且不可逆转,受害人原则上不得再采取防卫措施;针对财产权的侵权行为虽然实施终结,甚至已构成刑法上的既遂,如果受害人当场采取一定措施还来得及挽回损失的,那么应当允许受害人实施正当防卫。就限度条件而言,应结合具体案情,综合分析防卫的紧迫性、防卫手段与强度的必需性、裁判的社会效果三个因素。但总体而言,不宜对受害人责之过苛。

(2) 紧急避险

紧急避险,是指为了使本人或者他人的财产、人身免受正在发生的危险,不得已采取的致他人较小财产损害的行为。

其构成条件包括危险的紧迫性、避险措施的必要性和避险行为的合理性三方面。首先是危险的紧迫性,是指合法权益正遭受危险。危险是指现实存在的某种有可能立即对合法权益造成损害的紧迫事实状态;合法权益意味着紧急避险不适用于非法利益遭受的危险。所谓避险措施的必要性,是指避险人在不得已的情况下采取避险措施,不采取该措施就不足以使合法权益避免现实正在遭受的危险,不足以保全较大的合法权益。避险行为的合理性,即避险行为适当并不得超过必要的限度。必要限度要求避险行为造成的损害应当小于危险可能造成的损害。这里的损害仅限于财产损害,可依财产价值的大小加以衡量。依据《民法典》第182条第3款的规定,因紧急避险采取的措施不当或者超过必要的限度,造成不应有的损害的,紧急避险人应当承担适当的民事责任。此处的适当,是指紧急避险人仅对不应有的损害承担民事责任。

以发生原因为标准,危险可分为人为原因引起的危险和自然原因引起的危险。这里所谓危险由人为原因引起,是指人的行为导致了危险状态的出现,并不意味着危险本身是人的行为。《民法典》第182条第1、2款对此分别作出规定,即危险由人为原因引起的,引起险情的人对紧急避险造成的损害承担民事责任。危险是由自然原因引起的,紧急避险人不承担责任或者可以给予适当补偿。如果行为人也是受益人,自可责令其承担法定补偿义务,但此种法定补偿义务并非民事责任,而是根据公平原则在受益人与受害人之间进行的利益平衡。

紧急避险与正当防卫的主要区别是:第一,紧急避险只能在不得已的情况下进行。即避险行为必须属于特定情形下唯一可能采取的有效措施;正当防卫则无此要求。正当防卫属于合法行为,即使人们还可以采取其他的方式逃避侵害,比如,逃走或回避,法律也应允许人们对违法的侵害进行防卫。第二,紧急避险损害的是合法权益,所以法律要求进行利益权衡,避险行为造成的损害不得大于该行为所避免的损害;正当防卫则是针对不法行为的,它以能够制止不法侵害为限,不存在进行类似利益权衡的要求。

 案 例

紧急避险不以险情实际发生为判断标准

【案情简介】 原告许某某2013年9月30日乘坐被告无锡某客运公司的客车从苏州市返乡。车辆行至泰州境内高速公路时,因发动机故障导致车厢内冒起浓烟。驾驶员将车辆靠边停下，打开车门让乘客自行疏散，并用灭火器对发动机作喷射处理。位于客车后座的原告因担心发生意外，从车窗向外跳出，导致双足跟粉碎性骨折，经鉴定构成八级伤残。据此，原告起诉被告至人民法院，要求赔偿。

被告辩称，第一，原告仓促跳车存在过错。在发现车厢冒烟后，驾驶员及时处置，满车乘客有不少老人、孩子，均从车门安全离开。第二，原告没有跳车的必要。火险发生后，驾驶员立即用灭火器对发动机喷射，消除了危险。第三，被告尽到了安全保障义务。事故车辆经过年检、定期安检。故被告不应承担全部赔偿责任。

【裁判结果】 人民法院经审理认为，因紧急避险造成损害的，由引起险情发生的人承担责任。被告的客车在行驶时，发动机故障引发险情，致使原告许某某在紧急避险中受伤，应当承担赔偿责任。

【典型意义】 紧急避险应当以社会正常的、一般人的观点加以判断，而不以险情的实际发生为构成要件。因公共交通运输工具自身故障引起险情的，乘客有权选择最迅速、最便捷的方式紧急避险，即使险情未实际发生或者被排除，对于乘客在避险过程中所受的人身、财产损害，营运人也应当承担赔偿责任。

(3) 自助行为

自助行为是指权利人为实现自己的请求权，在情事紧迫而又不能及时请求国家机关予以救助的情况下所采取的对他人的财产或自由施加扣押、拘束或其他相应措施的合法行为。《民法典》第1177条规定："合法权益受到侵害，情况紧迫且不能及时获得国家机关保护，不立即采取措施将使其合法权益受到难以弥补的损害的，受害人可以在保护自己合法权益的必要范围内采取扣留侵权人的财物等合理措施；但是，应当立即请求有关国家机关处理。""受害人采取的措施不当造成他人损害的，应当承担侵权责任。"

自助行为仅在国家机关保护无法及时发挥作用时才可使用。因此，自助人借助自助行为保护的请求权，必须是可以申请国家机关强制执行的请求权，这就意味着对于诉讼时效期间届满的债权请求权、与债务人的人身相关的债权请求权等请求权，不得采取自助行为。

行为人在实施自助行为之后，必须立即向有关机关申请援助，请求处理。行为人无故申请迟延，除应立即释放债务人或把扣押的财产归还给债务人之外，还应就其造成的损害承担赔偿责任。

3. 民事权利的国家保护

民事权利的国家保护是指当民事权利受到侵犯时，由国家机关给予保护。这种保护手段是由国家机关采取的，又称公力救济。由于民事权利受宪法、民法、行政法、刑法等多个法律部门的保护,因而在权利人的权利受到侵犯时,权利人可以依法请求有关行政机关给予保护,也可以诉请人民法院或仲裁机关予以判决或仲裁。

(1) 民事保护

由于民事权利的种类不同,受到侵害的方式不同,当事人提起诉讼请求的目的和要求也不同。在权利人的权利受到侵害以后,是否提起诉讼,可以由权利人依法自行决定。一般以当事人提起的民事诉讼请求不同,可以将民事诉讼划分成如下三种。

第一,确认之诉,指请求人民法院确认某种权利是否存在的诉讼。如确认财产所有权的归属、确认合同有效无效等。

第二,给付之诉,指请求人民法院责令对方为某种行为,以实现自己的权利的诉讼。如请求交付财产、支付违约金等。

第三,形成之诉,指请求人民法院通过判决变更现有的某种民事权利义务关系,形成新的民事权利义务关系的诉讼。如请求分割共有财产、终止合同关系、解除收养关系、申请死亡或者失踪宣告等。

(2) 行政保护

公民民事权利的行政保护,主要包括两个方面的内容:

① 通过赋予行政机关合法权限并监督其行使,来保障公民、法人或其他组织民事权利的实现;

② 通过赋予公民、法人或其他组织对行政行为的监督权(如检举权、控告权),在行政权行使过程中的参与权(如知情权、要求听证权),以及对行政行为侵犯其合法权益提起复议、诉讼和赔偿要求的权利,来保护自己的合法权益。

(3) 刑事保护

民事权利的刑事保护,主要指通过惩罚犯罪行为来实现对民事权利的保护。犯罪是最为严重的违法行为,国家对此类行为施以刑罚的惩罚,能够对犯罪行为予以打击和压制,使受到犯罪行为侵害的社会关系予以恢复;在被侵犯的社会关系不能得到恢复的情况下,对犯罪人予以非常痛苦的报应性惩罚,使其认识到自己的行为侵犯了他人的权利,在今后的社会生活中,应当尊重他人的权利;对于那些对社会关系有极大威胁的人,采取适用死刑的手段,能够彻底排除侵害,从而保证社会关系的安定。

我国《刑法》第 2 条规定:"中华人民共和国刑法的任务,是用刑罚同一切犯罪行为作斗争,以保卫国家安全,保卫人民民主专政的政权和社会主义制度,保护国有财产和劳动群众集体所有的财产,保护公民私人所有的财产,保护公民的人身权利、民主权利和其他权利,维护社会秩序、经济秩序,保障社会主义建设事业的顺利进行。"可以看出,刑法是通过惩罚犯罪行为达到保护民事权利及其他权利的目的。

第二节 民事权利客体

> **本节要点**
> 1. 掌握民事权利客体的概念、特点,厘清民事权利客体的主要分类和具体内容。
> 2. 掌握物、有价证券的概念、特点,厘清物、有价证券的分类标准、法律意义和运用。
> 3. 掌握智力成果的概念、特点,深入学习智力成果的主要类型、各类型智力成果的成立条件和要求。

一、民事权利客体概述

(一)民事权利客体的概念及特点

民事权利的客体,是指民事主体享有的权利和承担的义务所共同指向的对象。不同的民事法律关系,其客体也不相同。民事权利的客体所承载的利益,是民事权利和民事义务联系的中介。这些利益虽可从不同角度进行分类,但一般归结为物质利益和非物质利益。

民事权利的客体具有以下特点:

1. 利益性

民事法律关系客体是指能够满足人们利益需要的载体。民事主体参与民事法律关系,享有民事权利总是为了满足自己的利益需要,如父母对未成年子女的权利是以身份利益为客体的,这种利益主要是为了满足未成年人的需要,若无该种利益,就不会存在该种权利。

2. 客观性

民事权利的客体是存在于主体之外的,是不以主体的意志为转移的。需要注意的是,在客观上根本不存在的事物不能成为权利的客体,如长生不老药、永动机等。

(二)民事权利客体的类型

民事权利客体的类型,一般有以下八种:

1. 物

物权是对物直接支配的权利。物权关系的客体是各种物,包括动产和不动产。

2. 行为

债权是请求特定人为一定给付的行为,这种行为通常体现为财产利益,所以,债务人的作为和不作为是债权的客体。

3. 智力成果

知识产权是对智力成果享有的权利,智力成果是知识产权的客体。根据《民法典》第123条的规定,智力成果包括作品,发明、实用新型、外观设计,商标,地理标志,商业秘密,集成电路布图设计,植物新品种等。

4. 有价证券

有价证券与物不是同一概念,有价证券通常为权利凭证。它既可以成为物权的客体,又可以成为债权的客体。

5. 权利

一般认为,在法律有规定的情况下权利可成为民事权利的客体。如土地使用权可成为抵押权的客体,知识产权可成为质权的客体。

6. 非物质利益

人身权的客体为非物质利益,亦称精神利益。如自由权的客体是自由价值。

7. 数据、网络虚拟财产

数据特别是大数据已经成为社会新型财产。虚拟财产为当代社会的一种新的财产形态,具有满足人们精神需要的功能。虚拟财产既具有一般财产的基本属性,又具有自身的特殊属性。

8. 自然人的个人信息

根据《民法典》第111条的规定,自然人的个人信息受法律保护,任何组织或者个人不得非法收集、使用、加工、传输他人个人信息,不得非法买卖、提供或者公开他人的个人信息。

二、物与有价证券

(一) 物的概念与类型

民法上所说的物与日常生活中的物不尽相同,民法上的物是指存在于人体之外,占有一定空间,能够为人力所支配并且能满足人类某种需要,具有稀缺性的物质对象。物在民事法律关系中占有十分重要的地位,是重要的民事法律关系客体。

基于此,民法上的物具有五个特点:(1)物须存在于人体之外。所以,与身体分离的毛发、牙齿,属于物;人死亡后的遗体也属于物。(2)物能满足人的需要。物必须对人有价值,这种价值不以物质利益为限,精神利益也包括在内。物可以是由劳动创造的,大部分物为劳动产品;也可以是天然存在的,例如钻石和水。因此,劳动产品和非劳动产品,只要它们具有能满足人的需要的属性,都可以成为民法中的物。(3)物必须具有稀缺性。阳光和空气能满足人的需要,在通常情况下却不能成为民法中的物,原因在于它们是无限供给的,不具有稀缺性。(4)物必须能为人支配。比如日月星辰,虽然具有稀缺性和巨大价值,但是它们不能为人所支配,自然也不能成为民法中的物。(5)物须独立成为一体。物应能独立地满足人们生产、生活的需要。

物依据不同的标准,可以有不同的分类,兹介绍以下几种常见分类:

1. 动产和不动产

把物区分为动产和不动产,是物最重要的一种分类。在空间上占有固定位置,不能移动或者移动后会影响其经济价值的物,为不动产;凡是能在空间上移动而不会损害其经济价值的物,为动产。不动产是指土地以及房屋、林木等地上定着物。其中的土地,根据《土地管理法》规定,包括农用地、建设用地和未利用地等。土地中的土沙、岩石以及地下水,为土地的组成部分。但是,土地中的矿物,专属于国家所有,并非土地的构成成分。除土地外,不动产还包括房屋、林木、尚未与土地分离的农作物等地上定着物,土地使用权等不动产权利也被视同不动产。

区分动产和不动产的意义在于:第一,物权变动的条件不同。动产物权的变动,一般仅依交付即可产生相应的法律效果;而不动产非经登记,不产生物权变动的法律效果。第二,得以设定的他物权类型不同。他物权中的用益物权,通常仅能设定在不动产上。第三,法律适用及诉讼管辖不同。就不动产发生的纠纷,一般由不动产所在地法院专属管辖,自然也需要适用当地的法律规定。

2. 主物和从物

以物与物之间是否具有从属关系为标准,可以把物区分为主物和从物。从物是独立的物,而非主物的构成成分,但它在客观上、经济上从属于其他物,补充其他物的效用。

区分主物与从物,其意义在于:当事人没有特别约定时,对主物的处分及于从物,以贯彻物尽其用原则。

3. 原物和孳息

原物是指原已存在之物,孳息是由原物所产生的收益。孳息可分为天然孳息和法定孳息。所谓法定孳息,是指利息、租金等因法律关系所获得的收益。孳息都必须是独立的物。所谓天然孳息,系指果树、动物的出产物,及其他依物的使用方法所收获的

转移原物的所有权,孳息的所有权应同时转移。区分原物和孳息,其意义在于:通常情况下,原物所有人有权取得孳息之所有权。

（二）有价证券的概念与类型

有价证券是设立并证明某种财产权的书面凭证，是物的一种。有价证券持有人享有两种不同性质的权利，一是对有价证券本身的所有权；二是有价证券上所记载的权利。有价证券可以分为不记名、记名和指定人三种。不记名有价证券指没有指明该证券的权利享有人的有价证券；记名有价证券是指记载该证券权利人的有价证券；而指定人有价证券系指明第一个权利人的姓名或者名称，或者指明根据"其指示"进行交付的有价证券。

有价证券的特点主要有三个方面：第一，有价证券与证券上所记载的财产权利不能分离。可转让的证券在转让时，证券上所载权利随着交付而转让给受让人。享有证券上所代表的财产权利，必须持有该证券。权利人一旦丧失证券，就不能行使证券上的权利。第二，有价证券的债务人是特定的。即证券权利人只能向证券上记载的债务人请求实现债权。第三，有价证券的债务人的支付是单方义务，债务人一旦履行了证券上规定的支付义务，就可收回有价证券，以消灭债权债务关系。

有价证券一般有以下六种类型：

1. 票据

票据是发票人依法发行的、由自己无条件支付或委托他人无条件支付一定金额的有价证券。根据我国《票据法》的规定，票据包括汇票、本票和支票。汇票是指由出票人签发，委托付款人在见票时或者在指定日期无条件支付确定金额给收款人或者持票人的票据。汇票分为银行汇票和商业汇票。本票是指由出票人签发的，承诺自己在见票时无条件支付确定金额给收款人或者持票人的票据。本票主要是指银行本票。支票是出票人签发的，委托办理支票存款业务的银行或者其他金融机构在见票时无条件支付确定金额给收款人或者持票人的票据。

2. 股票

股票是公司签发的，证明股东所持股份的凭证。它是股份有限公司股份的表现形式，既是资本有价证券，又是流通证券、要式证券。股票可以分为：

（1）记名股票和不记名股票

所谓记名股票是指在票面上记载股东姓名或者名称的股票；所谓不记名股票是指在票面上不记载股东姓名或者名称的股票。

（2）普通股和特别股

普通股是股份有限公司发行的标准股份或股票。持有普通股的股东，根据法律或章程的一般规定享有权利、承担义务，不享有或不承担特别的权利、义务；特别股是指其所代表的权利、义务大于或小于普通股的股份或股票，包括后配股和优先股两类。

(3) A 种股票、B 种股票和 H 种股票

A 种股票,又称人民币股票,指以人民币标明面值,以人民币认购和交易的股票;B 种股票,又称人民币特种股票,指以人民币标明面值,以外币认购和交易,专供外国和我国港澳台投资者买卖的股票;H 种股票,指获香港联合交易所批准上市的人民币特种股票,即以人民币标明面值,以港币认购和进行交易的股票。

3. 公司债券

公司债券是指公司依照法定程序发行的、约定在一定期限内还本付息的有价证券。公司债券依据不同的标准,可以有不同的分类,如根据公司债券是否记载债权人的姓名或名称,可以把公司债券分为记名公司债券和无记名公司债券。记名公司债券是指在债券上记载债权人姓名或者名称,并在置备的公司债券存根簿上载明债券持有人的姓名或名称及债券编号等事项的公司债券;无记名公司债券是指在债券及债券存根簿上均不记载债券持有人的姓名或名称的公司债券。根据公司债券与公司股份的联系,可以把公司债券划分为可转换公司债券和不可转换公司债券以及带股票买入权的公司债券。根据公司债券是否设置有担保,可把公司债券分为担保公司债券和无担保公司债券。根据公司债券持有人是否有权参与公司的决策和经营管理,可以把公司债券分为参加公司债券和非参加公司债券。

4. 国库券

国库券是指国家发行的,到期还本付息的有价证券。

5. 提单

提单是指用以证明海上货物运输合同和货物已经由承运人接受或者装船,以及承运人保证据以交付货物的单证。

6. 仓单

仓单是指保管人向存货人开具的证明保管物已经入库的有价证券。仓单是要式证券,是物权凭证。

三、智力成果

(一) 智力成果概述

智力成果,是指人们通过创造性智力劳动创造的,具有一定表现形式的成果。它是文学艺术和科学作品、发明、实用新型、外观设计、科学发现、商标以及其他创造性劳动成果的统称。我国颁布了《商标法》《专利法》《著作权法》等特别法对智力成果加以规范和保护。

智力成果具有下列特点:

1. 创造性

是指该智力成果以前未曾出现过,具有创新和突破的特点。人类的智力成果虽具有继承性,但作为权利标的的智力成果应具有创造性。法律对各项具体智力成果的创造性要求并不相同。一般而言,专利发明的创造性要求最高,著作成果的创造性要求次之,商标标记的创造性要求再次之,仅达到易于区别的程度即可。

2. 非物质性

智力成果是一种非物质化的知识形态的劳动产品。人们对其占有不是具体实在的控制,而是表现为认识和利用。但智力成果要以一定的形式表现出来,如文学作品表现为小说、诗歌、散文等,商标表现为一定的文字、图形或者其组合。

3. 公开性

权利主体在对其智力成果取得专有权或者专用权前应将该成果向社会公开(商业秘密除外)。就专利产品而言,公开是指将申请专利的发明创造的全部构思和技术方案以公告的形式进行公布。商标专用权人为了使自己的商标与他人商标区别开来,就必须公开使用自己的商标。至于作品,作者创作的目的之一就是为了传播。

(二) 智力成果的主要类型

1. 作品

作品是指文学、艺术和科学领域内具有独创性并能以某种有形形式复制的智力成果。

作品必须具备三个条件:(1)是对客观事实或抽象思想的一种客观表现形式,而不是客观事实或者抽象思想本身;(2)具有独创性,即由作者独立创作,体现创作者的个性化选择、判断和技巧;(3)属于智力劳动成果,即对客观事物进行艺术抽象和审美创作的成果。

2. 发明

依《专利法》第2条的规定,发明是指对产品、方法或者其改进所提出的新的技术方案。

无论是产品发明,还是方法发明,要被授予专利权,应具备的实质性要件是:(1)新颖性。依《专利法》第22条的规定,新颖性是指该发明不属于现有技术;也没有任何单位或者个人就同样的发明在申请日以前向国务院专利行政部门提出过申请,并记载在申请日以后公布的专利申请文件或者公告的专利文件中。但是,申请专利的发明创造在申请日前6个月内在我国政府主办或者承认的国际展览会上首次展出的;在规定的学术会议或者技术会议上首次发表的;他人未经申请人同意而泄露其内容的,不丧失新颖性。(2)创造性。依《专利法》第22条的规定,它是指同申请日以前已有的技术相比,该发明有突出的实质性特点和显著的进步。(3)实用性。依据《专利法》第22条的规定,它是指该发明能够制造或者使用,并能产生积极效果。

3. 实用新型

依《专利法》第2条的规定,实用新型是指对产品的形状、构造及其结合所提出的适于实用的新的技术方案。

根据《专利法》第22条的规定,对实用新型授予专利权的实质要件包括新颖性、创造性和实用性。其新颖性要求和实用性要求与发明的新颖性、实用性要求相同;但其创造性要求为具有实质性特点和进步,比发明的创造性要求为低。

4. 外观设计

依《专利法》第2条规定,外观设计是指对产品的整体或者局部的形状、图案或者其结合以及色彩与形状、图案的结合所作出的富有美感并适于工业应用的新设计。外观设计应具有的特征是:(1)必须与产品有关,二者具有不可分性;(2)以产品的形状、图案、色彩或者其组合为内容;(3)富有美感;(4)适于工业上应用。(5)具有新颖性,即应当申请日前在国内外出版物上公开发表达或者国内公开使用过的外观设计不相同或者不相近似。

5. 科学发现

《自然科学奖励条例》第2条规定:"凡集体或个人的阐明自然的现象、特性或规律的科学研究成果,在科学技术的发展中有重大意义的,可授予自然科学奖。"

一项发现要取得发现权的条件是:(1)必须是阐明自然现象、特性或者规律的科学研究成果;(2)这种成果在科技发展中具有重大意义,能对科技发展产生较大影响。

6. 地理标志

地理标志又称地理标记、地理标识,依据我国《商标法》第16条第2款的规定,地理标志是指标示某商品来源于某地区,该商品的特定质量、信誉或者其特征,主要由该地区的自然因素或者人文因素所决定的标志。

地理标志的基本特征是:(1)是一种指示性标记,标示着特定的地域、地区或地点,如西湖龙井、烟台苹果等。(2)其与商品特定质量、信誉或其他特征相关联。(3)商品的主要特征由特定地理区域的地理因素或者人文因素决定。

7. 商业秘密

《反不正当竞争法》第9条规定,商业秘密是指不为公众所知悉、具有商业价值并经权利人采取相应保密措施的技术信息、经营信息等商业信息。一般认为商业秘密包括：企业现有的以及正在开发或构想之中的产品设计、工具模具、设计程序、产品配方、制作工艺、制作方式、经验公示、实验数据、管理诀窍、企业的业务计划、产品开发计划、财务状况、内部业务规程、定价方法、销售方法、客户名单、货源情报、产销策略、投标中的标的及标注内容等。

商业秘密的基本特征是：(1)具有秘密性，即信息不为公众所知。(2)具有价值性，即该信息能为权利人带来利益。(3)保密性，即商业秘密持有人对其技术信息以及经营信息采取了合理的保密措施。

8. 集成电路布图设计

集成电路，也称为芯片，是微电子技术的核心，是现代电子信息技术的基础。计算机、通信设备、家用电器等均离不开集成电路。集成电路布图设计是指集成电路中两个以上元件(至少有一个是有源元件的)和部分或者全部互联线路的三维配置，或者是为制造集成电路而准备的上述三维配置，即确定用以制造集成电路的电子元件在一个传导材料中的几何图形排列和连接的布局设计。

受保护的集成电路布图的设计要求是：(1)它是设计人独立创作的，具有独到之处。(2)具有一定的先进性，不同于以往的布图设计。

9. 植物新物种

依据《植物新品种保护条例》第 2 条的规定，植物新品种是指经过人工培育的或者对发现的野生植物加以开发，具备新颖性、特异性、一致性和稳定性并有适当命名的植物品种。

植物新品种特征是：(1)新颖性，是指在申请日之前，申请品种权的植物新品种的繁殖材料未被销售等。(2)特异性，是指植物新品种应明显区别于申请日前已知的植物品种。(3)一致性，是指植物新品种经过繁殖除可以预见的变异外，其相关的特征或特性一致。(4)稳定性，是指新品种经过反复繁殖后，其相关的特征或特性保持不变。(5)适当命名，是指新品种应当具备适当的名称并与相同或者相近的植物已知品种的名称相区别。

四、其他客体

(一) 权利

权利成为民事法律关系客体的条件是：(1)必须是财产权利，人身权利通常不可成为民事法律关系的客体。(2)必须是可转让的财产权利，不可转让的财产权利不可成为民事法律关系的客体，例如专属于权利人自身的财产权不可转让，如退休金、养老金、抚恤金、安置费、人身伤害赔偿请求权等。(3)必须是法律规定可成为民事法律关系客体的权利。如《民法典》关于权利质权的规定。

案例

客户对电子邮箱账号及邮件数据享有权益

【案情简介】 原告王某于2006年4月6日通过互联网申请注册了某技术公司、某信息服务公司向注册用户提供的"免费邮箱"。2020年4月,原告发现因长期未登录,邮箱中的全部电子邮件被清空。原告认为二被告未向其履行"清空邮箱"条款的提示说明义务,也未在清空邮箱前向其进行通知。因此诉至法院,请求对电子邮箱账号和电子邮件的权属性质进行认定。

【裁判结果】 人民法院审理认为:用户对电子邮箱账号及电子邮件数据享有权利。电子邮箱即存储电子邮件的网络虚拟邮箱系统,其产生、存续于网络虚拟空间,依赖于服务商搭建的服务器等硬件设施。而电子邮箱账户是经用户注册申请,由各平台服务商向用户分配的唯一电子地址。用户与平台之间因用户服务协议形成合法有效的合同关系,原告作为用户基于与被告之间的服务协议享有案涉电子邮箱账户的使用权。

涉案邮箱中的电子邮件已被清空,此前的邮件内容无法还原,但是依据日常生活经验,电子邮件可能包括的文字、图片、视频、音频、文档、收发时间、通信录等各种内容,上述内容极有可能构成"可以识别个人身份"的信息,是以电子形式记录下来的民事主体的生物信息和社会痕迹,是稍加整理就可直接定位到某个具体个人的带有强烈个人特征的数据集,在特定情况下还具备人格权属性。因此,电子邮箱用户应对电子邮件享有相应的民事权利或权益。但如前文所述,该等权利或权益,并非确然为原告所主张的"所有权"。

本案所涉电子邮件已经全部删除,且各方均认可无法恢复,原告亦未举证证明被删电子邮件的具体情况。在原告主张权利的客体已经客观消失且不能确认具体内容的情况下,不宜就原告对电子邮件的权利或权益性质尤其是"所有权"进行认定,但确认《网站免费邮箱服务条款》中"清空邮箱"条款对原告王某不发生效力。

【典型意义】 数据作为信息记录存在于人体之外,并具有相配套的各种形式的物理存储和传播介质,具有客观性,可以成为民事权利的客体,用户对电子邮箱中以电子邮件形式所表现的数据集享有权利。基于免费邮箱的一般使用情况,在一定条件下对服务使用方的权利进行一定程度的限制,是合理且必要的,但"清空邮箱"条款的内容与免费邮箱用户有重大利害关系,作为提供格式条款的一方应当采取合理的方式提示用户注意。本案中,二被告提供邮箱服务是作为市场主体的经营行为,不能因免费而免除应承担的法律责任。本案系首例涉电子邮箱数据权属认定及"清空邮箱"条款效力确认的裁判案例。

(二)非物质利益

非物质利益,也称精神利益,与物质利益或财产利益相对。

对自然人来说,非物质利益包括生命、健康、自由、名誉、个人秘密等,这些非物质利益使其成为生命权、健康权、自由权、名誉权、隐私权等的客体。就法人和其他社会组织而言,非物质利益包括名称、名誉(或商业信誉)等,这些非物质利益使其成为名称权、商誉权的客体。非物质利益作为民事法律关系客体的特点是其不可转让性,除非法律有明确的例外规定。

案 例

某通信公司擅自多次电话推销,侵犯隐私权、个人信息

【案情简介】 2011年7月,原告孙某燕在被告某通信公司某市分公司处入网,办理了电话卡。2020年6月至12月,孙某燕持续收到营销人员以某通信公司某市分公司工作人员名义拨打的推销电话,以"搞活动""回馈老客户""赠送""升级"等为由数次向孙某燕推销套餐升级业务。其间,原告孙某燕两次拨打该通信公司客服电话进行投诉,该通信公司客服在投诉回访中表示会将原告的手机号加入"营销免打扰",以后尽量避免再向原告推销。后原告孙某燕又接到了被告的推销电话,经拨打该通信公司客服电话反映沟通未得到回复,遂通过工业和信息化部政务平台"电信用户申诉受理平台"进行申诉。该平台回复"在处理过程中,双方未能达成一致意见,依据《电信用户申诉处理办法》第十七、十九、二十条等规定,因调解不成,故视为办结,建议依照国家有关法律规定就申诉事项向仲裁机构申请仲裁或者向人民法院提起诉讼"。原告孙某燕遂向人民法院提起诉讼,请求被告承担侵权责任。

【裁判结果】 法院判决认为,自然人的私人生活安宁不受侵扰和破坏。本案中,孙某燕与某通信公司某市分公司之间的电信服务合同依法成立生效。某通信公司某市分公司应当在服务期内为孙某燕提供合同约定的电信服务。孙某燕提交的证据能够证明某通信公司某市分公司擅自多次向孙某燕进行电话推销,侵扰了孙某燕的私人生活安宁,构成了对孙某燕隐私权的侵犯。故判决被告某通信公司某市分公司未经原告孙某燕的同意不得向其移动通信号码拨打营销电话,并赔偿原告孙某燕交通费用782元、精神损害抚慰金3 000元。

【典型意义】 《民法典》在总则编和人格权编对隐私权和个人信息保护作出专门规定,丰富和完善了隐私权和个人信息保护的规则,特别是第一千零三十三条第一项对群众反映强烈的以电话、短信、即时通信工具、电子邮件等方式侵扰他人私人生活安宁的行为进行了严格规制,回应了社会关切。本案裁判结果体现了上述法律精神。

(三) 数据和虚拟财产

1. 数据

数据是对客观事件进行记录并可以鉴别的符号,是对客观事物的性质、状态及相互关系进行记录的符号及这些符号的组合。

大数据是工业互联网、工业传感器、移动电子设备等产生的结构化、半结构化和非结构化的数据组合。2015年我国贵阳大数据交易平台成立,使数据交易规范化、市场化,实现了大数据的价值兑换。在法律上,数据是信息资产,是数据新型财产权的客体。数据资产权是数据经营者对其数据集合或数据产品的一种归属财产权。

2. 虚拟财产

虚拟财产一般是指在网络游戏中为玩家所拥有的、存储于网络服务器上的,以特定电磁记录为表现形式的无形财产,通常包括网络游戏中的武器装备、QQ币、QQ号码、电子邮箱以及网址等。

早在2003年,虚拟财产已受我国司法保护。虚拟财产作为一种新型财产,不仅具有一般财产的属性,如合法性、价值性等,还具有虚拟性、网络依附性等独特特征。

虚拟财产不具有客观实在性,只存在于虚拟世界。网络依附性是指虚拟财产只能在网络中得到体现,离开网络的虚拟财产只是一堆毫无意义的电磁记录,其价值无法得到实现。

案例

具有财产利益属性的游戏道具属于网络虚拟财产

【案情简介】 成某是某款手游的玩家,在玩游戏期间一共向该款手游充值约20万元。2019年10月31日,该手游运营商发布停止游戏运营的公告,并表示会将游戏玩家历史充值总额的5%转移到其他游戏作为补偿。随后,成某将涉案手游运营商诉至法院,主张被告停止游戏运营侵害其合法权益,要求退还尚未使用的游戏币3万余元,以及赔偿因终止运营而失效的游戏服务折合100万余元及利息等。被告辩称,其终止网络游戏服务运营并无过错,无需承担侵权责任。成某与被告之间就涉案游戏的运营期限、终止情形、终止后责任承担问题没有约定。

【裁判要点】 人民法院审理认为:一、网络游戏道具具有财产利益的属性,可以作为网络虚拟财产,依法予以保护。行为人因过错侵害他人网络虚拟财产造成损害的,应当承担侵权责任。二、根据网络游戏道具的获得方式确定损害赔偿数额,填平原告损失。由法定货币直接购买获得的游戏道具,在其没有兑换成其他游戏道具之时,原告并没有获得对应的服务,被告应当赔偿该部分剩余游戏道具对应的人民币金额;经兑换或在游戏游玩过程中取得的游戏道具,即便游戏继续运营,亦无法将该部分游戏道具直接兑换成人民币,鉴于原告游玩涉案网络游戏,接受了被告提供的一定期限的游戏服务并享受了游戏乐趣,因此根据原告游玩该游戏所充值的全部金额、原告游玩该游戏的期间等酌情确定游戏道具灭失的赔偿金额。据此,人民法院判决被告向原告赔偿损失 36 257 元及利息,驳回原告的其他诉讼请求。

【典型意义】 大数据时代孕育各类网络经济活动,应运而生的是形式纷繁复杂的网络虚拟财产。本案通过界定网络游戏领域虚拟财产的法律性质、权利归属,阐明其保护边界,触类旁通、见微知著,进一步明晰网络虚拟财产的整体保护范围、侵权认定、损害赔偿等细节问题,从而更好地发挥法律的社会功能、指引社会公众行为,保障数字经济良好发展。本案获评"2022 年度中国网络治理十大司法案件"。

3. 个人信息

我国《个人信息保护法》在 2021 年 11 月 1 日实施,其中第 4 条规定,个人信息是以电子或者其他方式记录的与已识别或者可识别的自然人有关的各种信息,不包括匿名化处理后的信息。

个人信息的处理包括个人信息的收集、存储、使用、加工、传输、提供、公开、删除等。

商家因"差评"擅自公布消费者个人信息构成侵权

【案情简介】 原告张某等人因不满被告某商家的"剧本杀"游戏服务,上网发布"差评",该商家遂在微信公众号发布与张某等人的微信群聊记录、游戏包厢监控视频录像片段、微信个人账号信息,还称"可向公众提供全程监控录像"。张某等人认为商家上述行为侵害其隐私权和个人信息权益,起诉要求商家停止侵权、赔礼道歉及赔偿精神损失等。

【裁判结果】 人民法院审理认为,消费者在经营者提供的包间内的活动具有私密性,商家为了澄清"差评"通过微信公众号公开消费者包间内监控录像并称可提供全程录像,构成对消费者隐私权的侵害;商家未经张某等人同意公布其微信个人账号信息,侵害了张某等人的个人信息权益。依据《中华人民共和国民法典》第一千零三十二条、第一千零三十三条、第一千零三十四条、《中华人民共和国个人信息保护法》第四条、第十三条规定,判令商家立即停止公开监控录像,删除公众号文章中"可向公众提供全程监控录像"表述及张某等人的微信个人账号信息,在微信公众号发布致歉声明,并向张某等人赔偿精神损害抚慰金。

【典型意义】 评价机制在网络消费领域中的作用日益明显,消费者提出批评意见的权利应予保护。经营者对其因提供商品或服务而获取的消费者个人信息负有保护义务,经营者公开回应消费者"差评"时,应注意不得侵犯消费者隐私权和个人信息权益。

4. 消费积分

消费积分是现代社会一种普遍适用的消费营销方式,是经营者为鼓励消费者而赠与消费者的一种财产性权利(利益)凭证。消费者可凭借获赠的积分换取一定的礼品(实物)或充抵价金或兑换积点、优惠券用于其他消费。

消费积分是一种财产利益,具有商业经营信息特征,网络积分(网上消费积分)还具有网络信息数据特征。

冒用客户信息兑换消费积分构成诈骗

【案情简介】 2017年4月起,被告人余某某非法获取中国太平洋财产保险股份有限公司上海分公司(简称太平洋保险公司)客户姓名、身份证号码等信息,并向被告人李某某购买手机号码、验证码,冒用太平洋保险公司客户名义,在太平洋保险公司对外的客户俱乐部平台优享汇网站上注册,并将注册账户内的太平洋海贝积分兑换为京东钢镚至其本人的京东账户。后为获取更多非法收益,决定由被告人余某某提供客户信息,李某某等进行注册、兑换操作,双方按一定比例分成。同年4月底至6月初期间,被告人李某某伙同其他人,共同使用余某某非法提供的客户信息,按照前述方式,注册并大量兑换京东钢镚至余某某、李某某控制的京东账户。上述行为造成被害单位太平洋保险公司经济损失130余万元。公诉机关以余某某、李某某及其他人的行为构成盗窃罪,且系共同犯罪,向徐汇区法院提起公诉。

【裁判结果】 人民法院经审理认为:被告人以非法占有为目的,使用非法获取的太平洋保险公司客户信息及购买的手机号码、验证码,冒用客户名义注册会员获取海贝积分,并进行非法兑换活动,骗取财物数额特别巨大,其行为均已构成诈骗罪,且系共同犯罪,应予处罚。

【典型意义】 消费积分是企业根据自身运营需要,对购买了产品的消费者提供的营销活动。消费积分以计算机信息系统数据为载体,法律性质是财产性利益,可以作为财产犯罪的对象。被告人利用积分规则漏洞取得消费积分,当积分交付行为由机器执行指令完成时,需首先判断机器交付与被害人处分意思是否一致。

被告人冒用客户信息,使被害单位产生错误认识,且被害单位基于该错误认识交付了消费积分,导致被告人通过积分兑换非法获利,被害单位因此遭受损失,故被告人的行为符合诈骗罪的构成要件,应以诈骗罪定罪处刑。

拓展阅读

"冷冻胚胎"引发的系列案件

冷冻胚胎技术是目前唯一能成熟地保存生育功能的方法。冷冻胚胎本身也是特殊伦理物,具有人格尊严属性、潜在生命属性,而又不能绝对"人格化"。相关技术的诞生与发展,不仅给不孕不育夫妇带来希望,更带来了诸多法律与伦理问题,近年来有关冷冻胚胎权利行使的纠纷时有发生。

冷冻胚胎纠纷大致分为四类:

第一类是夫妻不幸身故后,父母请求继承胚胎。如2014年,在南京冷冻胚胎继承纠纷案中,法院最终支持双方失独老人共同处置4枚子女遗留的冷冻胚胎,此案被誉为"中国胚胎诉讼第一案"。

第二类是夫妻双方或一方请求返还冷冻胚胎。如2014年,广西一对夫妇在医院保存6枚冷冻胚胎。2016年,因丈夫意外离世。妻子申请取回剩余胚胎,却被医院以涉及社会伦理问题为由拒绝,妻子遂诉至法院。法院最终支持妻子。

第三类是夫妻一方单方废弃冷冻胚胎。如夫妻双方合意在美国某州立医院做了辅助生殖手术,双方委托医院储存保管已存活的胚胎。后女方离开美国回到国内工作,因双方分居感情破裂,男方起诉离婚。庭审中,女方得知冷冻胚胎因男方未续费而遭医院废弃,为此女方认为男方构成侵权,要求男方支付精神损害抚慰金5万元。男方辩称,其享有生育权,有权决定不移植胚胎,不存在侵犯女方合法权益的问题。法院审理后认为:因生育行为需要具备一定的生理、健康条件并存在生育风险,生育任务主要由妇女承担,妇女承担了更多的生理风险及心理压力。所以,当夫妻生育权发生冲突时,侧重于妇女权益的特殊保护,女方可以自行决定是否终止妊娠,但男方不能单方处置冷冻胚胎。男方不当处置胚胎的行为,构成了对女方身体权、健康权和生育知情权的侵害,应当承担赔偿责任。

第四类是丧偶妻子要求医院将胚胎植入体内孕育。湖南某医院按照冷冻胚胎协议为某夫妇培育了四个胚胎并冷冻保存,等候孕育条件成熟进行移植。后丈夫不幸身故,妻子为了却丈夫遗愿、延续丈夫血脉,取得公婆的同意和支持后前往医院要求将胚胎植入体内孕育,却被医院方以不能为单身妇女实施辅助生殖术为由拒绝。最终,法院判决医院继续为其实施胚胎移植手术。

这几类纠纷其实是将"冷冻胚胎"由谁保有的问题延伸到该如何"使用"的问题。从冷冻胚胎作为"物"的属性上，即便存在一定争议，也不难判断——冷冻胚胎自然应当由与其最亲近、最具伦理联系的人拥有保有权和未来可能存在的处置权，但这还包括伦理、道德和实施的技术操作问题，有待进一步调整和细化。

案例来源：

《老人享有子女遗留冷冻胚胎监管处置权——全国首例人体冷冻胚胎权属纠纷案》，(2014)锡民终字第01235号；

《湖北首例夫妻诉医院返还冷冻胚胎案宣判——宜昌伍家岗区法院：4枚胚胎予以返还》，https://www.chinacourt.org/article/detail/2023/02/id/7143302.shtml；

《男方与女方离婚纠纷案——丈夫废弃冷冻胚胎案件中的侵权责任认定》，(2017)苏0102民初4549号民事判决书；

《人民法院贯彻实施民法典典型案例（第二批）之五——邹某玲诉某医院医疗服务合同纠纷案》，(2022)湘0105民初799号判决书。

第三节　职务技术成果

> **本节要点**
> 1. 把握职务技术成果的定义、特征及范围。
> 2. 学习职务技术成果权利归属界定的基本标准，并能在具体案件中利用这些标准对职务技术成果权利归属作基本判断。

目前，越来越多的单位开始积极探索科技成果转化的新机制和新模式，采取转让、许可、作价投资、完成人实施等方式转移科技成果，试图破除制约科技成果转化的障碍和藩篱，着力打通科技成果转化为现实生产力的"最后一公里"。因此，在科技成果转化过程中，正确认识职务技术成果的法律特性，掌握职务技术成果权属的权利归属，是我国科技发展不可回避的课题，也是科技工作者必须关注和学习的重点内容。

一、职务技术成果概述

（一）职务技术成果的概念

2015年，第十二届全国人大常委会第十六次会议对《促进科技成果转化法》进行了修改,其中第二条规定了"职务科技成果"的法律概念,即"职务科技成果,是指执行研究开发机构、高等院校和企业等单位的工作任务,或者主要是利用上述单位的物质技术条件所完成的科技成果"。反之,即非职务科技成果。

2020年,十三届全国人大三次会议表决通过了《民法典》正式确定"职务技术成果"的概念,即"职务技术成果是执行法人或者非法人组织的工作任务,或者主要是利用法人或者非法人组织的物质技术条件所完成的技术成果"。

2020年,第十三届全国人民代表大会常务委员会第二十二次会议通过修改《专利法》,规定了"职务发明创造"的概念,即"执行本单位的任务或者主要是利用本单位的物质技术条件所完成的发明创造为职务发明创造"。自此,本书统一以"职务技术成果"作表述。

职务技术成果的使用权、转让权属于法人或非法人组织(简称单位)而非个人,也就是说成果的经济权利、财产权利属于单位,单位可以就该项职务技术成果订立技术合同。但是,职务技术成果的署名权、荣誉权等人身权利属于完成该项技术成果的个人,完成技术成果的个人有在有关技术成果文件上写明自己是技术成果完成者的权利和取得荣誉证书、奖励的权利。

(二) 职务技术成果分类

根据现行法律规定,职务技术成果的范围一般包括:

1. 职务发明创造,是指员工执行单位工作任务时完成的发明创造或者主要利用了本单位的物质技术条件所作出的发明创造。包括职务发明专利、职务实用新型专利和职务外观设计专利。

2. 职务作品,是指员工在完成单位工作任务时所创作的作品,它包括本单位工作人员完成工作任务时所创作的作品和受委托的非本单位工作人员所创作的作品。另外,职务作品还包括职务软件。

3. 单位组织的集成电路设计,是指员工在单位组织主持下,依据单位意志而创作,并由单位承担责任的布图设计。

4. 职务育种产生的植物新品种,是指员工执行本单位的任务或者主要是利用本单位的物质条件所完成的职务育种,进而产生的植物新品种。

5. 商业(技术)秘密,是指不为公众所知悉、具有商业价值并经权利人采取相应保密措施的技术信息。

二、职务技术成果的权属认定

职务技术成果的权属认定标准,可以从职务技术成果的定义中得到一定的认识。《民法典》第847条对职务技术成果的定义,明确职务技术成果归属认定的两项判断标准,即"执行工作任务"和"主要利用单位物质技术条件"。

同时,《专利法》《著作权法》《计算机软件保护条例》《植物新品种条例》《集成电路布图设计保护条例》也在各自领域做了进一步的细化规定,具体包括:

(一)职务发明创造的权属认定

一般情况下,员工执行单位的任务或者主要是单位的物质技术条件所完成的发明创造为职务发明创造。职务发明创造申请专利的权利属于该单位,申请被批准后,该单位为专利权人。

这里"员工"必须是单位的工作人员,与单位有实质意义上的劳动或雇佣关系,包括正式工作人员、临时工、实习生或试用人员,不能将员工狭隘地理解为签订劳动合同的单位职工。自然人在退休、调离原单位或者劳动、人事关系终止后1年内作出的与其在原单位承担的本职工作或者原单位分配的任务有关的发明创造也属于职务发明创造。

"主要利用单位的物质技术条件",包括职工在技术成果的研究开发过程中,全部或者大部分利用了单位的资金、设备、器材或者原材料等物质条件,并且这些物质条件对形成该技术成果具有实质性的影响;或者该技术成果实质性内容是在单位尚未公开的技术成果、阶段性技术成果基础上完成的,但在技术成果完成后利用法人或者其他组织的物质技术条件对技术方案进行验证、测试所取得的成果,不属于单位所有。其中,本单位的"物质技术条件",指本单位的资金、设备、零部件、原材料或者不对外公开的技术信息和资料等。

需要注意的是,"意思自治"系民事法律行为的基本原则,所以在职务发明的权利归属认定上也需要尊重单位与员工的约定。如果单位与员工另行约定发明创造的权属,则应当以双方约定为准。对此,《专利法》第6条第3款规定,利用本单位的物质技术条件所完成的发明创造,单位与发明人或者设计人订有合同,对申请专利的权利和专利权的归属作出约定的,从其约定。

案例

职务发明认定中的本单位包括临时工作单位

【案情简介】 某公司于2015年12月10日与章某签订《兼职协议》,约定聘用章某为硬件技术专家,期限自2015年12月10日至2016年6月9日;协议还约定章某兼职期间,因履行职务或者是主要利用某公司的物质技术条件、业务信息等产生的职务成果的全部权利归某公司所有;章某离职后1年内,产生的与其核心技术研发工作直接相关的成果知识产权归属于某公司。

2016年8月至10月,章某与某公司员工的若干微信工作群聊天记录内容显示,章某与某公司研发智能自行车项目的诸多员工讨论研究共享单车项目内容,尤其是其中的智能自行车锁的开发,并对锁的模具以及开模费用、场效应管漏电等问题进行讨论。某公司按月向章某支付工资至2016年10月。

2016年10月17日,章某向国家知识产权局申请了名称为"一种智能马蹄形锁"的发明专利(简称涉案专利)。

【裁判结果】 法院经审理认为,本案的主要争议焦点在于涉案专利技术方案是否为职务发明,而某公司与章某在涉案专利技术方案研发期间是否存在劳务关系是基础事实。综合在案证据,《兼职协议》期限虽至2016年6月9日届满,但某公司向章某支付工资至2016年10月,章某与某公司员工的微信聊天记录的内容也显示2016年8月至10月期间,章某仍在为某公司研发智能自行车锁,故可以认定某公司与章某在书面《兼职协议》约定的期限届满之后于2016年6月至2016年10月期间仍存在劳务关系,进而可以认定涉案专利系章某执行本单位的任务所作出的发明创造,属于我国专利法所规定的职务发明,故判决涉案发明专利的申请权应当归属某公司。双方当事人均未上诉。

【典型意义】 职务发明制度在于保护为发明创造的做出投入实质性贡献的单位获得回报,以激励单位投入。本案中,《兼职协议》是章某与某公司间存在劳务关系的证明,但不是认定劳务关系的唯一证据。即使发明人与单位之间的书面劳务协议到期,只要仍然实际存在劳务关系,专利申请权及被授权后的专利权应当归属于单位。

案例来源:上海知识产权法院发布12件技术创新成果权属典型案例(2015—2022)之五。

(二) 职务作品的权属认定

员工在单位组织主持下,代表单位意志创作,并由单位承担责任的作品,为职务作品,单位视为作者。

职务作品必须符合两个条件:第一,创作作品的员工必须是单位的工作人员,与单位有实质意义上的劳动或雇佣关系,包括正式工作人员、临时工、实习生或试用人员。第二,作品必须因履行职务行为的需要而创作,即为了完成单位的工作任务而产生。"工作任务"是指工作人员在该单位中应当履行的职责,如果作品的创作与工作人员应当履行的职责无关,则即使该作品的创作利用了单位的物质技术条件或是在上班时间创作的,也不属于职务作品。

需要注意的是,职务作品的认定还须要结合作品本身的特性,综合分析,重视法律的特殊规定。比如职务作品包括职务软件,但软件开发工作具有特殊性,与一般作品不同,所以,《计算机软件保护条例》第13条除了规定员工为单位指定的开发目标而开发的软件为职务作品外,还规定了其他两类职务作品,即:(1)开发的软件是从事本职工作活动所预见的结果或者自然的结果;(2)主要使用了法人或者其他组织的资金、专用设备、未公开的专门信息等物质技术条件所开发并由法人或者其他组织承担责任的软件。

通常情况下,职务作品由单位享有所有的作品权益。但是,我国《著作权法》第18条第2款还规定了特殊职务作品,单位只能享有署名权以外的著作权各项权利,具体包括:

1. 主要是利用法人或者非法人组织的物质技术条件创作,并由法人或者非法人组织承担责任的工程设计图、产品设计图、地图、示意图、计算机软件等职务作品;

2. 报社、期刊社、通讯社、广播电台、电视台的工作人员创作的职务作品;

3. 法律、行政法规规定或者合同约定著作权由法人或者非法人组织享有的职务作品,如《地方志工作条例》第15条,以县级以上行政区域名称冠名的地方志书、地方综合年鉴为职务作品,其著作权由组织编纂的负责地方志工作的机构享有,参与编纂的人员享有署名权。

案例

杭州大头儿子公司诉央视动画著作权侵权纠纷案

【案情简介】 1994年,动画片《大头儿子小头爸爸》(1995年版,简称95版动画片)导演崔某昱等人到刘某岱家中,委托其为即将拍摄的95版动画片创作人物形象。刘某岱当场用铅笔勾画了"大头儿子""小头爸爸""围裙妈妈"三个人物形象正面图,并将底稿交给了崔某昱。当时双方并未就该作品的著作权归属签署书面协议。崔某昱将底稿带回后,95版动画片美术创作团队在刘某岱创作的人物概念设计图基础上,进行了进一步的设计和再创作,最终制作成了符合动画片标准造型的三个主要人物形象即"大头儿子""小头爸爸""围裙妈妈"的标准设计图以及之后的转面图、比例图等。刘某岱未再参与之后的创作。刘某岱创作的底稿由于年代久远和单位变迁,目前各方均无法提供。95版动画片由中央电视台和东方电视台联合摄制,于1995年播出,在其片尾播放的演职人员列表中载明"人物设计:刘某岱"。2012年12月14日,刘某岱将自己创作的"大头儿子""小头爸爸""围裙妈妈"三幅作品的著作权转让给洪某,2014年3月10日,洪某将上述著作权转让给杭州大头儿子文化发展有限公司(简称大头儿子文化公司)。2013年,央视动画有限公司(以下简称央视动画公司)摄制了动画片《新大头儿子小头爸爸》(简称2013版动画片)并在CCTV、各地方电视台、央视网上进行播放。大头儿子文化公司认为央视动画公司在未经著作权人许可且未支付报酬的情况下,利用上述美术作品形象改编为新人物形象,制作成动画片等行为侵犯了其著作权,故诉请判令央视动画公司停止侵权,登报赔礼道歉、消除影响,并赔偿经济损失及合理费用。杭州市滨江区人民法院认为,刘某岱作为受托人对其所创作的三幅美术作品享有完整的著作权。大头儿子文化公司经转让继受取得了上述作品除人身权以外的著作权。央视动画公司未经许可,在2013版动画片以及相关的展览、宣传中以改编的方式使用相关作品并据此获利的行为,侵犯了大头儿子文化公司的著作权,应承担相应的侵权责任。

【裁判结果】 鉴于本案的实际情况,一审法院认为宜以提高赔偿额的方式作为停止侵权行为的责任替代方式,判决央视动画公司每个人物形象赔偿40万元。杭州市中级人民法院二审维持一审判决。浙江省高级人民法院亦驳回央视动画公司提出的再审申请。

【典型意义】 本案为动画人物形象权利归属及后续使用引发的纠纷。随着人们对优秀国产动画片价值认识的不断加深,近年来引发了不少类似的争议。在本案中,由于在创作之初,投资拍摄的制片厂、电视台,以及参与造型的创作人员等,对其权利义务均没有清晰的认识和明确的约定,法院需要在时隔多年后,适用法律规则,合情合理合法地判定其权利归属,本案的处理对同类问题具有一定指引作用。同时,本案在认定侵权成立的前提下,综合考虑了创作背景和本案实际情况,在平衡原作者、后续作品及社会公众利益以及公平原则的基础上,将提高赔偿额作为被告停止侵权责任的替代方式,亦充分考虑了保护著作权人与鼓励作品创作和传播的公共政策的平衡。

案例来源:杭州市中级人民法院(2015)浙杭知终字第356、357、358号。

(三) 单位组织的集成电路设计权属

《集成电路布图设计保护条例》规定,由单位组织主持,依据单位意志而创作,并由单位承担责任的布图设计,该单位是创作者。

员工在单位的组织主持下,依据单位的意志而创作,并由单位承担责任的布图设计,该布图设计的创作者为单位。

(四) 职务育种产生的植物新品种权属

《植物新品种保护条例》规定,员工在执行本单位的任务或者主要是利用本单位的物质条件所完成的职务育种,植物新品种的申请权属于该单位,申请被批准后,品种权属于该单位。

委托育种或者合作育种,品种权的归属由当事人在合同中约定;没有合同约定的,品种权属于受委托完成或者共同完成育种的单位或者个人。

济南某种业公司与许某某植物新品种申请权纠纷案

【案情简介】 济南某种业公司与许某某签订《玉米新品种参试协议》(简称参试协议)和《联合育种协议》,约定公司提供测试玉米品种,供徐某某培育新品种。但徐某某在其后的育种过程中培育出的上述协议约定范围以外的杂交品种。对此,双方对新植物品种的申请权产生争议,起诉至人民法院。

【裁判结果】 法院审理后认为:植物新品种申请权的归属属于法律问题,需要在相关事实的基础上,根据法律、法规的相关规定来作出认定。

首先从法律依据的角度来审查,现行法律、法规并未规定杂交种的品种权与其亲本的品种权必须归属于同一主体,所以济南某种业公司仅凭其主张拥有杂交种的品种权就认为该杂交种两亲本的品种权也当然归其所有,缺乏法律依据。

其次,从合同约定的角度来审查。河南种业公司与许某某签订的参试协议、联合育种协议以及两合同履行过程中形成的其他资料或收条等书面证据中均未提及两涉案品种,即双方从未就两涉案品种的申请权归属或申请权转让达成过口头或书面约定。至于河南种业公司所称许某某作为育种人、向公司提供两涉案品种繁殖材料的行为,仅表明许某某允许河南种业公司在杂交种的品种审定、品种权申请等行政程序中将两涉案品种作为该杂交种的亲本予以使用。就两涉案品种而言,许某某的上述许可使用行为限定了使用场景和使用目的,由此并不能推定许启凤同意将两涉案品种的品种权或申请权转让给河南种业公司。植物新品种权对于育种人而言,既是其多年辛苦研究的成果,也能为其带来巨大的经济利益。因此,在无书面证据证明且许某某予以否认的情况下,不宜以河南种业公司主张的推定方式来认定双方之间存在转让两涉案品种的一致意思表示。

再次,虽然杂交种的品种权人与其亲本的品种权人相统一有利于通过繁殖材料的生产而得以推广,但河南种业公司并未举证证明存在二者不能相分离的行业惯例。种业市场化之后,杂交种与其亲本的品种权分属不同主体的情况客观存在。这种情况既符合育种工作的实际,也有助于每个授权品种都能得到更充分、更有效率地利用。

案例来源:(2020)鲁01民初69号、(2020)最高法知民终1267号。

(五) 工作中获取的技术秘密权属

员工在执行工作任务中,根据法律规定或合同约定合法获得或掌握到单位的技术秘密,属于单位所有,受法律保护。技术秘密作为商业秘密的一种重要类型,其对科技创新的保护区别于专利权,但与专利权一样应遵循知识产权的基本原理。

与一般的职务技术成果权属的侧重点不一样,单位技术秘密的权属重点在于界定秘点内容及范围;而且,技术秘密权属争议不但是员工与单位之间,还包括单位与第三人之间。一旦发生纠纷,技术秘密内容的确定及举证责任就成为争议的焦点,无论是技术人员还是技术公司都应重点关注技术秘密。

案例

侵害技术秘密纠纷案

【案情简介】 原告公司系某种"分析系统通用液"的技术秘密权益人。原告公司前员工程某离职后进入被告公司,并向被告公司披露前述技术秘密。被告公司使用前述技术秘密生产试剂盒并予销售。原告公司以程某、被告公司前述行为构成对其技术秘密权益的侵害为由提起本案诉讼。

【裁判结果】 人民法院审理后认为,技术秘密通常体现在图纸、工艺规程、质量标准、操作指南、实验数据等技术资料中,权利人为证明其技术秘密的存在及其内容,通常会在体现上述技术秘密的载体文件基础上,总结、概括、提炼其需要保护的技术秘密信息,其技术秘密既可以是完整的技术方案,也可以是构成技术方案的部分技术信息。权利人在从其技术资料等载体中总结、概括、提炼秘密信息时,应当允许将其具有秘密性的信息结合现有技术及公知常识形成一个完整的技术方案请求保护。权利人从其不为公众所知的工艺规程、质量控制标准等技术文件中合理提炼出的技术方案,只要不为社会公众普遍知悉和容易获得,即可作为技术秘密予以保护。

经审查,原告公司主张以8个完整的技术方案作为技术秘密予以保护,其中的微粒CV值、粒径等技术信息在相关技术文件中均有对应记载,原告公司结合本领域的现有技术、公知常识,能够合理总结与提炼出上述技术方案,可以作为技术秘密予以保护,最终得到人民法院支持。

【典型意义】 本案是制止侵害技术秘密行为的典型案例。在侵害技术秘密案件审理过程中,技术秘密不为公众所知悉的特征,使技术秘密内容的查明问题一直成为司法实践的难点。

在本案中,人民法院明确了权利人所主张的构成技术秘密的技术方案可以是在多份不同技术文件中记载的不为公众所知悉的技术信息的基础上加以合理总结、概括与提炼的技术方案。本案裁判对于合理分配侵害技术秘密案件的举证责任、切实提高对技术秘密合法权益的司法保护力度具有示范意义。

拓展阅读

>>> **与原单位本职工作或原单位分配任务有关的发明创造**
——认定我国各省市在职务技术成果所有权探索方面的工作和成果

目前我国很多地区都在积极进行职务科技成果所有权改革探索,希望通过改革实现科技成果的快速、高效转化应用,创造社会价值,推动地方经济社会发展。

四川省率先开展职务科技成果混合所有制改革。2010年开始,西南交通大学进行职务科技成果混合所有制的探索和试验,主要是职务科技成果知识产权由职务发明人和单位共同所有。实现路径主要包括职务科技成果知识产权的分割确权和新知识产权的共同申请两类。

2014年,成都开始在西南交通大学试行职务科技成果混合所有制改革,打破了束缚高校院所科技成果转移转化的制度藩篱。

2015年,四川省将职务科技成果混合所有制试点范围扩大到四川省国家全面创新改革试验区。

2016年1月19日,西南交通大学印发《西南交通大学专利管理规定》,首次明确学校与职务发明人按3∶7的比例共享职务科技成果专利权。半年后,西南交大完成了120多项职务发明专利分割确权。而在2010—2012年期间,西南交大只有7项专利得到转化。2016年,"成都新十条"明确提出,高校院所与职务发明人就职务科技成果知识产权的归属和申请知识产权的权利签订奖励协议,可约定按不低于3∶7的比例共享知识产权。

湖北省将科技成果所有权授权研发团队或完成人。2013年,湖北省就提出科技成果处置由"报批制"改为"备案制",并于2014年探索科技成果转化改革,授予研发团队科技成果知识产权。

2017年6月,湖北省在《武汉东湖新技术开发区支持创新创业发展新经济的政策清单》中提出,开展科技成果所有权混合所有制改革,支持在汉高校院所按职务科技成果发明人(含发明人团队)占成果所有权70%以上比例共同申请知识产权,或按照科技成果发明人占成果所有权70%以上比例分割现有职务科技成果所有权,职务科技成果发明人对持有的成果可自主实施转化。

广东省东莞市在2015年开始探索科技成果所有权改革,对于科研项目所产生的科技成果,允许项目科研负责人及其团队和获市财政立项支持的新型研发机构共享科技成果所有权。

辽宁省将职务科技成果混合所有制改革写入辽宁省促进科技成果转化的地方法规,创全国省级立法首例。

安徽省提出"赋权+转让+约定收益"的职务科技成果所有权改革模式作为国家知识产权强国建设第二批典型案例,在全国推广。这项"赋权+转让+约定收益"模式,由中国科学技术大学首创。在科技成果转化工作中,对所有权进行赋权后,学校所有权部分在约定收益的基础上转让给发明人,发明人获得全部科技成果作价入股,学校通过转让协议享有科技成果未来收益。此模式简化了作价入股审批流程,有利于吸引更多社会资本关注科技成果转化项目,促进科技成果转化时效,提高科技成果学校所有部分现金收益。

2024年1月16日,江苏省科技厅牵头组织召开职务科技成果赋权试点动员推进会,发布《关于进一步深化赋予科研人员职务科技成果所有权或长期使用权试点工作的通知》和《关于开展职务科技成果赋权改革试点任务"揭榜选题"的通知》。从加强国有资产管理、提高科技成果转化效益和加快高校科技成果转化、推进产教融合角度扎实推动赋权改革部署要求落地落实,加快形成更多可复制、可推广的经验做法,在赋权改革试点探索中展现"江苏担当"。

第三章

知识产权法律制度

现代知识产权法律制度的起源可以追溯到欧洲,逐渐演化发展至今。在这个体系内,知识产权的类型、产生或获取、保护范围与方法等,已经形成了一系列的国际条约与世界各国的国内立法。我国真正意义上的现代知识产权法律制度始于改革开放以后。商标法、专利法、著作权法等知识产权单行法先后出台,奠定了我国知识产权制度的基础。随着我国社会主义市场经济体制的建立和我国加入世界贸易组织,我国的知识产权制度实现了进一步的发展和完善,初步实现了本土化和国际化的高度融合,在一些领域如专利、著作权、商标等,我国知识产权的立法和保护已经和国际接轨。

在现代世界各国的知识产权法律制度中,专利权、著作权和注册商标专用权构成了知识产权的主要内容。而技术转移本质上是以知识产权的权属转让或许可为重点的商事法律活动。技术转移的客体或标的主要是专利、商业秘密(技术秘密)等,注册商标专用权和除计算机软件以外的作品著作权通常不是技术转移的标的,不包含在技术转移活动当中。有鉴于此,本章内容的排列不同于其他关于知识产权法律制度的相关体系,即传统的专利-商标-著作权-其他知识产权的体系,而是按照实践中技术转移活动所涉及的知识产权客体重要程度进行排列,将注册商标专用权排列在其他知识产权的内容当中。

第一节 知识产权概述

本节要点

1. 了解知识产权作为民事权利的概念、性质、特征。
2. 了解并掌握知识产权客体及不同类型客体的基本知识。
3. 了解并掌握知识产权法律体系的框架与基本内容。

一、知识产权的概念

知识产权是人类进入工业社会以来所形成的非常重要的民事权利。众所周知,商品的工业化和社会化生产、流通是工业社会的典型特征之一,而进行社会生产所必须具备的生产要素之一是技术。技术是生产的动力,技术水平的高低直接影响生产的效果、质量以及生产者、商品的市场竞争力。从法律角度来说,技术激励的核心是知识产权。

广义上的知识产权既包括专利权、注册商标专用权、著作权,还包括了新型的知识产权如商业秘密、植物新品种权、集成电路布图设计专有权等。知识产权是民事主体依法对自己的特定智力成果和其他特定相关客体等享有的专有权利。知识产权的产生源于相关的法律规定,知识产权法自其诞生以来,已有数百年的历史。知识产权这一词语也从纯粹的法律概念,成为社会生活中耳熟能详的一般概念。因此,从法律角度,正确且准确地理解知识产权的概念是非常重要的,不仅有助于人们准确理解知识产权以及各类知识产权客体的内涵和外延,还有助于澄清基于日常生活工作经验所形成的认识误区,避免对各类知识产权客体,在理解和认识上"望文生义""张冠李戴",导致不必要的法律风险。

> **案例**
>
> **无形的知识产权客体与有形的权利载体**
>
> 甲公司出资从某画廊购得一幅装裱好的立轴作品,内容是书法家李某某的书法作品《水月秦淮》。之后,甲公司注册成立水月秦淮酒店有限公司,并将书法作品《水月秦淮》制作成招牌悬挂在酒店营业场所,还把书法作品《水月秦淮》申请注册为服务商标。
>
> 李某某发现上述情形后,以甲公司侵犯其作品著作权为由对甲公司提起诉讼。
>
> 法院审理认为:李某某是其书法作品《水月秦淮》的著作权人。甲公司虽然出资购得该书法作品,但甲公司取得的仅仅是承载该书法作品的立轴的所有权即物的所有权,而并没有取得该书法作品的著作权。换言之,甲公司与某画廊之间实施的是承载书法内容的立轴作品的买卖行为,而不是李某某与甲公司之间关于书法作品《水月秦淮》的著作权转让或许可行为。甲公司未经著作权人李某某许可,将其享有著作权的书法作品《水月秦淮》用于注册服务商标以及制作成店招悬挂揽客,侵害了李某某对其作品所享有的著作权。

二、知识产权的性质与特征

知识产权本质上是一种民事权利,是私权。所谓私权,指的是民事主体(包括自然人、法人和非法人组织)享有的各种民事权利,与公权相对应。知识产权属于民事权利的一种,为特定民事主体(知识产权权利人)所享有。知识产权的产生、行使和保护,适用民法的基本原则和基本制度。我国民法典在其总则中规定,民事主体的人身权利、财产权利以及其他合法权益受法律保护,任何组织或者个人不得侵犯。为保护知识产权而制定的知识产权单行法律,主要是调整自然人、法人和非法人组织相互之间,围绕智力成果和其他特定的非物质成果所形成的财产关系和人身关系,且这种关系是建立在平等自愿、意思自治、诚信公平、等价有偿的私法原则之上的。

知识产权的私权性质,已经为世界各国所广泛认可并在其国内立法中遵循这一性质。《与贸易有关的知识产权协定》(即《TRIPS协定》)在其首部前言部分,即明确各成员国"认识到知识产权属私权"。

但需要强调的是,知识产权属于私权的这一性质,并不等于说知识产权的行使具有绝对的排他性,完全不受国家公权力的调整和干预。事实上,在现代社会中,世界各国的立法现状是,国家公权力一定会在满足特定条件或者特定情形下,对于私权进行一定的调整和干预。就公权力对于私权的调整和干预而言,相较于其他民事权利如物权而言,在知识产权领域,公权力的调整和干预相对显得更多一些。例如,我国《专利法》规定了专利的强制许可制度,其中包括在国家出现紧急状态或者非常情况时,或者为了公共利益的目的,国务院专利行政部门可以给予实施发明专利或者实用新型专利的强制许可。我国《著作权法》设立了合理使用和法定许可制度,来调整和干预著作权的行使。

在我国《民法典》所规定的财产权体系中,财产权体系包括以所有权为核心的有形财产权(物权)制度,以知识产权为主体的无形财产权制度,以债权、继承权等为内容的其他财产权制度。知识产权与物权,虽然都属于财产权体系中的支配权,但基于两者之间形态上的巨大差异,知识产权呈现出客体非物质性、专有性、时间性、地域性的特征。

作为一种无形财产权的知识产权,与物权相比,最本质的特征在于权利客体不同。知识产权的特征之一在于知识产权的客体具有非物质性,即知识产权的客体——智力成果,是无形的、非物质化的;虽然依托一定的物质载体而被人们所认识,但物质载体本身不是知识产权的客体。而物权的客体是物,是占用一定的物理空间而存在。知识产权的客体具有非物质性是知识产权的本质特征,基于这一本质特征，对知识产权的客体不可能也无需像物一样进行占有、公示和使用。

知识产权的特征之二是其专有性，即知识产权是一种专有性的民事权利。所谓的专有性，体现为知识产权是一种垄断的、排他的民事权利。虽然知识产权的客体智力成果总体上呈现出公开、公知的法律状态，如专利申请要求完全公开。但这种公开、公知，不能成为社会公众或相对人随意使用的理由或依据，恰恰相反，智力成果的公开、公知的法律后果是其仅能为权利人独占使用，或者基于权利人的授权而使用。法律对知识产权的专有给予严格的保护。此外，作为商业秘密的智力成果，其内容虽然处于权利人所采取保密措施的秘密状态，而非公开、公知的状态，但其具有的不为其他人所知悉的秘密状态具有天然的排他性。

知识产权的特征之三是时间性，时间性是指知识产权作为一种民事权利，法律对于知识产权规定了保护期限，知识产权只在法律规定的期限内受到保护。一旦超过法律规定的保护期限，则相关智力成果即成为整个社会的共同财富，可以任由民事主体自由使用。

知识产权的时间性，或在时间上的有限性，是世界各国知识产权立法所普遍采用的基本规则。各国关于知识产权保护期限的立法，根据具体的知识产权类型、性质及其国内政策的要求，虽然所规定的保护期长短可能不完全相同，但无一例外地均会规定保护期限，且在全球化的背景下，随着各国科技、经济、文化交流的加强，以及近代国际知识产权体系的发展（如 TRIPS 协定），各国立法对于知识产权的保护期限规定，按照相关知识产权国际公约的具体规定，呈现保护期限相同的趋势。

知识产权的特征之四是地域性。知识产权作为一种法律设定的民事权利，其在空间上的效力受到地域的限制，并不是无限的。从知识产权的传统理论上看，知识产权的效力只限于本国境内，除非有国际条约、国家之间的双边或多边条约的特别规定。

知识产权具有地域性的根本原因在于知识产权是源于立法而产生的法定权利，即必须通过一国法律的强制规定才能存在。而各国关于知识产权的立法，不仅考虑知识产权自身的权利特点，更是需要考虑国内关于经济、科学、技术等相关的公共政策。这就导致了世界各国关于知识产权的产生、获得和保护的规定各不相同。基于以上原因，知识产权的地域性表现为，一国的知识产权不具有域外效力，在第三国不能自动获得保护，除非相关国家共同加入国际公约，或签署双边或多边条约。

自 20 世纪中叶至今，世界在科学、技术及经济领域发生了更多更快的变化，包括信息技术的飞速发展、全球化、文化多元化等，有关知识产权贸易的国际市场也在更快速地发展，知识产权的国际贸易需求与跨境跨国保护，与知识产权的地域性形成了巨大的矛盾和贸易冲突。为解决这些问题,陆续成立了一些全球性或区域性的国际组织如世界知识产权组织(WIPO)、与贸易有关的知识产权理事会(TRIPS理事会)、国际商标协会(INTA)等等,并在世界范围内通过国际条约或多边协定等方式,建立了相应的知识产权国际保护制度。国际知识产权体系的完善促进了各国知识产权制度的趋同,弱化了知识产权的地域性。

三、知识产权的类型

作为知识产权权利客体的智力成果,在我国《民法典》中是如此规定的:

1. 作品(计算机软件是作为一类特殊的作品,也属于知识产权的客体之一),对应的知识产权权利是著作权;
2. 发明、实用新型、外观设计,对应的知识产权权利是专利权;
3. 商标,对应的知识产权权利是注册商标专用权;
4. 地理标志,即基于地理(俗称原产地)标志所产生的经营标记性权利;
5. 商业秘密,对应的知识产权是商业秘密权;
6. 集成电路布图设计,对应的知识产权权利是集成电路布图设计权;
7. 植物新品种,对应的知识产权权利是植物新品种权;
8. 法律规定的其他客体。

我国《民法典》对于知识产权客体的规定采取了开放式的立法。其原因在于随着文明和科技的发展和进步,特别是近年来以ChatGPT等通用人工智能技术与产品的开发和应用,会产生新型的符合知识产权客体条件的智力成果,即出现了现行法律还没有规定的但具有显著的财产属性的新型智力成果。对于数据和AIGC生成内容等新事物是否能作为知识产权的保护客体,现在仍处于不断探讨和发展的阶段,尚未形成统一的法律规定。

案例

原告某律师所诉被告某网讯科技公司侵害署名权、保护作品完整权、信息网络传播权纠纷一案

【案情简介】 原告起诉称:被告在其网络平台发布的《影视娱乐行业司法大数据分析报告》系法人作品,原告系涉案文章的著作权人。该文章属于文字作品和图形作品,文字共计4511字,图形共计15个,首发于原告的微信公众号。其后,涉案文章未经许可,被修改编辑并删除文章署名后,发布在被告经营的百家号平台上。被告的行为已构成侵权。

被告辩称:涉案文章不具有独创性,不属于著作权法的保护范围。本案中,涉案文

章内容包括有数据和图表形式,这是使用运行法律统计数据分析软件所获得的报告。报告中的数据并非由原告调查和收集获得的,报告中的图表是基于软件功能所自动生成的。因此,涉案文章不是原告的智力劳动创造成果,不属于著作权法的保护范围。

【裁判结果】 法院认为,原告主张的图形是否构成图形作品,就本案来说,相关图形是原告基于收集的数据,利用相关软件制作完成,虽然会因数据变化呈现出不同的形状,但图形形状的不同是基于数据差异,以及不同的数据选择、软件选择或图形类别选择所致,而非基于创作产生,不能体现原告的独创性表达。因此,涉案文章中的图形不构成图形作品,原告对其享有著作权的主张不能成立。

关于法律工具软件自动生成的分析报告是否构成作品的问题。涉案文章涉及的内容体现出针对相关数据的选择、判断、分析,具有一定的独创性。但是,具备独创性并非构成文字作品的充分条件。根据现行法律规定,文字作品应由自然人创作完成。虽然随着科学技术的发展,计算机软件智能生成的此类"作品"在内容、形态,甚至表达方式上日趋接近自然人,但根据现实的科技及产业发展水平,若在现行法律的权利保护体系内可以对此类软件的智力、经济投入予以充分保护,则不宜对民法主体的基本规范予以突破。因此,自然人创作完成仍应是著作权法上作品的必要条件。即使使用法律工具软件"创作"的分析报告具有独创性,该分析报告仍不是著作权法意义上的作品。对于分析报告的署名,无论是软件研发者(所有者)还是使用者,非创作者都不能以作者身份署名,而是应从保护公众知情权、维护社会诚实信用和有利于文化传播的角度出发,在分析报告中添加生成软件的标识,标明报告系软件自动生成。

案例来源:北京互联网法院 2018 京 0491 民初 239 号。

四、知识产权法律体系

知识产权法是调整特定智力成果和与其有关的其他特定客体而产生的各种社会关系的法律规范的总称,是知识产权法律制度的具体内容。在我国,知识产权法是关于著作权法、专利法、商标法、反不正当竞争法以及其他相关法律法规的集合和总称。这些法律法规的集合和总称,共同构成了我国的知识产权法律体系。

与民法的表现形式不同,知识产权法并没有一部单独的成文法作为其具体表现形式。事实上,所谓的知识产权法,仅仅是学术上的概念,现实中,并不存在一部《中华人民共和国知识产权法》。就世界范围来看,英美法系国家(以英国、美国为代表)和大陆法系国家(如法国、德国)都有着自己的法律传统,但是,关于知识产权法的制定,在形式上基本采取制定单行的成文法,并形成相应的知识产权法律体系。

21世纪以来,随着全球化、信息技术、数字经济的发展,发达国家以及新兴工业化国家竞相提升科技创新水平,以知识产权作为企业与产品的核心竞争力,以知识产权强化国际贸易中的技术壁垒。在此形势下,知识产权始终是当今国际社会关注的法律焦点问题,也是世界各主要贸易国家之间发生国际贸易纠纷、进行贸易谈判的主要焦点和内容之一。为此,各国重点关注并制定知识产权基本法已成为一种趋势。

在我国,知识产权法属于民法的范畴。1986年《民法通则》第五章民事权利中,在第三节对于知识产权作了专节规定。在体例上,知识产权与财产权、债权、人身权具有相同的法律地位。我国《民法典》在总则编中规定了专门的知识产权条款,对于知识产权的定义、民事权利属性以及专有权利类型等作了原则规定,在相应的分编中,对于特定的知识产权问题也作了相应的专门规定。如在物权编中,规定了知识产权质押设立及效力的专门条款;在合同编中规定,当事人对合同订立中知悉的商业秘密和保密信息,不得泄露或不正当使用。

虽然我国《民法典》没有设立专门的知识产权分编或章节,而采取了链接式的立法,即通过《民法典》关于知识产权的规定,链接到知识产权专门法中,但从知识产权在《民法典》中的法律地位而言,其应当与民法典中的物权编、合同编、婚姻家庭编、侵权责任编等一样,具有相同的法律地位。这一点是毫无疑问的。

显然,知识产权的设定、类型、使用与管理是较为复杂的,仅凭我国《民法典》的原则规定和专门规定,远远不能满足要求。从世界各国关于知识产权的立法实践来看,制定专门的知识产权法是首选模式。我国关于知识产权法的立法亦是如此。一方面除了《民法典》关于知识产权的原则性、制度性的一般规定以外,我国还制定了《专利法》《著作权》《商标法》等单独的专门立法。另一方面,关于知识产权的使用、管理等法律规制,在其他的部门法中也或有涉及和规定,如《反不正当竞争法》,其内容涉及商业秘密、知识产权不正当竞争行为等相关规定。

从知识产权工作实务的角度出发,对于我国知识产权法律体系的认识和理解,按照法律位阶的高低,可以从以下几个层面:

(一) 知识产权基础性法律

知识产权基础性法律指我国《民法典》中的知识产权条款。不仅如此,《民法典》中规定的民法基本原则、效力范围等一般性规范内容,也适用于包括知识产权在内的各项民事权利,为具体的知识产权专门法的制定提供上位法支撑。

(二) 知识产权专门法

知识产权专门法包括《著作权法》《专利法》《商标法》等,具体对应不同类型知识产权的单行法律。这些知识产权单行法律对于不同类型的知识产权予以规定，内容涵盖权利归属、主体、客体、内容及权利保护等各个方面，也是我国知识产权法律体系的主干和核心部分。以专利法为例，我国《专利法》（2020年）的内容包括总则、授予专利权的条件、专利的申请、专利申请的审查和批准、专利权的期限、终止和无效、专利实施的特别许可、专利权的保护、附则八章。《专利法》自1984年3月颁布以来至今，历经四次修订。专利法的每次修订都是基于当时我国社会、经济、科技的现实发展状况，为了更好满足专利保护的现实需求，进一步与国际社会专利保护的标准相适应而进行的。

（三）包含有知识产权相关内容的法律

《反不正当竞争法》《科学技术进步法》《促进科技成果转化法》《种子法》等经济领域中的基本法律，既包括和涵盖了国家在科学技术领域促进科技进步、鼓励创新和成果转化、保护知识产权的公共政策，还包含了市场竞争环境中，以知识产权为主要内容之一，遵守公平、诚实信用的基本原则，鼓励和保护公平竞争，制止不正当竞争行为，规范市场竞争秩序的内容，以及涉及一些特定知识产权如植物新品种权等内容。

（四）知识产权法规，包括行政法规和地方性法规

行政法规是指国务院根据宪法和法律，按照法定程序制定的有关行使行政权力、履行行政职责的规范性文件。其法律效力仅次于宪法和法律，是行政机关依法履行职责的重要法律依据。知识产权行政法规是对知识产权法律内容所做的进一步解释和更具操作化的细化规则，其中主要是基于公法和行政管理的角度，包含了大量的关于知识产权行政管理的内容如知识产权申请、登记、备案、行政保护等。例如《专利法实施细则》《著作权法实施条例》《计算机软件保护条例》《信息网络传播权保护条例》《集成电路布图设计保护条例》等。

地方性法规，指依法享有立法权的省、自治区、直辖市各级人民代表大会及其常务委员会根据本行政区域的具体情况和实际需要，制定发布的有关本行政区域内的社会管理、经济发展、文化教育等方面的规范性文件。知识产权地方性法规是相关省市人民代表大会及其常务委员会制定的、在本行政区域内配套落实相关知识产权法律的具体规定。例如：我国安徽、广东、辽宁、浙江、湖北等省份，为配套落实专利法而制定适用于本省区域内的专利条例，如《江西省专利促进条例》等。

（五）知识产权行政规章

知识产权行政规章，所谓行政规章是国家行政机关在法律、法规的授权下，依其职权，就某一行政区域内或某一方面的行政管理事项，所制定的具有普遍约束力的规范性文件。知识产权行政规章是相关国家行政机关就不同类型的知识产权的行政管理事项所制定的行政规范(如《专利审查指南》)。

(六) 知识产权司法解释

知识产权司法解释是指最高人民法院在知识产权案件审理过程中,具体适用知识产权法律问题所作的审判解释。司法解释对各级人民法院的审判具有约束力,是审理具体知识产权案件的审判依据,如《关于审理侵害知识产权民事案件适用惩罚性赔偿的解释》《关于审理专利纠纷案件适用法律若干问题的解释》等等。

拓展阅读

最高人民法院知识产权法庭年度报告(2022)摘要

(https://www.court.gov.cn/zixun-xiangqing-394802.html#)

一、2019—2022年知识产权案件基本数据

最高人民法院知识产权法庭自2019年1月1日成立以来,2019—2022年共受理技术类知识产权案件和垄断案件13 863件,审结11 148件,整体结案率为80.4%。其中,审结的全部11 148件案件中,共发回重审112件、改判1 321件,整体发改率为12.9%,案件改判率,从最低6.1%升至13%。

2019—2022年共受理民事二审实体案件8 436件,审结6 420件;共受理行政二审实体案件3 088件,审结2 462件。其中,审结的6 420件民事二审实体案件中,发回重审107件,改判1 068件,整体发改率为18.3%。

2019—2022年受理的民事二审实体案件中,侵害发明专利权纠纷1 860件;侵害实用新型专利权纠纷2 982件;专利申请权及专利权权属纠纷697件;植物新品种权纠纷272件;集成电路布图设计纠纷14件;技术秘密纠纷213件;计算机软件纠纷1 743件;技术类知识产权合同纠纷342件;垄断纠纷79件,其他纠纷234件。

2019—2022年受理的行政二审实体案件共3 088件。其中,发明专利、实用新型、外观设计专利申请驳回复审行政纠纷数量分别为995件、90件、5件;发明专利权、实用新型、外观设计专利权无效行政纠纷数量分别为772件、647件、251件;植物新品种权行政纠纷4件,集成电路布图设计行政纠纷2件,行政裁决等纠纷296件。

二、2022年知识产权案件基本数据

2022年,法庭共受理技术类知识产权和垄断上诉案件6 183件(其中新收4 405件、旧存1 778件),审结3 468件。其中:

新收民事二审实体案件2 956件,包括:侵害发明专利权纠纷615件;侵害实

用新型专利权纠纷968件;专利申请权及专利权权属纠纷312件;植物新品种权纠纷144件;集成电路布图设计纠纷6件;技术秘密纠纷78件;计算机软件纠纷648件;技术类知识产权合同纠纷96件;垄断纠纷15件,其他纠纷74件。植物新品种纠纷和集成电路布图设计纠纷案件数量明显多于上一年。

2022年新收行政二审实体案件887件,包括发明专利、实用新型申请驳回复审行政纠纷数量分别为241件、27件,发明专利权、实用新型、外观设计专利权无效行政纠纷数量分别为234件、207件、84件;植物新品种权行政纠纷3件,集成电路布图设计行政纠纷2件;行政裁决等纠纷65件。

2022年法庭审结案件共3 468件,其中,维持原审裁决方式结案2 040件,占58.8%;以撤诉方式(含撤回上诉和撤回起诉)结案626件,占18.1%;以发回重审方式结案17件,改判方式结案451件;以其他方式结案66件。

在2022年审结的2 069件民事二审实体案件中,维持原审裁判方式结案855件,占41.3%;以撤诉方式结案540件,占26.1%;以调解方式结案268件,占13%;发回重审14件,改判方式结案375件,整体发改率为18.8%;以其他方式结案17件。

三、2022年知识产权案件基本特点

1. 侵权案件持续增长。二审实体案件同比增加15.1%,连续四年保持增长势头。其中发明和实用新型专利侵权案件,占民事实体案件的53.5%即一半以上。

2. 行政案件有所下降。新收行政二审案件887件,收案数量同比减少403件。其中专利授权确权案件占全部行政二审案件的89.4%。

3. 涉战略性新兴产业案件占比大。新收涉战略性新兴产业案件1 338件,占全部新收案件的30.4%。涉及新一代信息技术、生物医药、高端装备制造、标准必要专利、药品专利链接、集成电路布图设计、植物新品种等新产业、新领域的案件明显增多。

4. 审级职能作用强化,发回重审率连续三年下降。民事二审实体案件改判率连续四年上升。

四、知识产权案件的审判理念、基本原则和重点

知识产权法庭牢固树立"保护知识产权就是保护创新"的理念,坚持严格依法保护知识产权和维护市场公平竞争,充分发挥知识产权审判激励科技创新和促进构建全国统一大市场的职能作用,切实加强知识产权与公平竞争法治保障。

审理知识产权案件坚持有利保护、有力保护、有效保护、高效保护、重点保护、平等保护、诚信保护、协同保护。

加强种业知识产权和医药知识产权保护;加大芯片和通信领域技术保护;积极

服务数字经济发展;大力加强反垄断司法;切实加强技术秘密保护。平等保护中外权利人;切实加强专利审判管理指导。

第二节 专 利 权

本节要点

1. 了解专利的起源、专利权的概念和基本特征。
2. 掌握专利权(专利申请权)的客体、权利内容。
3. 掌握专利申请与授权、实施许可和专利保护的基本知识。

一、专利制度的起源

专利制度是依照专利法授予发明创造专利权的方式来保护、鼓励发明创造,促使发明创造的推广应用,推动科学技术进步和经济发展的一种知识产权制度。作为知识产权客体的智力成果,在专利制度中被称为"发明创造"。

专利制度起源于中世纪的欧洲。制定于15世纪后期的《威尼斯专利法》为现代专利法律制度奠定了基础。近代意义的世界上第一部专利法产生于英国。英国1623年颁布的《垄断法》被视为现代专利法的始祖,已初步具备了现代专利法的基本要素,是世界专利制度发展史上的里程碑。进入18世纪以后,随着资本主义工业革命的兴起,商品经济的进一步发展和市场竞争的日趋激烈,西方工业国家纷纷效法英国,相继建立了专利制度。到目前为止,全世界实行专利制度的国家和地区已达170多个。

随着世界科技的快速发展及国际经济的一体化、全球化的需求,专利制度已成为世界各国知识产权基本法律制度中的重要内容,且各国专利制度的内容也趋于国际一体化。关于专利的保护,国际社会成立了多个与专利相关的地区性和全球性专利组织,签订了一系列多边保护专利或工业产权的国际或地区性条约,其中影响较大的诸如《保护工业产权巴黎公约》(1883年)、《国际专利分类斯特拉斯堡协定》(1971年)、《专利合作条约》(1978年)、《TRIPS协定》(1994年)。

新中国成立后,中央人民政府政务院曾于1950年颁布了《保障发明权和专利权暂行条例》。在我国,真正意义上的现代专利法律制度的建立是从改革开放以后。1979年我国成立专利法起草小组,着手专利法的起草工作,1984年3月,六届全国人大常委会第四次会议通过了《中华人民共和国专利法》，并于1985年4月1日起实施。与此同时，我国于1980年6月加入世界知识产权组织，1985年3月加入《保护工业产权巴黎公约》，1987年通过并实施《技术合同法》，建立了中国技术合同法体系制度，1994年1月起正式成为《专利合作条约》的成员国。从此，我国专利法律制度以及技术合同制度初步建立并进入了一个快速发展的历史时期。随着我国改革开放的不断深化和扩大，社会主义市场经济法治体系的不断完善和进步，以及加入世界贸易组织（WTO）的需要，我国第一部专利法颁布至今，我国专利法已经进行了四次修改，现在已经基本实现与国际专利制度接轨，保护标准基本上达到国际水平。

二、专利权的概念与特征

（一）专利权的概念

专利权是指专利法所保护的发明人或申请人对其发明创造享有的专有权利。这种权利主要指发明人或申请人对某项发明成果在一定时间内享有的独占使用、排他使用的权利，即非经发明人或申请人许可或授权，第三人（社会公众）不得生产、使用专利技术或销售专利产品的专有权利。专利权是知识产权法律制度中的重要组成部分，与商标权、著作权等知识产权共同构成知识产权制度的重要内容。

（二）专利权的法律特征

与其他知识产权所具有的法律特征一样，专利具有独占性、时间性、地域性的法律特征。

所谓独占性是指专利权人对其发明创造享有排他的独占权，其他人未经专利权人许可不得行使其专利。这保证了专利权人在专利法规定的专利保护期内，对其发明创造享有垄断的使用与经营，排除第三人对该发明创造的"不劳而获"，即以相对的垄断保障专利的新颖性、创造性所带来的产品优势、市场竞争优势，以此激励发明创造和科技创新。

专利权只在专利法规定有效期内有效，这是专利权的时间性特征。专利保护期限届满后，专利权自动终止和丧失，从而使得专利成为社会公共财富，供社会大众使用和借鉴。在我国，发明专利的保护期限为二十年，实用新型专利的保护期限为十年，外观设计专利的保护期限为十五年，均自专利申请日起计算。

专利权的地域性是指一个国家或地区所授予的专利保护权仅在该国或地区的行政区域范围内有效，在其他国家和地区不产生专利权的法律效力。如果一项发明创造希望在其他国家获得专利保护，需要按照有关国际条约、双边协议或者互惠原则办理。世界各国专利法一般也有相应的规定,通过专利申请的优先权和外国专利的国家化制度,为源自境外的发明创造在本国获得专利保护提供了方法和路径。

除此以外,专利的公开性是专利制度的核心之一。专利的公开性是指专利申请的内容应当公之于众且完全公开,以便社会公众能够了解该发明的内容和专利的保护范围,包括专利内容公开和专利申请程序公开。申请的专利内容公开后,社会公众可以了解该发明的详细情况,包括技术领域、技术方案、实施方法、保护范围等等。但是,申请专利的发明创造涉及国家安全或者重大利益需要保密的,按照国家有关规定办理。

发明专利申请还需依专利法的规定,在经过形式审查并满足条件后即行公布,专利申请进入实质审查程序。专利公开程序有助于社会公众更好地了解专利申请的价值和意义,评估其是否符合专利法意义上的新颖性、创造性和实用性,也有助于促进技术的传播和交流。同时,公开程序也可以促使申请人进一步完善发明方案,提高发明的质量和水平。

在理解专利权的同时,还需要了解与专利权紧密联系的另一项重要权利——专利申请权。世界各国专利法对于专利的保护始于专利申请开始,我国亦是如此。专利申请权是在发明创造向国家专利行政管理部门提出专利申请之后、获得专利授权之前,专利申请人所享有的继续或终止专利申请程序,以及处分专利申请的权利。专利申请权与专利权反映的是发明创造在专利申请不同阶段的法律状态。在发明创造提出专利申请以后、获得专利授权前,称之为专利申请权;在发明创造获得授权后,称之为专利权。虽然对于专利申请权和专利权受专利法保护的内容与力度有所不同和侧重,但毫无疑问,专利申请权和专利权同属于知识产权,同样受到专利法的保护。

三、专利权的客体

专利权的客体是符合专利法规定的发明创造。我国《专利法》所规定的发明创造,是指发明、实用新型和外观设计。专利法对于三种类型的专利,在新颖性、创造性、实用性方面的标准存在差异,其中发明专利所要求的标准最高,外观设计专利所要求的标准最低(授予专利权的外观设计,应当不属于现有设计)。与此相适应,对于获得专利授权的要求和标准、审查程序以及对专利权的保护期限也存在相应的区别。

发明专利是对产品、方法或者其改进所提出的新的技术方案。实用新型专利是对产品的形状、构造或者其结合所提出的适于实用的新的技术方案。外观设计专利是对产品的整体或者局部的形状、图案或者其结合以及色彩与形状、图案的结合所作出的富有美感并适于工业应用的新设计。同样的发明创造只能授予一项专利权。

从专利的最终形态来看,专利可以分成产品专利和方法专利两种不同类型。产品专利是针对具体产品(例如机器、设备、仪器、仪表)的发明创造,保护的是这些具体的专利产品本身,而不是制造该产品的制造方法。方法专利则是针对制造产品或者解决某个技术问题的方法的发明创造,保护的是制造产品或解决技术问题的技术方案,而不是产品本身。

案例

周某与国家知识产权局专利复审委员会专利批准纠纷案

【案情简介】 本案涉及周某申请的、名称为"防暴注射器"的发明专利,经实质审查,国家知识产权局以"本申请属于专利法规定的不授予专利权的发明创造"为由驳回专利申请。周某对上述驳回决定不服,向国家知识产权局专利复审委员会提出复审,但未修改申请文件。后对复审维持决定不服,提起本案行政诉讼。

驳回决定所针对的权利要求书如下:"1.用防暴注射器及时给持刀行凶的歹徒实施剧痛注射,让剧痛药水的功效迫使歹徒中止犯罪行为,维护人身安全。

一、专利产品名称——防暴注射器。
二、技术方案——用弹射方式实施剧痛注射药水。
三、防暴注射器的原理、结构(见附图)及产品样式。
四、剧痛药水的组合配方,……。"

驳回决定认为:本申请请求保护一种防暴注射器,由说明书发明内容中的记载内容可知,使用过程中必然会发生通过注射器向实施对象即人体刺入注射器的针头并注射由纯净水、柠檬酸钾、氢氧化钠和白酒组成的腐蚀性药剂的情况,这种手段会对人体造成严重伤害,因而其实施或使用会给公众或者社会造成危害,因此,本申请属于专利法规定的不能授予专利权的申请。

【裁判结果】 法院认为,从涉案申请记载的技术方案本身看,就是通过将剧痛药水注射入人体的方式,产生剧痛的效果,达到迫使中止犯罪的目的。因此,对人体的损害是由于实施本申请的技术方案所必然导致的。

我国专利法规定,对违反法律、社会公德或者妨碍公共利益的发明创造,不授予专利权。妨害社会公共利益是指发明创造的实施或使用会给公众或社会造成危害,或者会使国家和社会的正常秩序受到影响。

对于会给公众造成危害的专利申请是否能够授予专利权,关键是要看危害是由于申请的技术方案本身造成的,还是由于技术方案被滥用造成的后果,或者属于产生积极效果的同时存在的缺陷。审查的内容既包括权利要求中记载的事项,也包括说明书中记载的事项。

涉案专利申请要求保护的技术方案是用弹射方式实施剧痛注射药水,让剧痛药水的功效迫使歹徒中止犯罪行为。根据权利要求书的记载,剧痛药水的组合配方中的氢氧化钠为一种具有高腐蚀性的强碱,极易溶于水,吸收水,并放出大量的热,形成腐蚀性溶液,碰到人体皮肤会腐蚀并烧伤皮肤,尤其是溅到黏膜,可产生软痂,并能渗入深层组织,灼伤后留有疤痕。据此,可以认定依据该配方生产的剧痛药水注射到人体内会导致人体损伤,这是实施涉案专利申请技术方案必然会产生的后果。

据此,本案一审二审两级法院均判决维持知识产权局的驳回决定。

四、专利权的主体

毫无疑问,我国《民法典》中规定的民事主体都具有成为专利权人的法定资格。正确理解专利权的主体,首先需要我们正确认识与区分专利权人、与专利权相关联的不同主体,以及彼此之间的相互关系。

(一) 发明人(设计人)、专利申请人、专利权人

发明人是提出专利申请所涉及技术方案的原始研究者或开发者。发明人通过自己的研究和创造性思维,就产品或产品的生产方法提出了具备新颖性、创造性和实用性的解决方案。外观设计专利的发明人称为设计人。根据我国《专利法》,发明人只能是自然人。

专利申请人是向专利行政管理部门提交专利申请的人。通常是发明人或代表发明人的法人或非法人组织。专利申请人在提交专利申请后,即享有专利申请权,其提交的专利申请经过专利局的审查和授权后,专利申请人即成为专利权人。

专利权人是指获得或享有专利权的自然人、法人或非法人组织。专利权人可以是专利申请人,还可以是通过受让等其他方式获得专利权的方式成为专利权人。同理,专利权人也可能因专利权转让等原因而丧失其身份。

从专利的全生命周期来看,发明人、专利申请人和专利权人在其中的角色、作用、权利与义务及权利收益等方面存在着明显的不同。他们各自扮演着不同的角色,并在整个专利流程中发挥着重要作用。正确认识和理解这些概念对于保护发明创造,依法行使专利权,促进成果转让等方面具有重要意义。

(二) 职务发明创造与非职务发明创造的权利人

执行本单位的任务或者主要是利用本单位的物质技术条件所完成的发明创造为职务发明创造。职务发明创造申请专利的权利属于该单位,申请被批准后,该单位为专利权人。非职务发明创造,申请专利的权利属于发明人或者设计人;申请被批准后,该发明人或者设计人为专利权人。

五、专利权的授予条件

(一) 专利权的授予条件

我国《专利法》规定,授予专利权的发明和实用新型,应当具备新颖性、创造性和实用性。授予专利权的外观设计,应当不属于现有设计,与现有设计或者现有设计特征的组合相比,应当具有明显区别。

专利的新颖性指的是提出申请的发明专利或者实用新型专利不属于现有技术,也没有任何单位或者个人就同样的发明或者实用新型在申请日以前向国务院专利行政部门提出过专利申请,并记载在申请日以后公布的专利申请文件或者公告的专利文件中。专利的创造性指的是与现有技术,即专利申请日以前的国内外为公众所知的技术相比,发明具有突出的实质性特点和显著的进步,实用新型具有实质性特点和进步。这是提出专利申请的发明或实用新型能够获得专利授权的核心条件。

(二) 不授予专利授权的例外

我国《专利法》对于违反法律法规、妨害公共利益或有违科技伦理的发明创造,明确规定了不授予专利的两种情形:一是违反法律、社会公德或者妨害公共利益的发明创造;二是违反法律、行政法规的规定获取或者利用遗传资源,并依赖该遗传资源完成的发明创造。

上述规定是"科技向善"的科学伦理追求在专利制度中的有效贯彻,也是实现"专利向善"这一目标的重要制度安排。在对发明专利申请的实质性审查程序过程中,对于发明创造的伦理审查是可专利性判断必不可少的关键环节。如此规定,也同时与《TRIPS协定》的规定相一致,即明确给予成员国基于社会公德或公共利益需要,在其本国境内对危及人类与动植物生命或健康以及危害环境的发明创造或技术成果不授予专利权的例外。

实践中,各国专利法对于科学发现和一些表面符合授予专利权的产品或技术方案,基本上不会对其授予专利权。例如,根据我国《专利法》的规定,对于(1)科学发现;(2)智力活动的规则和方法;(3)疾病的诊断和治疗方法;(4)动物和植物品种;(5)原子核变换方法以及用原子核变换方法获得的物质;(6)对平面印刷品的图案、色彩或者两者的结合作出的主要起标识作用的设计,明确规定不授予专利权。

不授予专利权的例外,随着科学技术的发展,专利法的规定也在不断地变化和调整。例如,我国《专利法》(1984)中明确规定,对于食品、饮料和调味品、药品和用化学方法获得的物质不授予专利权,对其生产方法,可以依照专利法规定授予专利权,这一规定在1992年修订时取消。《专利法》在2008年修订时增加了"对平面印刷品的图案、色彩或者二者的结合作出的主要起标识作用的设计"不授予专利权的规定。

比较有争议的是计算机软件是否可以授予专利权?自20世纪后期以来,这是世界各国法律界、产业界一直争论不休的问题。由于计算机软件是兼具"作品性"和"技术功能性"的特殊的知识产权客体,对于用版权法给予其著作权的保护,已经形成知识产权法上的共识和现实。但是否还应当对计算机软件给予专利法保护?世界各国的规定不一。

在我国,《专利审查指南》(2019)在第二部分第九章增加了包含算法特征或商业规则和方法特征的发明专利申请审查相关规定,并不完全禁止软件类的技术方案获得专利授权,对于涉及人工智能、"互联网+"、大数据以及区块链等的发明专利申请,需要依据是否构成商业规则和方法等智力活动的规则和方法特征来进行判断,根据专利法及其实施细则,有必要对这类申请的审查特殊性做出明确规定。

六、专利申请文件

专利文件是专利申请人提出专利申请时所应当提交的符合专利法要求的专利申请文件,具体包括请求书、说明书及其摘要和权利要求书。

(一) 请求书

请求书应当写明以下事项:(1)发明、实用新型或者外观设计的名称;(2)申请人的名称或者姓名、地址、国籍、组织机构代码或者居民身份证件号码等主体信息;(3)发明人或者设计人的姓名;(4)申请人委托专利代理机构的,受托机构的名称、机构代码以及该机构指定的专利代理人的个人信息;(5)要求优先权的,申请人第一次提出专利申请(简称在先申请)的申请日、申请号以及原受理机构的名称;(6)申请人或者专利代理机构的签字或者盖章;(7)申请文件清单;(8)附加文件清单;(9)其他需要写明的有关事项。

(二) 说明书

发明或者实用新型专利申请的说明书应当对发明或者实用新型做出清楚、完整的说明,以所属技术领域的技术人员能够实现为准。首先,应当写明发明或者实用新型的名称,该名称应当与请求书中的名称一致。其次,说明书应当包括下列内容:(1)技术领域:写明要求保护的技术方案所属的技术领域;(2)背景技术:写明对发明或者实用新型的理解、检索、审查有用的背景技术;有可能的,并引证反映这些背景技术的文件;(3)发明内容:写明发明或者实用新型所要解决的技术问题以及解决其技术问题采用的技术方案,并对照现有技术写明发明或者实用新型的有益效果;(4)附图说明:说明书有附图的,对附图作简略说明;(5)具体实施方式:详细写明申请人认为实现发明或者实用新型的优选方式;必要时,举例说明;有附图的,对照附图。发明或者实用新型专利申请人应当按照前款规定的方式和顺序撰写说明书,并在说明书每一部分前面写明标题。

说明书摘要应当写明发明或者实用新型专利申请所公开内容的概要,即写明发明或者实用新型的名称和所属技术领域,并清楚地反映所要解决的技术问题、解决该问题的技术方案的要点以及主要用途。说明书摘要可以包含最能说明发明的化学式;有附图的专利申请,还应当提供一幅最能说明该发明或者实用新型技术特征的附图。摘要文字部分不得超过300个字。摘要中不得使用商业性宣传用语。

(三) 权利要求书

权利要求书应当以说明书为依据,清楚、简要地限定要求专利保护的范围。权利要求书应当记载发明或者实用新型的技术特征。权利要求书有几项权利要求的,应当用阿拉伯数字顺序编号。

权利要求书中使用的科技术语应当与说明书中使用的科技术语一致,可以有化学式或者数学式,但是不得有插图。除绝对必要的外,不得使用"如说明书……部分所述"或者"如图……所示"的用语。权利要求中的技术特征可以引用说明书附图中相应的标记,该标记应当放在相应的技术特征后并置于括号内,便于理解权利要求。附图标记不得解释为对权利要求的限制。

权利要求书应当有独立权利要求,也可以有从属权利要求。独立权利要求应当从整体上反映发明或者实用新型的技术方案,记载解决技术问题的必要技术特征。从属权利要求应当用附加的技术特征,对引用的权利要求作进一步限定。

七、专利的申请、审查与授权

(一) 专利的申请

申请发明或者实用新型专利的,应当提交符合专利法要求的专利申请文件,具体包括请求书、说明书及其摘要和权利要求书等文件。

申请外观设计专利的,应当提交请求书、该外观设计的图片或者照片以及对该外观设计的简要说明等文件。申请人提交的有关图片或者照片应当清楚地显示要求专利保护的产品的外观设计。

申请人要求专利优先权的,应当在申请的时候提出书面声明,并在专利法规定的期限内提交第一次提出的专利申请文件的副本。申请人未提出书面声明或者逾期未提交专利申请文件副本的,视为未要求优先权。

(二) 专利的审查与授权

专利申请需要通过专利审查才能最终获得专利授权。专利审查是现代各国专利制度普遍确立的一项基本制度,包括形式审查和实质审查两个方面。其中,形式审查是对专利申请的形式要件是否符合包括专利法在内的法律规范进行的审查,如专利申请文件是否符合专利法及其实施细则规定的文件要求;发明创造是否属于专利法及其实施细则所保护的范围等等。实质审查是对专利申请是否符合法律规范和是否具备专利法要求的新颖性、创造性和实用性及其他授权实质要件进行审查。

依据我国《专利法》,对于实用新型和外观设计的经初步审查没有发现驳回理由的,由国务院专利行政部门做出授予实用新型专利权或者外观设计专利权的决定,发给相应的专利证书,同时予以登记和公告。实用新型专利权和外观设计专利权自公告之日起生效。

对于发明专利申请,除进行形式审查外,还需要实质审查,即国务院专利行政部门收到发明专利申请后,经初步审查认为符合本法要求的,可以根据申请人的请求,或自申请日起满18个月,即行专利公开,并进入专利申请的实质审查阶段。

发明专利申请自申请日起三年内,国务院专利行政部门可以根据申请人随时提出的请求,或者在其认为必要的时候,对该专利申请进行实质审查。申请人无正当理由逾期不请求实质审查的,该申请即被视为撤回。

国务院专利行政部门对发明专利申请进行实质审查后,认为不符合本法规定的,应当通知申请人,要求其在指定的期限内陈述意见,或者对其申请进行修改;申请人无正当理由逾期不答复的,该申请即被视为撤回。发明专利申请经申请人陈述意见或者进行修改后,国务院专利行政部门仍然认为不符合本法规定的,应当予以驳回。

发明专利申请经实质审查没有发现驳回理由的,由国务院专利行政部门作出授予发明专利权的决定,发给发明专利证书,同时予以登记和公告。发明专利权自公告之日起生效。

八、专利权的期限、终止和无效

依我国《专利法》规定,发明专利权的保护期限为 20 年,实用新型专利权的保护期限为 10 年,外观设计专利权的保护期限为 15 年,均自申请日起计算。

在专利的保护期限内,如专利权人没有按照规定缴纳专利年费的,或者专利权人以书面声明放弃其专利权的,则专利权即行终止。

在专利权授予以后,如果任何单位或者个人认为该专利权的授予不符合专利法及其实施细则中有关授予专利权的条件,可以请求宣告该专利权无效。对于专利无效宣告的申请,国务院专利行政部门应当及时审查,作出维持专利权或者宣告专利权无效的决定。被宣告无效的专利权视为自始即不存在。同时,宣告专利权无效的决定不具有追溯力。

导致专利权无效的理由,包括以下几个方面:(1)主题不符合专利授予条件,包括:发明、实用新型的主题不具备新颖性、创造性或实用性;外观设计专利的主题不具备新颖性或者与他人在先取得的合法权利相冲突。(2)专利申请中存在不合法情形,如说明书没有充分公开发明或者实用新型;授权专利的权利要求书没有以说明书为依据;专利申请文件的修改超出规定的范围;专利权的主题不符合发明、实用新型或外观设计的定义;授权专利的权利要求书不清楚或者缺少解决其技术问题的必要技术特征等等。(3)违反法律强制性规定的情形,例如存在违反国家法律、社会公德或者妨害公共利益的情形;科学发现等法律规定不授予专利权的情形;(4)重复授权的情形,即出现一个发明创造授予两个专利权。

九、专利的实施许可

专利的实施许可,指的是专利权人(含专利申请权人)或其授权人许可他人在一定期限、一定地区、以一定方式实施其所拥有的专利,并向他人收取使用费用。在此情形下,不发生专利权属的变更。一般而言,根据被许可人的数量和范围,专利的实施许可有三种方式,即独占实施许可、排他实施许可和普通实施许可。

独占实施许可,是指专利权人授权被许可方在合同约定的时间和地域范围内,独占性拥有使用和实施某项专利的权利。除被许可方以外,包括许可方在内的一切人均无权实施和使用专利。

排他实施许可,是指在合同约定的时间和地域范围内,专利权人允许被许可方使用和实施某项专利,同时保留专利权人在同一时间和范围内实施该项专利的权利,但专利权人不得再向第三方授予同一专利的使用和实施权利。

普通实施许可,指专利权人授权被许可方在一定时间和范围内使用某项专利,同时保留自己在同一范围内实施该项专利的权利,包括向第三方再次授权许可实施同一项专利的权利。

 案 例

林某与山西某公司《专利实施许可合同》纠纷案

【案情简介】 2016年,林某与山西某公司签订《专利实施许可合同》,约定将其拥有或已经取得授权的专利许可山西某公司使用,许可使用范围为山西省太原市现行行政区域内。专利实施许可费用按照该公司合同产品销售额的5%收取。如果销售额低于2 000万元,山西某公司应当按100万元的标准向林某支付专利实施许可费。合同还约定,若山西某公司在合同签订后一年内未正式投产,本合同自动解除,在此期间该公司的资金投入自行负责,林某不向该公司承担任何责任;该公司已支付的100万元专利许可实施使用费作为违约金不予退还。

后因山西某公司未按期付款,林某主张该公司构成违约,诉至法院请求解除涉案合同,并判令山西某公司立即支付专利实施许可费。山西某公司以林某未派技术人员提供技术指导,也没有提供与专利相关的技术资料,因该公司在合同签订后一年内未正式投产,合同已依约定自动解除等为由,主张其不应向林某支付专利实施许可费。

【裁判结果】 法院经审理认为,林某有权许可山西某公司实施涉案合同约定的系列专利。涉案合同经双方签字盖章后,已经生效,且涉案合同载明的专利已经向社会公布,相关技术资料可以从公开渠道获取,林某履行了合同义务。

山西某公司应当按照合同约定的方式向林某支付当年的专利实施许可费。山西某公司既未按照合同约定支付专利实施许可费,也未向林某指定的设备提供方购买建设生产线。山西某公司的上述违约行为是导致涉案合同签订后一年内未正式投产的原因,其关于涉案合同自动解除的抗辩主张不成立。因山西某公司根本违约,林某享有涉案合同的法定解除权,涉案合同应予解除。法院判决山西某公司应向林某支付专利实施许可费。

【典型意义】 专利实施许可是实现专利技术成果转化、应用和推广的重要途径和方式。专利实施许可合同中,许可人的主要义务是同意被许可人实施其专利,被许可人获得许可后即可按照已经公布的专利文件实施专利,合同主要目的即实现。准确界定专利实施许可合同中双方的权利义务,有助于推动专利技术成果转化和技术进步。

十、专利权的保护

(一) 专利保护范围与时效

专利保护范围,发明或者实用新型专利权的保护范围以其权利要求的内容为准,说明书及附图可以用于解释权利要求的内容。外观设计专利权的保护范围以表示在图片或者照片中的该产品的外观设计为准,简要说明可以用于解释图片或者照片所表示的该产品的外观设计。

侵犯专利权的民事侵权诉讼时效为三年,自专利权人或者利害关系人知道或者应当知道侵权行为以及侵权人之日起计算。

(二) 专利保护途径

未经专利权人许可,实施其专利,即侵犯其专利权。因实施专利侵权行为引起纠纷的,专利权人或者利害关系人既可以向人民法院起诉寻求司法保护,也可以请求管理专利工作的部门调查处理寻求行政保护。管理专利工作的部门处理时,认定侵权行为成立的,可以责令侵权人立即停止侵权行为。此行政处理,可以作为申请人民法院强制执行的依据。

(三) 专利保护措施

1. 行政保护措施

行政保护措施是由具有专利行政执法权的行政机关(在我国是国家和地方的知识产权行政管理部门)根据已经取得的证据,对涉嫌假冒专利行为进行查处时,有权采取的行政执法措施。这些措施具体包括:询问有关当事人,调查与涉嫌违法行为有关的情况;对当事人涉嫌违法行为的场所实施现场检查;查阅、复制与涉嫌违法行为有关的合同、发票、账簿以及其他有关资料;检查与涉嫌违法行为有关的产品;对有证据证明是假冒专利的产品,可以查封或者扣押;相关法律法规规定的其他措施。

2. 诉前保全

为了制止专利侵权行为,在证据可能灭失或者以后难以取得的情况下,专利权人或者利害关系人可以在起诉前依法向人民法院申请保全证据。

我国《专利法》规定,专利权人或者利害关系人有证据证明他人正在实施或者即将实施侵犯专利权、妨碍其实现权利的行为,如不及时制止将会使其合法权益受到难以弥补的损害的,可以在起诉前依法向人民法院申请采取财产保全、责令作出一定行为或者禁止作出一定行为的措施。

> 案例

华为公司与康文森公司(Conversant)标准必要专利许可纠纷案

【案情简介】 2018年1月,华为公司向江苏省南京市中级人民法院对注册于卢森堡的康文森公司(系一家NPE机构,即通过FRAND许可谈判和诉讼营利,并不制造和生产标准必要专利技术产品)提起三案诉讼,请求确认中国地区标准必要专利的许可费率。2018年4月,为反制华为公司的中国诉讼,康文森公司向德国杜塞尔多夫法院提起标准必要专利侵权诉讼,请求判令华为公司停止侵权并赔偿损失。

2019年9月16日,南京中院对上述三起案件做出一审判决,确定华为公司及其中国关联公司与康文森公司所涉标准必要专利的许可费率。康文森公司不服一审判决,向最高人民法院提起上诉,主张原审法院确定的标准必要专利许可费率过低。

与此同时,德国杜塞尔多夫法院一审判决认定,华为公司侵害康文森公司的欧洲专利,判令禁止华为公司及其德国关联公司向客户提供或者交付侵权手机和平板电脑,销毁并召回侵权产品,承担诉讼费用。

2020年8月,最高人民法院知识产权法庭收到华为公司的禁诉令申请。华为公司主张,德国杜塞尔多夫法院做出的一审判决,即认定华为公司及其德国关联公司侵害了康文森公司的欧洲专利(即本案涉案专利的同族专利),判令禁止华为公司及其德国关联公司提供、销售、使用或为上述目的进口或持有相关移动终端,禁止向客户提供或者交付侵权手机和平板电脑,提供相关侵权行为和销售行为信息,销毁并召回侵权产品,承担诉讼费用。这一判决结果可以在康文森公司提供价值240万欧元担保后获得临时执行。该判决认定,康文森公司向华为公司提出的标准必要专利许可费率要约没有违反公平、合理、无歧视(FRAND)原则。事实上,康文森公司的标准必要专利许可费率要约中涉及的多模2G/3G/4G移动终端产品的标准必要专利许可费率约是南京中院对三起案件一审判决所确定中国标准必要专利许可费率的18.3倍。

【裁判结果】 在收到华为公司的禁诉令申请后,最高人民法院综合考虑了必要性、损益平衡、国际礼让原则等因素,在要求华为公司提供担保的基础上,作出行为保全裁定:康文森公司不得在最高人民法院终审判决前,申请执行上述德国判决。如违反本裁定,自违反之日起,处每日罚款人民币100万元,按日累计。该裁定于当日送达。之后,最高人民法院针对康文森公司的复议申请组织双方听证,并做出复议裁定,驳回康文森公司的复议请求。

【典型意义】 本案是最高人民法院知识产权法庭做出的中国知识产权领域首例禁诉令裁定,引起国内外业界的广泛关注,并入选"2020年度人民法院十大案件"。本案以民事诉讼法规定的行为保全制度为基础依据,在实践层面拓宽了我国行为保全制度的适用范围和边界,初步构建起中国禁诉令的司法实践路径。本案行为保全裁定及复议裁定做出后,各方当事人在充分尊重并切实履行本案裁定的同时进行了积极的商业谈判,达成了全球一揽子协议,结束了包括本案在内的全球多个国家的所有平行诉讼,取得了良好的法律效果和多赢的社会效果。

(四) 专利侵权的抗辩与豁免

在专利侵权纠纷中,被控侵权人有证据证明其实施的技术或者设计属于现有技术或者现有设计的,不构成侵犯专利权。

不构成专利侵权的合法抗辩,还包括以下情形:(1)专利产品或者依照专利方法直接获得的产品,由专利权人或者经其许可的单位、个人售出后,使用、许诺销售、销售、进口该产品的;(2)在专利申请日前已经制造相同产品、使用相同方法或者已经作好制造、使用的必要准备,并且仅在原有范围内继续制造、使用的;(3)临时通过中国领陆、领水、领空的外国运输工具,依照其所属国同中国签订的协议或者共同参加的国际条约,或者依照互惠原则,为运输工具自身需要而在其装置和设备中使用有关专利的;(4)专为科学研究和实验而使用有关专利的;(5)为提供行政审批所需要的信息,制造、使用、进口专利药品或者专利医疗器械的,以及专门为其制造、进口专利药品或者专利医疗器械的。

专利侵权行为的免责事由,是指基于生产经营目的使用、许诺销售或者销售不知道是未经专利权人许可而制造并售出的专利侵权产品,如行为人能证明该产品合法来源的,不承担赔偿责任。

(五) 专利侵权的法律责任

侵犯他人专利权的,侵权行为人应当承担停止侵权包括停止销售、销毁侵权产品,赔偿损失等民事侵权责任。

侵犯专利权的赔偿数额按照权利人因被侵权所受到的实际损失或者侵权人因侵权所获得的利益确定;权利人的损失或者侵权人获得的利益难以确定的,参照该专利许可使用费的倍数合理确定。对故意侵犯专利权,情节严重的,可以在按照上述方法确定数额的一倍以上五倍以下确定赔偿数额。权利人的损失、侵权人获得的利益和专利许可使用费均难以确定的,人民法院可以根据专利权的类型、侵权行为的性质和情节等因素,确定给予3万元以上500万元以下的赔偿。赔偿数额还应当包括权利人为制止侵权行为所支付的合理开支。

侵权人假冒专利的,除承担上述的民事责任外,负责专利执法的行政机关还有权对其进行行政处罚,责令改正并予公告,没收违法所得,可以并处罚款;构成犯罪的,依法追究刑事责任。

第三节 商业秘密

本节要点

1. 了解商业秘密的起源与发展。
2. 了解并掌握商业秘密的概念及构成要件。
3. 了解侵犯商业秘密的典型侵权行为类型。
4. 了解商业秘密的合法来源途径。

一、商业秘密概述

现代意义上的商业秘密保护制度源于19世纪以来的英美判例法系国家,并被大陆法系国家广泛吸引借鉴,并最终形成世界各国知识产权法律制度中的一项普遍性制度。我国对于商业秘密的保护经历了一个从商业秘密概念、法律性质逐渐明确,保护范围不断扩大、法律责任更加全面、与国际社会商业秘密保护制度日益趋同的过程。

新中国成立后,我国实行的是社会主义经济制度,其基础是生产资料的公有制。在此阶段,对于涉及国家经济、科技、贸易等领域和行业的秘密信息,通过相关的立法和国家行政措施,作为国家机密予以保护。改革开放后,我国逐步推进和实行社会主义市场经济制度。在此情形下,我国引进了知识产权制度,加入了相关的知识产权国际公约或条约如《保护工业产权巴黎公约》,并通过一系列国内立法如《专利法》《技术合同法》等,逐步建立和完善我国自己的知识产权制度。在此过程中,现代意义上的商业秘密保护制度作为知识产权保护制度的重要部分,也逐渐建立和完善起来,并与世界各国的商业秘密保护制度趋同。20世纪80年代以来,我国制定了一系列的民商事法律如《民法通则》(1986)、《技术合同法》(1987)、《技术合同法实施条例》(1989)。这些民商事法律包含了对商业秘密保护的内容,但在立法上并未采取"商业秘密"这一概念,而是采用了"非专利技术"的概念。从概念对比上看,非专利技术的范围更广泛于商业秘密,且未强调"不为公众所知悉"这一商业秘密的根本特征。

"商业秘密"一词作为法律概念,直接来源于我国1991年《民事诉讼法》。1991年《民事诉讼法》规定,证据应当在法庭上出示,并由当事人互相质证。对涉及国家秘密、商业秘密和个人隐私的证据应当保密,需要在法庭出示的,不得在公开开庭时出示。1992年7月,最高人民法院《关于适用〈中华人民共和国民事诉讼法〉若干问题的意见》进一步规定,《民事诉讼法》所指的商业秘密,主要是指技术秘密、商业情报及信息等,如生产工艺、配方、贸易联系、购销渠道等当事人不愿公开的商业秘密。众所周知,《民事诉讼法》是关于民事审判的程序法。因此,对于商业秘密的规定,其目的在于制定和完善民事审判程序中的证据规则,对于涉及商业秘密的证据,区别于一般证据,在庭审时应当保密,不得公开出示。严格意义上说,《民事诉讼法》在立法上虽然率先使用了"商业秘密"的概念并在司法解释中对其进行定义,仅仅是对商业秘密保护的重大发展,还不能算是建立商业秘密的知识产权保护制度。此外,这一商业秘密概念,与世界各国关于商业秘密的定义,仍存在较大的区别和差异。

商业秘密正式作为知识产权的类型之一,其定义来源于我国《反不正当竞争法》的规定。1993年9月第八届全国人民代表大会常务委员会第三次会议通过的《反不正当竞争法》对商业秘密予以定义。此后,全国人大常委会分别于2017年11月、2019年4月对我国《反不正当竞争法》进行了修改,包括对商业秘密的定义进行修改和完善。2020年1月,中美双方代表在美国华盛顿签署了《中华人民共和国政府和美利坚合众国政府经济贸易协议》(简称《经贸协议》)。《经贸协议》第一章第二节对保护商业秘密进行了专门规定,对商业秘密保护从侵权行为人、侵权行为范围、举证责任分配、临时措施、刑事保护、政府机构保护等方面提出了全面而细致的要求。目前,我国法律规定的商业秘密的概念及保护的范围、制度等,基本衔接了国际社会关于商业秘密的定义。从我国商业秘密保护的历史发展来看,可以说我国缺乏商业秘密知识产权保护的历史传统。我国现行商业秘密法律制度,从商业秘密概念及保护范围的演变来看,很大程度上是为了适应国际贸易规则、融入国际贸易体系,通过借鉴商业秘密保护的国际规则如《TRIPS协定》,以及我国主要贸易国家如美国、欧盟关于商业秘密保护的相关立法和判例而建议起来的。

二、商业秘密的概念与类型

依据我国《反不正当竞争法》,商业秘密是指不为公众所知悉、具有商业价值并经权利人采取相应保密措施的技术信息、经营信息等商业信息。从定义来看,商业秘密的保护客体是商业信息,主要包括技术信息和经营信息两种类型。

2020年最高人民法院《关于审理侵犯商业秘密民事案件适用法律若干问题的规定》对技术信息和经营信息进行了具体的界定,即技术信息,"与技术有关的结构、原料、组分、配方、材料、样品、样式、植物新品种繁殖材料、工艺、方法或其步骤、算法、数据、计算机程序及其有关文档等信息";经营信息,"与经营活动有关的创意、管理、销售、财务、计划、样本、招投标材料、客户信息(客户的名称、地址、联系方式以及交易习惯、意向、内容等信息)、数据等信息"。

作为商业秘密客体的商业信息在内容上应当是具有秘密点的信息,即秘密点信息。在商业秘密侵权案件中,权利人应当在一审法庭辩论结束前明确所主张的商业秘密具体内容。仅能明确部分的,人民法院对该明确的部分进行审理。由此可见,商业秘密的客体——商业信息不是抽象的,而是包含有具体秘密点内容的信息。在审理侵害商业秘密纠纷案件中,原告应当对其所称的商业秘密的秘密点信息予以明确。只有明确了秘密点信息,才能判断案涉的技术信息或经营信息是否构成商业秘密,以及被控侵权行为人是否实施了非法获取、非法使用原告商业秘密的侵权行为。

三、商业秘密的构成要件

在商业秘密保护的国际规则层面,商业秘密具备秘密性、价值性、保密性三个构成要件,已经成为共识。1994年《TRIPS协定》于"未披露信息"的保护,"只要有关信息符合下列三个条件:(1)在一定意义上,其属于秘密,就是说,该信息作为整体或作为其中内容的确切组合,并非通常从事有关该信息工作领域的人们所普遍了解或者容易获得的;(2)因其属于秘密而具有商业价值;(3)合法控制该信息的人,为保密已经根据有关情况采取了合理的措施。"普遍认为"未披露信息"即指商业秘密。

根据我国《反不正当竞争法》对商业秘密的定义,商业秘密的构成要件应当具备以下三个条件:

(一)秘密性

商业秘密的秘密性,是指不为所属领域的相关人员普遍知悉或者容易获取,即"不为公众所知悉"。具体而言,我们可以从正反两个方面来理解:一方面,是否具有秘密性,判断标准有三项:秘密信息的判断时点是在被诉侵权行为发生时;判断主体是以秘密信息所属领域的相关人员为标准;且秘密信息并非"普遍知悉和容易获得"。

另一方面,具有下列情形之一的,可以认定有关信息不构成不为公众所知悉:

(1) 该信息为其所属技术或者经济领域的人的一般常识或者行业惯例;(2) 该信息仅涉及产品的尺寸、结构、材料、部件的简单组合等内容,进入市场后相关公众通过观察产品即可直接获得;(3) 该信息已经在公开出版物或者其他媒体上公开披露;(4) 该信息已通过公开的报告会、展览等方式公开;(5) 该信息从其他公开渠道可以获得;(6) 该信息无需付出一定的代价而容易获得。

(二) 价值性

即商业秘密具有现实的或潜在的商业价值,能够为持有人带来经济利益或者竞争优势。所谓持有人,可以理解为既包括权利人,也包括侵权人。

商业秘密的商业价值,不仅包括现实的价值,还包括了其潜在的价值。另一方面,商业秘密的商业价值,不仅体现在现阶段可以通过直接使用而能够获取经济利益,还可拓展理解为,生产经营活动中形成的阶段性成果包括正在研发过程中或者经营活动中形成的阶段性成果。

此外,权利人在形成商业秘密过程中所投入的成本,可以在一定程度上作为评估商业秘密价值的主要因素之一。但投入的成本多少与商业秘密的价值高低并不当然具备正相关的对应关系。

(三) 保密措施

如果说秘密性是商业秘密的核心特征,那么,是否采取保密措施则是判断相关技术信息与经营信息是否构成商业秘密的关键特征。所谓保密措施,指的是权利人为防止商业秘密泄露,在被诉侵权行为发生以前所采取的合理保密措施。保密措施是否合理,应当根据商业秘密及其载体的性质、商业秘密的商业价值、保密措施的可识别程度、保密措施与商业秘密的对应程度以及权利人的保密意愿等因素综合判断。

商业秘密的权利人通常会通过制定保密制度、建立健全企业知识产权合规体系等不同的角度和方式,同时采取多项保密措施以实现对商业秘密的保护,满足法律所规定的"合理保密措施"的商业秘密保护标准。实务中,足以防止商业秘密泄露的保密措施一般包括:(1) 签订保密协议或者在合同中约定保密义务;(2) 通过章程、培训、规章制度、书面告知等方式,对能够接触、获取商业秘密的员工、前员工、供应商、客户、来访者等提出保密要求;(3) 对涉密的厂房、车间等生产经营场所限制来访者或者进行区分管理;(4) 以标记、分类、隔离、加密、封存、限制能够接触或者获取的人员范围等方式,对商业秘密及其载体进行区分和管理;(5) 对能够接触、获取商业秘密的计算机设备、电子设备、网络设备、存储设备、软件等,采取禁止或者限制使用、访问、存储、复制等措施;(6) 要求离职员工登记、返还、清除、销毁其接触或者获取的商业秘密及其载体,继续承担保密义务;以及采取其他合理保密措施。

我国现行法律法规并未规定商业秘密的保护期限。事实上,从商业秘密的构成要件上看,商业秘密一旦被公开、或不再具有商业价值、或权利人未采取合理的保密措施,则商业秘密即不再成为商业秘密,亦不再受到相应的法律保护。

四、侵害商业秘密的典型侵权行为

我国《反不正当竞争法》对于商业秘密定义的同时,还列举了侵犯商业秘密的具体行为类型,包括:(1)以盗窃、贿赂、欺诈、胁迫、电子侵入或者其他不正当手段获取权利人的商业秘密;(2)披露、使用或者允许他人使用以前项手段获取的权利人的商业秘密;(3)违反保密义务或者违反权利人有关保守商业秘密的要求,披露、使用或者允许他人使用其所掌握的商业秘密;(4)教唆、引诱、帮助他人违反保密义务或者违反权利人有关保守商业秘密的要求,获取、披露、使用或者允许他人使用权利人的商业秘密。

经营者以外的其他自然人、法人和非法人组织实施前款所列违法行为的,视为侵犯商业秘密。

第三人明知或者应知商业秘密权利人的员工、前员工或者其他单位、个人实施本条第一款所列违法行为,仍获取、披露、使用或者允许他人使用该商业秘密的,视为侵犯商业秘密。

需要特别指出的是,实践中,对于不正当获取、披露、使用、允许或帮助他人使用商业秘密的行为方式,难以穷尽式列举。因此,对于上述典型的商业秘密侵权,我们不能将其理解为商业秘密侵权的全部行为方式,或者认为不属于上述情形的行为,就不会构成商业秘密侵权行为。

另外,需要注意的是,人民法院审理商业秘密侵权案件,适用举证责任转移的特殊证据规则,即权利人已经提供侵权人因侵权所获得的利益的初步证据,但与侵犯商业秘密行为相关的账簿、资料由侵权人掌握的,人民法院可以根据权利人的申请,责令侵权人提供该账簿、资料。侵权人无正当理由拒不提供或者不如实提供的,人民法院可以根据权利人的主张和提供的证据认定侵权人因侵权所获得的利益。

五、商业秘密的合法来源

对于构成商业秘密的技术信息或经营信息,如果其他人通过法律规定的正当途径和方式获取、披露或使用,则不构成商业秘密侵权行为。这些获取商业秘密的

正当方式包括:

1. 通过自行研制获取

即对于客体为技术信息的商业秘密,如果其他人通过自己的研究、研制等科研工作,获取了与权利人相同的技术信息,则实质上是产生了相同内容或相同秘密点信息的技术信息。

2. 通过反向工程获得

反向工程,是指通过技术手段对从公开渠道取得的产品进行拆卸、测绘、分析等而获得该产品的有关技术信息。

3. 权利人自己泄密

由于商业秘密的权利人对于知识产权保护的意识淡薄,保护方法与手段欠缺,导致其所有商业秘密被泄露,从秘密状态变为公开状态。在此情形下,被泄露的技术信息实质上已丧失商业秘密所要求的"秘密性"的核心特征,已经不再属于知识产权法意义上的"商业秘密",自然也不再作为知识产权受到法律的保护。

案 例

北京某半导体专用设备研究所与被上诉人顾某、古某、杭州某电子科技公司侵害技术秘密纠纷案

【案情简介】 原审法院浙江省杭州市中级人民法院于2020年8月立案受理北京某研究所诉顾某、古某、杭州某电子公司侵害技术秘密纠纷案。

北京某研究所诉称,其作为项目责任单位参与了国家科技重大专项"极大规模集成电路制造装备及成套工艺"的子项目"28~14 nm抛光设备及工艺、配套材料产业化",是国内极少能自主研发并制造化学机械抛光(CMP)设备的专业供应商。研究所投入了大量的人力、物力及财力,经过多年的自主研发取得了CMP基础技术、核心零部件、整机等多项技术成果(涉案技术信息),逐渐形成了完整的CMP技术体系与相应的知识产权保护体系。涉案技术信息不为公众所知悉,能够为研究所带来经济利益且经研究所采取了严格的保密措施,属于研究所的商业秘密。

顾某、古某曾在研究所工作,分别担任CMP事业部总经理和CMP设备事业部质量管理经理,两人在工作过程中知悉和掌握了涉案技术秘密。2018年初,顾某、古某先后从研究所离职,后进入杭州某电子公司工作。该公司于2018年5月在杭州成立,顾某系该公司实际控制人。杭州某电子公司在其网站宣称其是一家高端化学机械平坦化抛光(CMP)设备公司,为半导体行业及其他高科技领域提供先进技术和高效服务,该公司目前已经大规模制造并对外销售了CMP设备。一般的CMP设备从研发期到产业化需要三年时间,而杭州某电子公司却在成立后7个

月内便完成了首台 8 英寸 200CMP 设备的组装,并在成立后 9 个月就拿到了订单,中标 4 台 CMP 设备,明显不符合常理,显然是因为其不当使用了研究所的商业秘密所致。

2019 年初,研究所收到与其长期合作的零部件供应商某公司提供的若干零部件(用于 CMP 设备)及内附图纸。经过对比分析,杭州某电子公司交给供应商某公司的图纸中所涉及的技术信息与研究所此前提供给该公司的零部件图纸中的相应技术信息基本一致。杭州某电子公司已经非法获取研究所的涉案技术秘密,并将涉案技术秘密向零部件加工商进行了披露。

【裁判结果】 最高人民法院二审认为,商业秘密权利人起诉他人侵害其技术秘密的,应当对其所称技术秘密符合法定条件及被诉侵权人采取不正当手段等事实负初步举证责任。而且,商业秘密权利人在完成该特定初步举证责任后,有关技术秘密的秘密性、侵权行为等事实的举证责任转由被诉侵权人承担。

权利人主张图纸记载的技术信息构成技术秘密的,其既可以主张图纸记载的全部技术信息的集合属于技术秘密,也可以主张图纸记载的某个或某些技术信息属于技术秘密。图纸是技术秘密的载体,依据图纸可以确定其主张的技术秘密的内容和范围,因此本案中北京研究所主张保护的技术秘密内容是明确的,其起诉有具体的诉讼请求。最高人民法院于 2022 年 12 月裁定撤销原裁定,指令杭州市中级人民法院继续审理。

案例来源:(2021)最高法知民终 2526 号。

第四节 计算机软件著作权

> **本节要点**
> 1. 了解著作权的起源与发展。
> 2. 掌握计算机软件著作权的相关知识。
> 3. 了解并掌握软件著作权的侵权认定规则。

一、著作权概述

著作权是作者或其他著作权人依法对其作品及相关客体享有的专有权利。著作权属于创造性智力成果权,是传统类型的知识产权之一。著作权制度是现代知识产权制度中的重要内容。

著作权一词是大陆法系国家普遍沿用的术语。与著作权一词经常替换使用的是版权(copyright)。版权是英美法系国家最早采用的称谓。我国《著作权法》立法时借鉴了两大法系的著作权制度,并明确规定"本法所称的著作权即版权"。因此,本质上,著作权与版权在我国《著作权法》中属于同义词,实务中,两者可以替代使用。

关于出版的管制与许可,自造纸术和印刷术的发明普及和应用以来即有之。人类历史上第一部现代意义上的版权法始于18世纪初英国议会通过的《安娜女王法》。从18世纪后期开始,欧洲大陆各国也开始建立本国的著作权制度。著作权制度发展至今,世界各国都已经普遍建立了本国的著作权制度,国际社会关于著作权保护的标准通过多边的国际条约也趋于一致。随着科学技术的进步与文化艺术的发展,著作权保护的客体也从最初的文字作品,拓展到音乐、戏剧等艺术作品、摄影作品、视听作品、图形和模型作品(工程设计图、产品设计图、示意图等)以及计算机软件等客体。著作权的保护范围从保护作者对作品的专有权利以外,衍生至保护作品以外的客体相应的专有权利,即著作权的邻接权如表演、录音录像、广播电台电视台播放。

在权利的产生上,不同于专利权、注册商标专用权等知识产权,著作权自作品创作完成时即产生,无论作品是否发表,或是否登记,均不影响作品著作权的权利产生。

技术转移活动所涉及的著作权,其权利的主要客体为计算机软件。与工程设计图、产品设计图等图形作品相似的集成电路布图设计,虽然在技术转移活动中也多有涉及,但其享有的权利为布图设计专有权,不属于著作权法上的作品。

二、计算机软件著作权的客体

众所周知,著作权的客体是作品。根据我国《著作权法》的规定,所谓作品是指文学、艺术和科学领域内具有独创性并能以一定形式表现的智力成果,其中包括了计算机软件。由此可知,软件著作权的客体是计算机软件。

根据我国《计算机软件保护条例》的规定,计算机软件是指计算机程序及其有关文档。其中,计算机程序指为了得到某种结果而可以由计算机等具有信息处理能力的装置执行的代码化指令序列,或者可以被自动转换成代码化指令序列的符号化指令序列或者符号化语句序列。同一计算机程序的源程序和目标程序为同一作品。软件文档指用来描述程序的内容、组成、设计、功能、规格、开发情况、测试结果及使用方法的文字资料和图表等,如程序设计说明书、流程图、用户手册等。但是开发软件所用的思想、处理过程、操作方法或者数学概念等不是软件著作权的客体，不受保护。

三、软件著作权的主体与著作权取得

关于软件著作权，需要区分著作权人与软件开发者。软件著作权人，是指依照法律的规定，对软件享有著作权的民事主体，包括自然人、法人或者其他非法人组织。不同于作品的作者，计算机软件的"作者"，我们通常称之为软件开发者，具体指实际组织开发、直接进行开发，并对开发完成的软件承担责任的法人或者其他组织；或者依靠自己具有的条件独立完成软件开发、并对软件承担责任的自然人。在当下的计算机技术及软件应用需求场景下，具有商业价值的软件的开发通常由团队来完成。

除非法律或行政法规另有规定，软件著作权属于软件开发者。同时，如无相反证明，在软件上署名的自然人、法人或者其他组织为开发者。

在确定软件著作权归属的问题上，除了上述确定著作权人的规定以外，还需要注意以下几种情形：

1. 基于职务或工作内容要求所开发的软件，其著作权归属软件开发者所任职的法人或非法人组织。著作权人可以对从事软件开发的自然人进行物质奖励。所谓的基于职务或工作内容要求具体包括三种情形，一是针对本职工作中明确指定的开发目标所开发的软件；二是开发的软件是从事本职工作活动所预见的结果或者自然的结果；三是主要使用了软件开发者所在单位的资金、专用设备、未公开的专门信息等物质技术条件。

2. 在合作开发软件的情形下，软件著作权的归属由合作开发者签订书面合同约定。无书面合同或者合同未作明确约定，合作开发的软件可以分割使用的，开发者对各自开发的部分可以单独享有著作权；但是，行使著作权时，不得扩展到合作开发的软件整体的著作权。合作开发的软件不能分割使用的，其著作权由各合作开发者共同享有，通过协商一致行使；不能协商一致，又无正当理由的，任何一方不得阻止他方行使除转让权以外的其他权利，但是所得收益应当合理分配给所有合作开发者。

3. 在委托开发软件的情形下，软件著作权的归属由委托人与受托人签订书面合同约定；无书面合同或者合同未作明确约定的，其著作权由受托人享有。

4. 由国家机关下达任务开发的软件，著作权的归属与行使由项目任务书或者合同规定；项目任务书或者合同中未作明确规定的，软件著作权由接受任务的法人或者其他组织享有。

如同其他作品一样，软件著作权自软件开发完成之日起产生，软件是否发表、是否上线均不影响著作权的取得。实务中，为明确软件著作权的权属、权利取得时间，以及软件上架或上线销售的许可，软件著作权人一般向国务院著作权行政管理部门认定的软件登记机构办理登记。软件登记机构发放的登记证明文件是登记事项的初步证明。

四、软件著作权的内容

软件著作权的内容即软件著作权人享有的各项权利专有权利，由法律法规予以规定。我国《计算机软件保护条例》所规定的软件著作权内容具体包括：（1）发表权，即决定软件是否公之于众的权利；（2）署名权，即表明开发者身份，在软件上署名的权利；（3）修改权，即对软件进行增补、删节，或者改变指令、语句顺序的权利；（4）复制权，即将软件制作一份或者多份的权利；（5）发行权，即以出售或者赠与方式向公众提供软件的原件或者复制件的权利；（6）出租权，即有偿许可他人临时使用软件的权利，但是软件不是出租的主要标的的除外；（7）信息网络传播权，即以有线或者无线方式向公众提供软件，使公众可以在其个人选定的时间和地点获得软件的权利；（8）翻译权，即将原软件从一种自然语言文字转换成另一种自然语言文字的权利；（9）应当由软件著作权人享有的其他权利。

除此以外，软件著作权的内容还包括获酬权，即软件著作权人可以通过转让全部或者部分著作权，或者许可他人行使其软件著作权而获取报酬。其中，通过软件许可而获得报酬是软件著作权人实现软件商业价值的最主要方式。

通过支付许可费用或其他方式，从而获得软件许可使用的是软件的合法复制品所有人。软件合法复制品所有人享有对软件的合法使用权利，具体的使用方式包括，根据使用的需要把该软件装入计算机等具有信息处理能力的装置内；为了防止复制品损坏而制作备份复制品。但这些备份复制品不得通过任何方式提供给他人使用，并在所有人丧失该合法复制品的所有权时，负责将备份复制品销毁；为了把该软件用于实际的计算机应用环境或者改进其功能、性能而进行必要的修改，但是修改后的软件不得向任何第三方提供，除非经该软件著作权人许可。

我国法律法规对于软件著作权进行保护的同时，也规定了对于软件的合理使用方式，即基于学习和研究软件内含的设计思想和原理，通过安装、显示、传输或者存储软件等方式使用软件的，可以不经软件著作权人许可，不向其支付报酬。多数情况下，软件著作权人会通过软件许可协议等方式限制或禁止软件合法复制品所有人通过反编译等方式破译软件源代码。

五、著作权的保护

自然人的软件著作权,保护期为自然人终生及其死亡后 50 年,截止于自然人死亡后第 50 年的 12 月 31 日;软件是合作开发的,截止于最后死亡的自然人死亡后第 50 年的 12 月 31 日。法人或者非法人组织的软件著作权,保护期为 50 年,截止于软件首次发表后第 50 年的 12 月 31 日,但软件自开发完成之日起 50 年内未发表的,不再保护软件著作权。

六、软件著作权侵权行为及其认定规则

我国《计算机软件保护条例》对于软件著作权给予了全面的保护。对于侵犯软件著作权的行为,依其侵权类型、情节严重程度,分别规定了应当承担的法律责任。

依据《计算机软件保护条例》,应当承担民事侵权责任的软件著作权典型侵权行为包括:未经软件著作权人许可,发表或者登记其软件的;将他人软件作为自己的软件发表或者登记的;未经合作者许可,将与他人合作开发的软件作为自己单独完成的软件发表或者登记的;在他人软件上署名或者更改他人软件上的署名的;未经软件著作权人许可,修改、翻译其软件的,以及其他侵犯软件著作权的行为。

依据《计算机软件保护条例》,应当承担行政责任和刑事责任的软件著作权典型违法侵权行为具体包括:复制或者部分复制著作权人的软件的;向公众发行、出租、通过信息网络传播著作权人的软件的;故意避开或者破坏著作权人为保护其软件著作权而采取的技术措施的;故意删除或者改变软件权利管理电子信息的;转让或者许可他人行使著作权人的软件著作权的。

实务中,软件著作权的侵权行为多出于获取非法经济利益的动机或目的。软件著作权的侵权行为一般同时具有民事、行政或刑事违法性。因此,对于软件著作权的侵权行为,可以视具体的侵权情节,分别或同时追究侵权行为人的民事、行政和刑事责任。

案 例

原告北京某科技公司与被告温某、北京某公司侵害计算机软件著作权纠纷

【案情简介】 原告北京某科技公司是一款相机软件的著作权人,其主张被告温某在众多应用市场平台发布的同类相机软件产品,在界面、构成要素、软件交互、软件运行结构、水印图片等方面与原告软件相同,经反编译后发现,部分代码与原告软件几乎完全相同,构成侵权。审理中,双方当事人均向法院提交了相应软件的

源代码进行相似性比对。

【裁判结果】 北京知识产权法院审理认为,计算机软件实质性相似的判断方式一般为源代码相似性比对。但是,源代码比对并非计算机软件实质性相似判断的唯一方式,本案中,被告提交的被诉侵权软件的源代码与公证取证的目标代码不同,缺少关键动态库,因此,被告应承担举证不能的后果。对比被诉侵权软件与权利软件的动态库的 MD5 对比结果,除一个动态库文件因版本原因不一致,其他五个动态库的 MD5 值相同,上述动态库文件名中,还包含原告公司的英文简称字符。在被告未做出合理解释的情况下,上述证据可以证明被告存在侵权行为。最终判决认定被告构成侵权并承担侵权责任。

【典型意义】 手机 APP 开发中,对部分功能,可能已经有在先软件进行过开发,并将相关动态库文件打包置于 APP 安装包中,获取十分便利。如果未经许可直接使用该部分内容,仍可能侵害他人的计算机软件著作权。APP 安装包向公众开放下载,一般仅意味着权利人许可用户下载使用,并不意味权利人允许公众复制、修改其代码,开发人员应加强版权意识,注意应在授权范围内使用公开下载的软件。

案例来源:北京知识产权法院计算机软件著作权典型案例,2023 年 12 月。

第五节 其他知识产权

> **本节要点**
> 1. 了解注册商标专用权的一般知识。
> 2. 掌握集成电路布图设计专有权的相关知识。
> 3. 掌握植物新品种权的相关知识。

一、注册商标专用权

(一)商标与商标权概述

商标是指任何能够将自然人、法人或者非法人组织的商品与他人的商品区别开的标志,包括文字、图形、字母、数字、三维标志、颜色组合和声音等,以及上述要素的组合。经核准注册的商标为注册商标,包括商品商标、服务商标。商标权指商标注册人对注册商标享有的、受法律保护的商标专用权利。

商标是一种使用在商品或服务上的、具有商业符号意义的专用标志。商标的核心和首要功能是识别商品或服务的来源。事实上,商标无论注册与否,都可以使用并具有识别商品或服务来源的功能,但是经商标局核准注册的商标为注册商标,商标注册人享有商标专用权,并受法律保护,而未经注册而使用的商标只享有在先使用的权利。例外的情形是驰名商标,即经过长期使用,在市场上或客户群体中具有较高知名度和信誉度的商标。驰名商标即使未进行注册,也可以获得商标法更广泛的保护,不仅包括同类商品或服务上的保护,也包括跨类商品或服务上的保护。注册商标制度是现代知识产权制度的重要内容。

如果作为商标的标志,不具有识别商品或服务来源的功能,则该标志无法获得商标注册。我国《商标法》规定,仅有本商品的通用名称、图形、型号的,或者仅直接表示商品的质量、主要原料、功能、用途、重量、数量及其他特点的,或者其他缺乏显著特征的标志,不得作为商标注册。

(二) 商标权的客体与内容

我国是实行商标注册制的国家,除了驰名商标以外,只有通过注册才能获得商标权的保护。商标法意义上的商标权客体,是满足一系列实质性条件的商业标志。换言之,只有满足实质性条件的商业标志,才能被核准注册并获得商标专用权。这些实质性条件包括两个方面:一是消极条件,包括禁止作为商标使用的官方标志、不良标志和地名标志等;二是积极条件,即商业标志应当具有识别商品或服务来源的显著特征。

商标权的内容是商标权人对注册商标享有的专有权利,即核准注册的商标在核定使用的商品或服务上,排斥他人使用注册商标的权利,以及排斥他人引起混淆的在相同商品或服务上使用近似商标,或者在类似的商品或服务上使用与注册商标相同或类似商标的权利。注册商标专用权的权利边界,则以核准注册的商标和核定使用的商品为限。

(三) 商标权的取得与终止

1. 商标权的取得

在我国,民事主体取得商标权的基本方法是商标注册,以商标注册作为确定商标专用权的法律依据。商标注册始于商标注册申请。

根据我国《商标法》规定,商标注册申请人应当按规定的商品分类表填报使用商标的商品类别和商品名称,提出注册申请。商标注册申请人可以通过一份申请就多个类别的商品申请注册同一商标。

对申请注册的商标,商标局应当自收到商标注册申请文件之日起九个月内审查完毕,符合商标法有关规定的,予以初步审定公告;凡不符合商标法规定,或者同他人在同一种商品或者类似商品上已经注册的或者初步审定的商标相同或者近似的,由商标局驳回申请,不予公告。

两个或者两个以上的商标注册申请人,在同一种商品或者类似商品上,以相同或者近似的商标申请注册的,初步审定并公告申请在先的商标;同一天申请的,初步审定并公告使用在先的商标,并驳回其他人的申请,不予公告。

申请商标注册不得损害他人现有的在先权利,也不得以不正当手段抢先注册他人已经使用并有一定影响的商标。

注册商标的有效期为十年,自核准注册之日起计算。注册商标有效期满,需要继续使用的,商标注册人应当按照规定办理续展手续,每次续展注册的有效期为十年。

2. 商标权的终止

依照我国《商标法》规定,注册商标因为无效、撤销和注销而导致商标权终止。

注册商标有效期满,需要继续使用的,商标注册人应当按照《商标法》规定办理续展手续。期满未办理续展手续的,注销其注册商标。

注册商标因无效宣告而丧失商标专用权,这类情形较为常见也较为复杂。在出现商标无效的法定事由时,商标局宣告该注册商标无效;其他单位或者个人可以请求商标评审委员会宣告该注册商标无效。无效宣告的法定事由包括:因违反商标注册的绝对事由而无效;违反商标注册的相对条件而无效。宣告无效的注册商标,由商标局予以公告,该注册商标专用权视为自始即不存在。

注册商标的撤销是指国家商标主管部门对违反商标法及有关规定的行为作出决定或裁定,使原注册商标专用权归于消灭。撤销注册商标的法定事由包括:(1)注册商标使用不当;(2)注册商标成为其核定使用的商品的通用名称,从而导致注册商标的显著性削弱乃至丧失的,或者注册商标没有正当理由连续三年不使用的,任何单位或者个人可以向商标局申请撤销该注册商标。

注册商标被撤销、被宣告无效或者期满不再续展的,自撤销、宣告无效或者注销之日起一年内,商标局对与该商标相同或者近似的商标注册申请,不予核准。

二、集成电路布图设计专有权

20世纪下半叶,随着晶体管越来越小,集成度越来越高所引发的大规模、超大规模集成电路的广泛应用,信息技术进入了飞速发展的时代。英特尔公司创始人之一戈登·摩尔提出了著名的"摩尔定律",即集成电路上可以容纳的晶体管数目在大约每经过18个月到24个月便会增加一倍;微处理器的性能每隔18个月提高一倍,而价格下降一半。

毫不夸张地说,以半导体芯片为基础的信息技术是引导和支撑人类信息社会的柱石。因此,世界各国不仅积极支持和鼓励半导体技术的发展,更是将涉及半导体芯片的集成电路布图设计作为一项独立的知识产权,通过制订"芯片法"对其进行保护,如美国1984年的《半导体芯片法》、世界知识产权组织1989年的《关于集成电路的知识产权条约》。我国也于2001年制订了《集成电路布图设计保护条例》,将集成电路布图设计作为一类新型的知识产权加以保护。

(一) 集成电路布图设计专有权的概念

集成电路布图设计专有权是根据我国《集成电路布图设计保护条例》规定,对具有独创性的集成电路布图设计进行保护的一种知识产权。

集成电路布图设计是集成电路中至少有一个是有源元件的两个以上元件和部分或者全部互连线路的三维配置,或者为制造集成电路而准备的上述三维配置。其中的集成电路是指半导体集成电路,即以半导体材料为基片,将至少有一个是有源元件的两个以上元件和部分或者全部互连线路集成在基片之中或者基片之上,以执行某种电子功能的中间产品或者最终产品。

集成电路布图设计权,是指自然人、法人或者其他组织对其创作的、具有独创性的布图设计这一智力劳动成果,经依法登记后所享有的专有权利。具有独创性的布图设计在布图设计创作者和集成电路制造者中应当不是公认的常规设计。

(二) 集成电路布图设计权的客体与权利的取得

布图设计权的客体是符合法律规定的布图设计这一智力成果。所谓符合法律规定,要求布图设计满足两个条件,一是具有独创性,二是非常规设计。只有满足这两个条件的布图设计,才是适格的布图设计权客体。其中,由常规设计组成的布图设计,如果其组合作为整体符合独创性和非常规设计的条件,则该常规设计的组合属于集成电路布图设计权的客体。布图设计中所涉及的思想、处理过程、操作方法或者数学概念等,不属于布图设计权的客体,不受法律保护。

布图设计专有权经国务院知识产权行政部门登记产生。未经登记的布图设计不受本条例保护。此外,布图设计自其在世界任何地方首次商业利用之日起2年内,未向国务院知识产权行政部门提出登记申请的,国务院知识产权行政部门不再予以登记。

(三) 布图设计专有权的内容

布图设计权利人对于布图设计依法享有的专有权包括,复制权,即权利人对于受保护的布图设计的全部或者其中任何具有独创性的部分进行复制的权利;商业利用权,即布图设计权利人有权将受保护的布图设计、含有该布图设计的集成电路或者含有该集成电路的物品投入商业利用。

对于布图设计,任何第三方未经权利人许可或授权或通过受让方式成为布图设计权利人,均不得对受保护的布图设计特别是其中具有独创性的部分进行复制,也不得将保护的布图设计、含有该布图设计的集成电路或者含有该集成电路的物品投入商业利用。由此可见,对于布图设计的法律保护,不仅及于布图设计本身,还包括依据该布图设计所生产制造出来的集成电路,以及包含有该集成电路的产品。

(四) 集成电路布图设计专有权的主体和保护期限

布图设计专有权属于布图设计创作者。由自然人创作的布图设计,该自然人是创作者。由法人或者其他组织主持,依据法人或者其他组织的意志而创作,并由法人或者其他组织承担责任的布图设计,该法人或者其他组织是创作者。

需要注意的是,在技术合作开发合同框架下,由两个以上自然人、法人或者其他组织合作创作的布图设计,其专有权的归属由合作者共同约定;如果合作者未进行约定或者约定不明的,布图设计专有权由合作者共同享有。

受委托创作的布图设计,其专有权的归属由委托人和受托人双方约定;如果委托人和受托人没有约定或者约定不明确的,布图设计专有权由受托人享有。

布图设计专有权的保护期为 10 年,自布图设计登记申请之日或者在世界任何地方首次投入商业利用之日起计算,以较前日期为准。但是,无论是否登记或者投入商业利用,布图设计自创作完成之日起 15 年后,不再受保护。

布图设计专有权属于法人或者其他组织的,法人或者其他组织变更、终止后,其享有的专有权在法律规定的保护期内由承继其权利、义务的法人或者其他组织享有;没有承继其权利、义务的法人或者其他组织的,该布图设计进入公有领域。

(五) 布图设计专有权的行使

布图设计权利人可以通过转让专有权或者许可他人使用其布图设计的方式行使布图设计专有权。

需要注意的是,权利人转让布图设计专有权时,权利人应当与受让方订立书面合同,并向国务院知识产权行政部门登记,由其予以公告。布图设计专有权的转让自登记之日起生效。权利人许可他人使用其布图设计时,应当订立书面许可合同。

在国家出现紧急状态或者非常情况时,或者为了公共利益的目的,或者经人民法院、不正当竞争行为监督检查部门依法认定布图设计权利人有不正当竞争行为而需要给予补救时,国务院知识产权行政部门可以给予相关的自然人、法人或者其他组织使用其布图设计的非自愿许可。非自愿许可属于普通许可。取得使用布图设计非自愿许可的自然人、法人或者其他组织无权允许他人使用,且应当向布图设计权利人支付合理的报酬,其数额由双方协商。

布图设计专有权适用知识产权的权利用尽原则,即受保护的布图设计、含有该布图设计的集成电路或者含有该集成电路的物品,由布图设计权利人或者经其许可投放市场后,他人再次商业利用的,可以不经布图设计权利人许可,并不向其支付报酬。

布图设计专有权也存在相关的权利限制,如果基于个人目的或者单纯为评价、分析、研究、教学等目的,复制受保护的布图设计的,以及在依据前项评价、分析受保护的布图设计的基础上,创作出具有独创性的布图设计的,或者对于自己独立创作的与他人相同的布图设计进行复制或者将其投入商业利用的,相关当事人可以不经权利人许可,亦无须向权利人支付报酬。

苏州某电子公司诉深圳某科技公司等侵害集成电路布图设计专有权纠纷案

【案情介绍】 苏州某电子公司于2012年4月申请登记了名称为"集成控制器与开关管的单芯片负极保护的锂电池保护芯片"的集成电路布图设计,并于同年6月公告,该集成电路布图设计专有权至今处于有效状态。

深圳准某公司未经许可,复制、销售的芯片与涉案集成电路布图设计实质相同。深圳某科技公司为深圳准某公司的销售行为代开发票。被诉侵权行为发生时,自然人户某某为深圳准某公司的唯一股东,且持有深圳某科技公司51%的股权,并同时担任两公司的法定代表人。其后,户某某后将深圳准某公司股权转让给黄某东、黄某亮。在一审诉讼期间,黄某东、黄某亮注销了深圳准某公司。

原告苏州某电子公司认为,深圳准某公司、深圳某科技公司共同侵害了涉案集成电路布图设计专有权,户某某、黄某东、黄某亮应对深圳准某公司的赔偿义务承担连带责任。为此,诉至法院请求判令停止侵权,深圳某科技公司、户某某、黄某东、黄某亮连带赔偿经济损失。

【裁判结果】 一审法院判决深圳某科技公司赔偿原告苏州某电子公司经济损失,户某某、黄某东、黄某亮对上述赔偿金额承担连带责任。最高人民法院知识产权法庭二审判决驳回上诉,维持原判。

【典型意义】 本案中,人民法院明确了集成电路布图设计专有权司法保护的若干基本问题:

1. 集成电路布图设计登记的目的在于确定保护对象,而非公开设计内容。公开布图设计内容并非取得集成电路布图设计专有权的条件;

2. 集成电路布图设计专有权的保护范围,一般以根据申请登记时提交的布图设计复制件或者图样确定。对于无法从复制件或者图样识别的布图设计内容,可以依据与复制件或者图样具有一致性的样品确定;

3. 取得集成电路布图设计登记,并不当然意味着登记的布图设计内容具有独创性,权利人仍应当对其主张权利的布图设计的独创性作出合理解释或者说明。但是,被诉侵权人不能提供充分反证推翻该解释或者说明的,可以认定有关布图设计具备独创性。

案例来源:最高人民法院指导案例218号。

三、植物新品种权

植物新品种是通过人工培育或对发现的野生植物加以开发,经过基因组分析、性状鉴定和繁殖试验等过程,最终选育出的具有优良性状和适应性的新品种,属于生命科学领域中的植物学和育种学领域。这个过程涉及植物学、育种学、基因组学等多个学科领域的知识和技术,涉及的研究方法和研究成果属于创造性的智力成果,符合知识产权的客体要件。

由于传统的专利制度对动、植物本身不提供保护,这就意味着植物新品种被排除在专利保护范围之外。为了解决这个问题,自19世纪末期开始,各国开始采用不同的模式对植物新品种进行保护。德国最早在1953年出台了《种子材料法》,开创性地对育种者权利提供了专门保护,形成了一种新的权利即育种者权,也称植物新品种权。1961年12月制定了《国际植物新品种保护公约》并由公约的缔约成员国组成世界植物新品种保护联盟。公约规定,联盟各成员国可通过授予专门保护权或专利权,承认公约规定的育种者的权利。美国在1970年颁布了《植物品种保护法》。1992年,在联合国环境发展大会上缔结的《生物多样性公约》是迄今为止生物多样性保护与可持续发展方面最突出的成果,它将保护范围由植物扩大到了所有生物,并具有法律上的约束力。公约强调对植物新品种的保护,并要求各成员国采取立法措施,以鼓励育种者开发更多的植物新品种,同时保护育种者的权益。目前公约已经有187个缔约国,在世界范围内得到了广泛的承认。我国于1997年3月颁布了《中华人民共和国植物新品种保护条例》,于1998年8月加入了《国际植物新品种保护公约(1978年文本)》。2000年7月九届全国人民代表大会常务委员会通过《中华人民共和国种子法》,通过立法确立了我国的植物新品种保护制度。

对国家植物品种保护名录内经过人工选育或者发现的野生植物加以改良,具备新颖性、特异性、一致性、稳定性和适当命名的植物品种,由审批机关(国务院农业农村、林业草原主管部门)授予植物新品种权,保护植物新品种权所有人的合法权益。

(一) 植物新品种权的概念与权属

根据我国的《植物新品种保护条例》,所谓的植物新品种是指经过人工培育的或者对发现的野生植物加以开发,具备新颖性、特异性、一致性和稳定性并有适当命名的植物品种。对符合条件的植物新品种授予植物新品种权。

具体而言,作为新型知识产权而受到保护的品种权是权利人对于获得授权的植物新品种享有的排他的独占权。品种权还包括植物新品种培育人的署名权和品种名称权,不论授权品种的保护期是否届满,销售该授权品种应当使用其注册登记的名称。

品种权的客体包括生产、繁殖或者销售授权品种的繁殖材料,以及基于商业目的将授权品种的繁殖材料重复使用于生产另一品种的繁殖材料。但是,对于违反法律,危害社会公共利益、生态环境的植物新品种,不授予植物新品种权。

品种权的权利人是完成育种的单位或个人。执行本单位的任务或者主要是利用本单位的物质条件所完成的职务育种,植物新品种的申请权和品种权属于该单位;非职务育种,植物新品种的申请权属于完成育种的个人,申请被批准后,品种权属于申请人。

委托育种或者合作育种,品种权的归属由当事人在合同中约定;没有合同约定的,品种权属于受委托完成或者共同完成育种的单位或者个人。

一个植物新品种只能授予一项品种权。两个以上的申请人分别就同一个植物新品种申请品种权的,品种权授予最先申请的人;同时申请的,品种权授予最先完成该植物新品种育种的人。

(二) 授予品种权的条件

申请品种权的植物新品种应当属于审批机关确定和公布的国家植物品种保护名录中列举的植物的属或者种。

授予品种权的植物新品种应当具备以下特征:

1. 新颖性

即申请品种权的植物新品种在申请日前该品种繁殖材料未被销售,或者经育种者许可,在中国境内销售该品种繁殖材料未超过 1 年;在中国境外销售藤本植物、林木、果树和观赏树木品种繁殖材料未超过 6 年,销售其他植物品种繁殖材料未超过 4 年。

2. 特异性

即申请品种权的植物新品种应当明显区别于在递交申请以前已知的植物品种。

3. 一致性

指申请品种权的植物新品种经过繁殖,除可以预见的变异外,其相关的特征或者特性一致。

4. 稳定性

申请品种权的植物新品种经过反复繁殖后或者在特定繁殖周期结束时,其相关的特征或者特性保持不变。

5. 名称的适当性

申请获得植物新品种授权的品种名称,与相同或者相近的植物属或者种中已知品种的名称存在区别。品种名称经授权并注册登记后即作为该植物新品种的通用名称。但是,仅以数字组成的,或者对植物新品种的特征、特性或者育种者的身份等容易引起误解的,或者违反社会公德的名称,不得用于品种命名。

(三) 植物新品种的申请权与品种权的行使

植物新品种的申请权和品种权在履行相应的批准和登记程序后,可以依法转让或许可他人使用。

相应的批准和登记程序包括：一是中国的单位或者个人就其在国内培育的植物新品种向外国人转让申请权或者品种权的,应当经审批机关批准；二是国有单位在国内转让申请权或者品种权的,应当按照国家有关规定报经有关行政主管部门批准；三是当事人应当订立书面的申请权或者品种权转让合同,并向审批机关登记,由审批机关予以公告。

利用授权品种进行育种及其他科研活动,或者农民自繁自用授权品种的繁殖材料的,可以不经品种权人许可,不向其支付使用费。

申请植物新品种权的,应当向审批机关提交符合规定格式要求的请求书、说明书和该品种的照片。申请人要求优先权的,应当在申请时提出书面说明。申请受理后,申请人应缴纳申请费。审批机关对于品种权申请所涉及的,是否属于植物品种保护名录列举的植物属或者种、是否符合优先权条件、是否符合新颖性的规定、植物新品种的命名是否适当等下列内容进行初步审查。对于经初步审查合格的品种权申请,审批机关予以公告,并通知申请人在3个月内缴纳审查费。申请人按照规定缴纳审查费后,审批机关对品种权申请的特异性、一致性和稳定性进行实质审查。申请人未按照规定缴纳审查费的,品种权申请视为撤回。

对经实质审查符合法定条件的品种权申请,审批机关作出授予品种权的决定,颁发品种权证书,并予以登记和公告。

对经实质审查不符合法定条件的品种权申请,审批机关予以驳回,并通知申请人。申请人可以请求植物新品种复审委员会复审。对于复审决定不服的,申请人可以向人民法院提起诉讼。

(四) 植物新品种的强制许可

植物新品种适用强制许可制度,即为了国家利益或者公共利益,审批机关可以作出实施植物新品种强制许可的决定,并予以登记和公告。取得实施强制许可的单位或者个人不享有独占的实施权,并且无权允许他人实施。同时,还应当向品种权人支付合理的使用费,其数额由双方商定;双方不能达成协议的,由审批机关裁决。

(五) 品种权的期限与保护

品种权的保护期限,自授权之日起,藤本植物、林木、果树和观赏树木为20年,其他植物为15年。

在品种权保护期间,如果出现相关的法定情形,则经审批机关登记和公告,品种权即行终止。造成品种权终止的法定情形包括:品种权人以书面声明放弃品种权的;品种权人未按照规定缴纳年费的;品种权人未按照审批机关的要求提供检测所需的该授权品种的繁殖材料的;经检测该授权品种不再符合被授予品种权时的特征和特性的。

自审批机关公告授予品种权之日起,植物新品种复审委员会可以依据职权或者依据任何单位或者个人的书面请求,对不符合植物新品种新颖性、特异性、一致性、稳定性条件的,宣告品种权无效;对不符合新品种名称适当性条件的,予以更名。宣告品种权无效或者更名的决定,由审批机关登记和公告,并通知当事人。被宣告无效的品种权视为自始不存在。

案 例

被告甘肃某种业公司与原告河北某种业公司侵害技术秘密纠纷一案

【案情简介】"万糯"玉米品种被原农业部授予植物新品种权,品种权申请日为2012年,育种者为郭某某、郭某,品种权号为CNA20120515.0,品种权人为系原告河北种业公司。

原告河北某种业公司分别两次制定保密制度,规定公司的育种技术资料、育种样品、育种亲本、繁殖材料等属于公司秘密,不得泄露,还与郭某某、郭某等人分别签订保密协议,约定其在任职期间及离职后的一定期间对种子育种方法、育种亲本、用于繁育种子技术材料、繁殖材料等技术成果和商业秘密进行保密。离职时应将所持有的所有商业秘密资料等物品移交指定人员并办妥相关手续,否则承担违约责任。

2020年9月,河北某种业公司与案外人甘肃某种业公司签订委托繁育合同,委托该公司繁育"万糯"玉米种子并约定按计划生产的合格种子全部交给河北某种业公司,不得截留和自行销售,且案外人公司对河北某种业公司提供的自交系亲本种子要负责保密,不得向外扩散。

同月,原告河北某种业公司向人民法院申请证据保全,对被告甘肃某种业公司繁育的玉米进行取样,对该公司持有的委托制种合同、制种面积核算表、抽雄去杂验收表、亲本发放单、制种种子收购数量表、种子付款承诺书、种子收购入库单等证据进行保全。后以侵害技术秘密为由将被告甘肃某种业公司诉至法院。

案件审理期间,经品种真实性鉴定,人民法院证据保全的玉米样品与"万糯"玉米品种的父本标准样品,检验结论为极近似或相同。

【裁判结果】 一审兰州市中级人民法院认为:植物新品种是由育种者经过长期培育繁殖改良而成,蕴含了育种者的技术与劳动智慧,植物新品种的繁殖材料是育种者长期劳动智慧的结晶,属于育种者的专有技术信息。当杂交种被授予植物新品种权后,杂交种的繁殖材料即受植物新品种权保护,而杂交种的亲本,因其包含杂交种的遗传信息,属于技术信息,在符合秘密性等法定条件下属于商业秘密,应当受到保护。本案所涉植物新品种"万糯"系玉米杂交种,其父本及母本作为"万糯"的亲本,属于反不正当竞争法规定的技术信息,属于未公开的技术秘密。

被告甘肃某种业公司作为制种企业,在其生产经营活动中使用原告河北某种业公司的技术信息,属于使用该公司技术秘密的行为。被告在诉讼中并不能说明其使用的技术信息具有合法正当来源。

因此,一审法院认定被告甘肃某种业公司通过不正当手段获取原告所有玉米自交系品种,应当承担侵害原告河北某种业公司技术秘密的相应民事责任。

本案二审中,最高人民法院知识产权法庭确认一审查明的事实基本属实,并认为:通过育种创新活动获得的具有商业价值的育种材料,在具备不为公众所知悉并采取相应保密措施等条件下,可以作为商业秘密依法获得法律保护。本案中,"万糯"的亲本是育种者最为核心的育种材料,通常不会进行公开买卖销售。育种者通常会委托种子繁育公司扩繁亲本进行制种,但委托制种的行为并非销售亲本的行为。本案中,"万糯"的亲本属于不为公众所知悉的育种材料,具有秘密性。据此,二审法院判决驳回上诉维持原判。

【典型意义】 最高人民法院知识产权法庭认为,综合运用植物新品种权、专利权、商业秘密等多种知识产权保护手段,构建多元化、立体式的农作物育种成果综合法律保护体系,符合我国种业发展的现状。植物新品种和商业秘密两种制度在权利产生方式、保护条件、保护范围等方面都存在差异,权利人可以根据实际情况选择不同保护方式。在作物育种过程中,符合植物品种权保护条件的育种创新成果,可以受到植物新品种权制度的保护。同时,杂交种的亲本等育种材料符合商业秘密保护要件的,可以受到反不正当竞争法的兜底保护。将未获得植物新品种保护的育种创新成果在符合商业秘密的条件下给予制止不正当竞争的保护,是鼓励育种创新的必然要求,也是加强知识产权保护的应有之意。法律并未限制作物育种材料只能通过植物新品种保护而排除商业秘密等其他知识产权保护,对作物育种材料给予商业秘密等其他知识产权保护不会削弱植物新品种保护法律制度,而是相辅相成、相得益彰的关系。当然,对作物育种材料给予商业秘密保护,并不妨碍他人通过独立研发等合法途径来繁育品种,也并不妨碍科研活动的自由。

案例来源:最高人民法院知识产权法庭典型案例(2022)。

知识产权海关保护制度

知识产权海关保护,是指海关对与进出口货物有关并受我国法律、行政法规保护的商标专用权、著作权和与著作权有关的权利、专利权(以下统称知识产权)实施的保护。为了实施知识产权海关保护,国务院于1995年7月发布《中华人民共和国知识产权海关保护条例》并于同年10月1日起施行。知识产权海关保护是我国知识产权法律制度的一部分,也是知识产权行政保护的重要组成部分。

依据我国《知识产权海关保护条例》的规定,我国禁止侵犯知识产权的货物进出口。海关依照有关法律和本条例的规定实施知识产权保护,行使我国《海关法》规定的有关权力。同时,应当保守有关当事人的商业秘密。

进口货物的收货人或者其代理人、出口货物的发货人或者其代理人应当按照国家规定,向海关如实申报与进出口货物有关的知识产权状况,并提交有关证明文件。

知识产权权利人可以依照规定,将其知识产权向海关总署申请备案。备案的申请书应当包括权利人的名称或者姓名、注册地或者国籍;知识产权及其名称、内容及其相关信息、许可行使状况;权利人合法行使知识产权的货物的名称、产地、进出境地海关、进出口商、主要特征、价格等;已知的侵犯知识产权货物的制造商、进出口商、进出境地海关、主要特征、价格等,以及相应的证明文件。

知识产权海关保护备案自准予备案之日起生效,有效期为10年。备案有效期届满前6个月内,权利人可以申请续展备案。每次续展备案的有效期为10年。备案有效期届满而不申请续展或者知识产权不再受法律、行政法规保护的,知识产权海关保护备案随即失效。

知识产权权利人发现侵权嫌疑货物即将进出口的,或者海关发现进出口货物有侵犯备案知识产权嫌疑并立即书面通知权利人的,权利人可以向货物进出境地海关提出扣留侵权嫌疑货物的申请书和相关证明文件,并提供足以证明侵权事实明显存在的证据。如侵权嫌疑货物涉嫌侵犯备案知识产权的,申请书应包括海关备案号。除此以外,权利人还应向海关提供不超过货物等值的担保,用于赔偿可能因申请不当给收货人、发货人造成的损失,以及支付货物由海关扣留后的仓储、保管和处置等费用。在此情形下,海关应当扣留侵权嫌疑货物,书面通知知识产权权利人,并将海关扣留凭单送达收货人或者发货人。

被扣留的侵权嫌疑货物,经海关调查后认定侵犯知识产权的,由海关予以没收并将侵犯知识产权货物的有关情况书面通知知识产权权利人。进口或者出口侵犯知识产权货物,构成犯罪的,依法移送公安机关处理并追究刑事责任。

海关总署于2021年10月发布的中国海关2021年前三季度知识产权执法情况数据显示,2021年前三季度,全国海关共查扣侵权嫌疑货物5.1万批次,扣留侵权嫌疑货物5106万件。

海关总署紧扣国家知识产权战略和创新驱动发展战略,不断强化知识产权保护,组织开展全面加强知识产权保护"龙腾行动2021"、寄递渠道知识产权保护"蓝网行动2021"、出口转运货物知识产权保护"净网行动2021"等专项行动,扎实推进知识产权海关保护各项工作,护航跨境电商、中欧班列等新业态健康发展,强化知识产权全链条保护,深化多方合作打造立体防控体系,全力阻击进出口侵权违法活动。

2023年4月,海关总署发布"2022年中国海关知识产权保护十大典型案例",涉及出口侵权奢侈品牌包、出口侵权牙膏、进口侵犯商标权服装、保护中小企业发明专利、保护外资企业知识产权系列案件、查办跨境电商渠道侵权系列案件、查发邮递渠道侵权物品系列案件、查获侵权游戏卡系列案件等。

第四章

技术转移中的合同

合同是技术转移活动的轴心。所有的技术转移活动都离不开合同。从技术转移活动的全生命周期来看,基本上都是围绕着合同的订立与合同的履行两个阶段。毫无疑问,技术转移活动所涉及的合同主要是技术合同和知识产权合同,除此之外,还涉及以知识产权或技术成果等无形资产作为投融资的投融资合同、知识产权质押合同。从我国《民法典》规定的整个合同体系来看,技术合同只是其中若干类典型合同中的一种。因此,了解并掌握关于合同的一般规定,以及技术合同的相关条款、内容等合同规则,是从事技术转移工作的基本要求。在技术转移活动中,无论是技术经纪人还是技术经理人的角色,掌握合同洽谈、订立与履行的相关知识并熟悉运用,是提升技术转移业务技能的重要途径。

本章以《民法典》合同编的内容为基础,结合技术合同纠纷案件、知识产权纠纷案件的相关司法解释规定,介绍合同的一般知识,并重点介绍和解读实务中涉及的主要类型技术合同的内容和重点条款,包括在实务操作中应予以注意的相关合同知识点。

第一节 合同的一般知识

本节要点

1. 掌握有关合同包括基本原则、合同效力、订立和履行、违约责任等基本概念在内的一般合同知识。
2. 了解我国《民法典》合同编关于合同体系、合同框架和结构的规定内容。
3. 掌握合同要约、承诺及合同的主要条款等知识点。

一、合同概述

合同是民事主体之间设立、变更、终止民事法律关系的协议。合同当事人设立、变更、终止民事法律关系的具体表现形式是民事活动。我国《民法典》规定了民事主体从事民事活动的基本原则。这些原则当然也属于合同当事人订立和履行合同所应当遵循的法律原则。合同基本原则包括：

1. 平等、自愿原则，所谓的平等指的是合同当事人在民事活动中的法律地位一律平等。在订立和履行合同过程中，合同一方不得将自己的意志强加给另一方。平等原则是民事法律的基本原则，是民事法律区别行政法律、刑事法律的重要特征，也是合同其他原则赖以存在的基础。合同的自愿原则，指的是合同当事人在合同订立、履行过程中，应当基于自愿的意思表示，即按照自己的主观意愿来设立、变更、终止民事法律关系，任何单位或个人不得非法干预。对于因一方欺诈、胁迫订立的合同或存在重大误解的合同，当事人可以撤销。

2. 公平原则，合同当事人在合同订立过程中应当遵循公平立场，合理确定各方的合同权利和义务，以实现"双赢"的合同目的。对于一些违反公平原则的合同例如格式合同或格式条款，如果其中存在着提供格式条款一方不合理地免除或者减轻其责任、加重合同对方责任、限制合同对方主要权利，或者排除合同对方主要权利的合同内容或条款，则该部分合同内容或条款无效。

3. 诚实信用原则，这是大陆法系民法中最重要的基本原则，被誉为现代民法的"帝王条款"。它要求合同当事人必须将与合同或交易有关的事项和真实情况如实告知对方，禁止隐瞒事实真相和欺骗对方当事人，不实施欺诈和规避法律的行为；对于已经达成的合意或订立的合同，应恪守承诺，禁止背信弃义、擅自毁约的行为；在不损害他人利益和社会利益的前提下追求自己的利益，即买卖公平、童叟无欺。

对于违反诚实信用原则，则应当依法承担相应的赔偿责任。我国《民法典》规定，当事人在订立合同过程中，存在假借订立合同，恶意进行磋商，或者故意隐瞒与订立合同有关的重要事实或者提供虚假情况；以及有其他违背诚信原则的行为等情形之一，造成对方损失的，应当承担赔偿责任。事实上，诚实信用原则不仅是在合同订立阶段所应当遵守，在合同履行阶段，仍然还是合同当事人履约行为所应遵循的行为准则。

4. 守法与公序良俗原则，它要求合同当事人订立、履行合同，应当遵守法律、行政法规，遵守社会公德，不得扰乱社会经济秩序，损害社会公共利益。

随着社会和经济的发展，合同的基本原则也在不断地充实和变化。例如合同的绿色原则,我国《民法典》规定,民事主体从事民事活动,应当有利于节约资源、保护生态环境。绿色原则要求合同当事人在订立和履行合同过程中,应当遵守环境保护法律法规,履行环境保护义务,采取措施防止环境污染和生态破坏,合理利用资源,降低能源消耗,促进可持续发展。

以上这些合同的基本原则贯穿于合同的整个过程,指导着合同的订立、履行以及争议的解决。

二、合同的订立

(一) 合同的形式

当事人订立合同,可以采用书面形式、口头形式或者其他形式。实务中,合同订立的主要形式是书面形式,但也不乏以口头形式或者其他形式订立合同。为提高效率、降低交易成本,对于一些小额标的或者可以即时清结的交易行为,一般适用口头合同。所谓即时清结指双方签订合同后当即就能当面履行完毕的交易行为,通俗地讲就是"一手交钱,一手交货"。

订立合同的其他形式主要包括推定形式和沉默形式。双方当事人并不直接用书面形式或口头形式表达合同意向,而是通过实施某种行为,如电子邮件的往来、短信或微信聊天等,推定对方的合同意图并达成一致的合同内容作为履行义务的依据,这种订立合同的方式称为推定形式。以沉默形式订立合同通常是在特定情况下,对于订立合同的要约,当合同双方没有明确表达异议或拒绝的情况下,默认视为接受合同条款。例如,在房屋租赁合同中,如果租赁期限届满,出租人与承租人均没有对新的房屋租赁提出异议而是继续按原租赁合同履行,则视为双方达成了新的房屋租赁合同,除租赁期限为不定期租赁以外,原租赁合同条款中关于租金标准、支付方式、违约责任等内容则成为双方新的房屋租赁合同的内容。

如果法律规定或者相关当事人对于订立合同的形式,没有明确要求以书面形式订立合同的,则合同当事人以口头形式或其他形式订立的合同是合法有效的,对合同当事人具有约束力。但是,以口头形式或者其他形式订立合同的,在实际履行中往往因为缺乏"白纸黑字"的书面证据来证明双方之间的协议内容,从而存在更大的法律风险,更容易引起合同纠纷。因此,自从我国改革开放后的合同立法以来,相关的合同立法均鼓励当事人采取以书面形式订立合同,实务中,合同当事人订立合同的方式也主要是以书面形式。

合同的书面形式是以合同书、信件、电报、电传、传真等可以有形地表现所载内容的形式。随着信息技术的发展,电子合同的应用也越来越多,合同的书面形式也从传统的纸质载体拓展到电子载体。以电子数据交换、电子邮件等方式能够有形地表现所载内容,并可以随时调取查用的数据电文,也被视为合同的书面形式。

(二) 订立合同的方式

当事人订立合同,可以采取要约、承诺方式或者其他方式。实务中,绝大部分的合同都是通过要约、承诺方式来订立的。从合同订立的过程来看,要约与承诺是订立合同的两个重要步骤。合同当事人通过要约、承诺产生合同成立的法律效果,进而合同生效并受到法律的保护,合同的内容对合同当事人产生约束力并成为双方当事人履行合同的依据。因此,准确且完整地理解要约和承诺,就意味着初步具备了订立合同的基本能力。

所谓要约是希望与他人订立合同的意思表示。这种意思表示应当符合两个条件,一是内容具体确定;二是表明经受要约人承诺,要约人即受该意思表示约束。需要提示的是:要约是希望订立合同的意思表示,但并非希望与他人订立合同的意思表示都是要约。

在判断当事人提出的希望订立合同的意思表示,是否属于要约的问题上,应当注意区分要约与要约邀请的区别,这两者经常被混淆并由此引发纠纷。要约邀请是希望他人向自己发出要约的表示,可以简单将其理解为是订立合同的预备行为。对于要约邀请的同意,不构成承诺,不产生合同成立的法律效果。例如,拍卖公告、招标公告、招股说明书、债券募集办法、基金招募说明书、商业广告和宣传、寄送的价目表等都属于要约邀请,是事实行为而并非意思表示。但是商业广告和宣传的内容如果符合要约的法定条件,则构成要约。

要约可以被撤回,但撤回要约的通知应当在要约到达相对人之前,或者与要约同时到达相对人,才产生要约撤回的法律效果。要约也可以依法被撤销。如果要约发出之后,出现了被受要约人拒绝、被依法撤销、承诺期限届满但受要约人未做出承诺以及受要约人对要约内容作出实质性变更等情形的,则要约失效。其中,受要约人对要约做出的实质性变更,成为一个新的要约。

与要约相对应的是承诺。承诺是受要约人同意要约的意思表示,它表明受要约人同意了要约的条件,愿意与要约人订立合同。承诺生效时合同即告成立且合同生效,除非法律另有规定或者当事人另有约定。了解承诺生效的法律效果,可以帮助当事人正确理解合同成立与生效的时间,澄清认识上的误区。实务中,当事人往往认为"合同各方签字盖章"后合同生效,但多数情形下,合同当事人在合同上签字盖章的时间要晚于承诺生效的时间。虽然对于合同成立与生效时间的不同理解所产生的时间差一般不会产生法律风险,或造成当事人履行合同的障碍,但确实会对双方当事人的权利义务产生实质影响。例如在订立合同的要约、承诺过程中,如果一方当事人反悔的,那么反悔的当事人是应当承担缔约过失责任还是合同违约责任?因此,如果不能正确理解承诺生效即合同成立并生效的法律后果,则可能对于反悔当事人的责任认定产生错误的认识,导致无法有效地向反悔当事人请求损害赔偿。

承诺应当以通知的方式做出。如果根据交易习惯或者要约的内容,允许通过一定行为做出承诺的,即便没有通知,符合条件的行为也同样构成承诺。承诺可以撤回,但撤回承诺的通知应当在承诺到达要约之前,或者与承诺同时到达相对人,才产生承诺撤回的法律效果。

承诺的内容应当与要约的内容一致。如果承诺内容与要约内容不一致,则需要区分不同的情形来判断承诺的效力。如果受要约人对要约的内容做出实质性变更的,为新要约。凡涉及合同标的、数量、质量、价款或者报酬、履行期限、履行地点和方式、违约责任和解决争议方法等内容的变更,都属于对要约内容的实质性变更。除此以外,受要约人对要约的内容做出变更为非实质性变更。对于非实质性变更,除非要约表明其内容不得有任何变更,或者要约人对变更及时表示反对的以外,该承诺有效,合同的内容以承诺的内容为准。

受要约人超过承诺期限发出承诺,或者在承诺期限内发出承诺,但按照通常情形,承诺不能在承诺期限内及时到达要约人的,逾期的承诺则成为一个新要约,除非要约人及时通知承诺人,确认承诺有效。

承诺生效的地点为合同成立的地点。采用数据电文形式订立合同的,收件人的主营业地为合同成立的地点;没有主营业地的,其住所地作为合同成立的地点。合同当事人也可以约定合同成立的地点。

除了要约、承诺方式以外,当事人还可以其他方式签订合同。当事人以其他方式签订合同时,认定合同成立的规则区别于要约、承诺方式订立合同。主要包括以下几种情形:

1. 当事人采用合同书形式订立合同的,自当事人均签名、盖章或者按指印时合同成立。在签名、盖章或者按指印之前,当事人一方已经履行主要义务,对方接受时,该合同成立。

2. 法律、行政法规规定或者当事人约定合同应当采用书面形式订立,当事人未采用书面形式但是一方已经履行主要义务,对方接受时,该合同成立。

3. 当事人采用信件、数据电文等形式订立合同要求签订确认书的,签订确认书时合同成立。

4. 当事人一方通过互联网等信息网络发布的商品或者服务信息符合要约条件的,对方选择该商品或者服务并提交订单成功时合同成立,但是当事人另有约定的除外。

5. 采取现场拍卖、网络拍卖等公开竞价方式订立合同，合同自拍卖师落槌、电子交易系统确认成交时成立。

6. 采取招标方式订立合同，合同自中标通知书到达中标人时成立。

7. 产权交易所等机构主持拍卖、挂牌交易，其公布的拍卖公告、交易规则等文件公开确定了合同成立需要具备的条件，合同自该条件具备时成立。

8. 当事人对合同是否成立存在争议，人民法院能够确定当事人姓名或者名称、标的和数量的，一般应当认定合同成立。但是，法律另有规定或者当事人另有约定的除外。

三、合同的主要条款

合同的内容由当事人约定。一般而言，完整的合同内容主要包括下列主要条款：(1)当事人的姓名或者名称和住所；(2)标的；(3)数量；(4)质量；(5)价款或者报酬；(6)履行期限、地点和方式；(7)违约责任；(8)解决争议的方法。

需要提示的是，上述合同内容包含的合同条款，是高度通用性、基础性的合同条款。当事人可以在这些条款的基础上，结合不同类型交易的特点，包括行业特点与交易习惯等，事先拟订各种类型的标准合同示范文本。在技术转移活动中，更是有必要结合具体技术转移的类型，针对性地制定相对应的合同示范文本。

合同示范文本通常是由行政主管机关或行业协会等社会组织，根据相关法律规定和本行业的交易特点与习惯而事先拟订的，供合同当事人在订立合同时参照使用的、标准化的合同文本。合同示范文本就特定类型的交易设计了一般性、共通性的合同内容，全面规定了当事人的权利、义务和责任，合同结构完整，条款安排有序。它具有标准化、通用性、公平性等特点，对于降低合同订立过程中的交易成本和风险，提高合同履行的效率和质量有着积极的促进作用。例如，在技术转移活动中，原科技部拟订的技术合同系列合同示范文本被广泛使用，在合同文本标准化方面取得了很好的效果。但此套技术合同示范文本的发布距今已超过 20 年，拟订示范文本内容时依据的法律法规已经发生了重大变化。现在《民法典》已经生效实施，原来示范文本的合同类型、内容都需要根据当前法律法规的规定和技术转移活动的特点进行相应的调整。

在选择使用合同示范文本时，应当注意区分合同示范文本与合同格式条款两者之间的区别。格式条款是当事人为了重复使用而预先拟定，并在订立合同时未与对方协商的合同条款。示范文本中的合同条款是经合同当事人协商确定的，是合同各方当事人共同的意思表示；而格式条款则是一方当事人单方拟定，未与对方协商,是一方当事人的意思表示。对于合同相对方而言,只有接受或不接受的选择。因此,我国《民法典》对于格式条款的使用,也有更多的法律规制。实务中,对于格式条款的使用,合同当事人应当更加审慎以避免合同风险。

采用格式条款订立合同的,提供格式条款的一方应当遵循公平原则确定当事人之间的权利和义务,并采取合理的方式提示对方注意免除或者减轻其责任等与对方有重大利害关系的条款,按照对方的要求,对该条款予以说明。提供格式条款的一方未履行提示或者说明义务,致使合同对方没有注意或者理解与其有重大利害关系的条款的,对方可以主张该条款不成为合同的内容。对格式条款的理解发生争议的,应当按照通常理解予以解释。对格式条款有两种以上解释的,应当采纳不利于提供格式条款一方的解释。格式条款和非格式条款不一致的,应当采用非格式条款。

除了上述的合同主要条款以外,近年来随着当事人对于交易安全与合同风险控制的要求越来越高,一些与此相关的合同条款,越来越多地出现在各种不同类型的合同内容当中,呈现出较强的合同通用性,可称之为合同的标准通用条款。这些条款主要包括保密条款、知识产权条款、通知送达条款和阳光(廉洁)条款,条款的内容涉及当事人在订立和履行合同中,各自以及相互承担的保密义务,避免侵害第三方知识产权的合同义务,厘清各自的责任边界,以及明确"通知"这一合同附随义务的实现方式及相应的法律后果等。

四、合同的效力

(一) 有效的合同

依法成立的合同,自成立时生效。如果法律对于合同的生效时间有规定的,或者当事人对于合同的生效时间有另行约定的,则依法律规定或当事人的约定确定合同的生效时间。

依照法律、行政法规的规定,合同应当办理批准等手续的,则该合同应当经过批准以后才会生效。通过法律来规定合同的生效时间,一般常见于需要经过行政机关批准的合同。例如,采矿权、探矿权的转让,依据《矿产资源法》和《矿产资源开采登记管理办法》的规定,经依法审批获得批准后,方可转让。如果未办理批准等手续的,合同成立但不生效,属于"效力待定"的合同。效力待定的合同不影响合同中履行报批等义务条款以及相关条款的效力。

同样,依照法律、行政法规的规定,合同的变更、转让、解除等情形应当办理批准等手续的,经依法获得批准后,才发生合同变更、转让、解除的法律效力。

当事人约定合同的生效时间的情形,实务中也较为普遍。合同当事人为了不错失交易机会,在合同尚不具备履行条件时即订立合同。同时,为规避交易的风险,在合同中约定合同生效的时间或生效条件。现实条件满足合同生效的时间或约定条件时,合同生效进入履行阶段。

无权代理人以被代理人的名义订立的合同,被代理人已经开始履行合同义务或者接受相对人履行合同的,视为对合同的追认,合同有效。

法人的法定代表人或者非法人组织的负责人超越其职务权限订立的合同,该代表行为有效,但是合同对方知道或者应当知道其超越权限的除外。这种情形称之为"表见代理",据此订立的合同对法人或者非法人组织发生效力。

(二) 无效的合同

根据我国《民法典》的规定,无效的合同,自始无效。当存在以下情形之一时,订立的合同无效:(1)无民事行为能力人实施的民事法律行为包括订立的合同无效;(2)限制民事行为能力人订立的合同,如果未经其法定代理人同意或者追认的无效。但是限制民事行为能力人实施的纯获利益的民事法律行为或者与其年龄、智力、精神健康状况相适应的民事法律行为有效;(3)行为人与相对人以虚假的意思表示而订立的合同无效。例如,为规避行政监管、法定程序或逃避纳税义务而签署的阴阳合同;(4)订立的合同内容违反法律、行政法规的强制性规定的,合同无效。但是该强制性规定不导致合同无效的除外;(5)订立的合同影响政治安全、经济安全、军事安全等国家安全的,或者影响社会稳定、公平竞争秩序或者损害社会公共利益等违背社会公共秩序的,或者背离社会公德、家庭伦理或者有损人格尊严等违背善良风俗的,合同无效;(6)行为人与相对人恶意串通,损害他人合法权益所订立的合同无效。

除了上述合同无效的法定情形以外,还存在着合同内容部分无效的情形,即就合同的全部条款而言,其中的部分条款无效,不影响其他部分效力的,其他部分仍然有效,对合同当事人仍然具有约束力。例如,我国《民法典》规定了,合同中约定的、因履行合同造成对方人身损害、因故意或者重大过失造成对方财产损失的免除责任条款无效。

(三) 可撤销的合同

可撤销合同是指当事人在订立合同的过程中,由于意思表示不真实,或者是出于重大误解从而做出错误的意思表示,依照法律的规定可予以撤销的合同。根据我国《民法典》规定,存在欺诈、胁迫、显失公平、重大误解四种情形的合同,属于可撤销的合同。利益受到损害的合同一方有权请求人民法院或者仲裁机构撤销。具体包括:(1)一方以欺诈手段,使对方在违背真实意思的情况下订立的合同,或者第三人实施欺诈行为,使一方在违背真实意思的情况下订立合同,而合同相对方知道或者应当知道该欺诈行为的;(2)合同一方或者第三人以胁迫手段,使合同相对方在违背真实意思的情况下订立合同的;(3)合同一方利用合同相对方处于危困状态、缺乏判断能力等情形,致使订立的合同内容或条款显失公平的;(4)合同当事人基于重大误解所订立的合同。

(四) 合同不生效、无效、被撤销的法律后果

合同不生效、无效、被撤销或者终止的,不影响合同中有关解决争议方法的条款的效力。无效的或者被撤销的民事法律行为自始不具有法律约束力。

民事法律行为无效、被撤销或者确定不发生效力后,行为人因该行为取得的财产,应当予以返还;不能返还或者没有必要返还的,应当折价补偿。有过错的一方应当赔偿对方由此所受到的损失;各方都有过错的,应当各自承担相应的责任。法律另有规定的,依照其规定。

五、合同的履行

根据我国《民法典》的规定,合同履行的原则包括全面履行原则、诚信原则和绿色环保原则,即当事人在履行合同过程中,应当避免浪费资源、污染环境和破坏生态。其中,诚实信用原则作为合同原则的"帝王条款",在合同履行阶段,不仅要求合同当事人按合同的约定,履行自己的主要合同义务如交付商品、提供服务等,还应当根据合同的性质、目的和交易习惯履行通知、协助、保密等合同附随义务。

(一) 合同履行的一般规则

合同生效后,当事人就质量、价款或者报酬、履行地点等内容没有约定或者约定不明确的,可以协议补充;不能达成补充协议的,按照合同相关条款或者交易习惯确定。如果仍然不能确定的,适用我国《民法典》的下列规定:

质量要求不明确的,按照强制性国家标准履行;没有强制性国家标准的,按照推荐性国家标准履行;没有推荐性国家标准的,按照行业标准履行;没有国家标准、行业标准的,按照通常标准或者符合合同目的的特定标准履行。

价款或者报酬不明确的,按照订立合同时履行地的市场价格履行;依法应当执行政府定价或者政府指导价的,依照规定履行。

履行地点不明确,给付货币的,在接受货币一方所在地履行;交付不动产的,在不动产所在地履行;其他标的,在履行义务一方所在地履行。

履行期限不明确的,债务人可以随时履行,债权人也可以随时请求履行,但是应当给对方必要的准备时间。

履行方式不明确的,按照有利于实现合同目的的方式履行。

履行费用的负担不明确的,由履行义务一方负担;因债权人原因增加的履行费用,由债权人负担。

通过互联网等信息网络订立的电子合同,标的为商品并采用快递物流方式交付的,收货人的签收时间为交付时间。电子合同的标的为提供服务的,生成的电子凭证或者实物凭证中载明的时间为提供服务时间;前述凭证没有载明时间或者载明时间与实际提供服务时间不一致的,以实际提供服务的时间为准。

电子合同的标的物采用在线传输方式交付的,合同标的物进入对方当事人指定的特定系统且能够检索识别的时间为交付时间。

(二)合同履行抗辩权

合同履行抗辩权,是指在合同履行过程中,负有履行义务的合同当事人所享有的,在符合法定条件时,暂时拒绝履行其合同义务的权利,以避免或预防因履约给自己造成或者可能造成的损失。具体包括同时履行抗辩权、先履行抗辩权和不安抗辩权,这三种抗辩权从逻辑上涵盖了合同履行中所有类型的抗辩。

同时履行抗辩权,是指合同当事人互相负有履行合同的义务,但合同义务没有先后履行顺序时,双方应当同时履行义务。在对方履行义务之前或履行义务债务不符合合同约定时,一方有权拒绝其履行义务的请求。

先履行抗辩权指的是合同当事人互相负有履行合同的义务,且履行合同义务存在先后顺序。如果负有先履行义务的一方未履行义务或者履行义务不符合约定的,则后履行一方有权拒绝其履行义务的请求。

相对复杂的是不安抗辩权。不安抗辩权是指在有先后履行顺序的双务合同中,有确切证据证明后履行义务一方存在经营状况严重恶化、转移财产、抽逃资金,以逃避债务、丧失商业信誉,或者存在丧失或者可能丧失履行债务能力的其他情形时,在后履行义务一方当事人未履行或未为合同履行提供担保之前,负有先履行义务的一方享有的暂时中止履行合同的权利。

不安抗辩权的行使应当注意的是,一方中止履行合同并及时通知对方的情形下,对方提供适当担保的,应当恢复履行。中止履行后,对方在合理期限内未恢复履行能力且未提供适当担保的,则视为以自己的行为表明不履行主要债务,中止履行的一方可以解除合同。如果负有先履行义务的一方没有确切证据即单方中止履行义务的,则应当承担违约责任。

(三)合同履行的特殊规则

情势变更是合同履行原则的特殊规则。情势变更的内容是指合同成立后,合同的基础条件发生了当事人在订立合同时无法预见的且不属于商业风险的重大变化,继续履行合同对于当事人一方明显不公平的,受不利影响的当事人可以与对方重新协商;在合理期限内协商不成的,当事人可以请求人民法院或者仲裁机构应当结合案件的实际情况,根据公平原则变更或者解除。

六、合同的变更和转让

(一) 合同的变更

当事人在订立合同时,一般不可能完全准确地预料到合同履行过程中所可能出现的影响双方权利义务的情形。实际的合同履行中,也可能出现非当事人原因所产生的各种客观情况的变化,从而使得合同内容无法履行,或者按合同内容履行已经没有必要、不利于当事人实现合同目的等等。因此,根据合同履行的现实情况,合同生效以后,当事人经协商一致可以变更合同。

需要强调的是,变更合同首先应当由合同各方当事人协商一致。在合同各方未就合同变更达成一致意见前,各方仍应当按合同的约定履行义务,任何一方都不应擅自消极应对或停止履行合同。否则,极有可能构成违约行为,将自己置于违约的境地。这不仅不利于合同变更的协商工作,反而要向对方承担违约责任并给合同的继续履行带来更大的风险。

如果当事人对合同变更的内容约定不明确的,则推定为合同内容未变更。因此,为确保当事人关于变更合同的意思表示能够产生预期的法律后果,避免合同争议,当事人就合同变更事宜协商一致后,应当以变更、补充协议或留存书面记录的形式对变更的合同内容予以固定。实务中,最常见的是当事人以签订补充协议的书面方式变更合同。

(二) 合同的转让

如同债权可以转让一样,当事人也可以将合同的全部或者部分转让给第三人。合同的转让包含了合同权利的转让和合同义务的转移两个层面。

从合同权利转让这个层面看,当事人转让合同时应当书面通知合同相对方并承担因合同转让而增加的合同履行费用。未通知合同相对方的,合同的转让对合同相对方不发生效力,即不发生合同转让的效力。此外,除非经受让合同的第三方同意,当事人发出的合同转让的通知不得撤销。

由于订立合同系合同各方当事人协商一致的结果,因此,即便是合同权利的转让,当事人显然也不能够任意行使,而是受到很大的限制。具体而言,如果根据合同的性质、按照当事人的约定、依照法律规定不得转让的,则合同不能转让。同时,如果当事人约定非金钱债权不得转让的,则合同转让不得对抗善意第三人;当事人约定金钱债权不得转让的,则合同转让不得对抗第三人。

合同相对方接到合同转让的通知后,其享有的对让与人的合同抗辩,可以向受让合同的第三方主张。

从合同义务的转移这个层面看,当事人将其应履行合同义务的全部或者部分转移给第三人的,应当经合同相对方同意。当事人或者第三人可以催告合同相对方在合理期限内予以同意,但合同相对方未作表示的,视为不同意当事人转移合同义务。

实务中,涉及合同转让的情形较为复杂。除了上述合同转让的规则以外,我国《民法典》规定,合同的权利和义务一并转让的,适用债权转让、债务转移的有关规定。为保证合同的稳定性、降低相关合同风险,在技术转移活动中,合同当事人一般会特别约定不允许合同转让。

七、合同的权利义务终止

合同履行完毕、合同解除、法律规定或者当事人约定终止的情形出现时,该合同的权利义务关系终止。但是合同的权利义务关系终止后,当事人应当遵循诚信等原则,根据交易习惯履行通知、协助、保密、旧物回收等义务,同时合同终止不影响合同中结算和清理条款的效力。

当事人经协商一致,可以解除合同。当事人可以在订立合同时,在合同中约定一方解除合同的事由。当合同履行中解除合同的事由发生时,当事人可以依合同约定解除合同。当事人在合同中虽然没有约定一方解除合同的事由,但如果出现了法律规定的事由时,当事人也可以解除合同。

我国《民法典》规定的解除合同的法定事由包括:因不可抗力致使不能实现合同目的;在履行期限届满前,当事人一方明确表示或者以自己的行为表明不履行主要债务;当事人一方迟延履行主要债务,经催告后在合理期限内仍未履行;当事人一方迟延履行债务或者有其他违约行为致使不能实现合同目的;法律规定的其他情形。

此外,以持续履行的债务为内容的不定期合同如不定期的房屋租赁合同、不定期的物业服务合同等,当事人可以随时解除合同,但是应当在合理期限之前通知对方。

合同当事人依据法律规定或者合同约定行使合同解除权的,应当在法律规定或合同约定的期限内行使。期限届满当事人不行使的,该合同解除权利消灭。法律没有规定或者当事人没有约定解除权行使期限的,自解除权人知道或者应当知道解除事由之日起一年内不行使,或者经对方催告后在合理期限内不行使的,该权利消灭。

当事人行使合同解除权的,应当通知合同对方。合同自通知到达对方时解除;当事人通知的内容载明,合同对方在一定期限内不履行合同义务,则合同自动解除,如果合同对方在该期限内未履行债务的,则合同自通知载明的期限届满时解除。合同当事人对解除合同有异议的,任何一方当事人均可以请求人民法院或者仲裁机构确认合同解除行为的效力。

当事人一方未通知对方,直接以提起诉讼或者申请仲裁的方式主张解除合同的且获得支持的,则合同的解除时间点为起诉状副本或者仲裁申请书副本送达合同对方之日。

合同解除后,合同尚未履行的内容,终止履行;已经履行的,根据履行情况和合同性质,当事人可以请求恢复原状或者采取其他补救措施,并有权请求赔偿损失。合同因违约解除的,解除权人可以请求违约方承担违约责任,但是当事人另有约定的除外。

八、违约责任

(一) 什么是违约责任

合同中的违约责任,可以说是既熟悉又陌生。熟悉在于只要涉及合同,基本上都会听到违约责任这个词;陌生在于当谈论违约责任时,人们往往不甚理解其内涵和法律上的意义。

简单地说,违约责任就是当事人一方不履行合同义务或者履行合同义务不符合约定时,所应当承担的法律责任。它是一种财产责任,其内容包括继续履行、采取补救措施或者赔偿损失等。

当事人都违反合同的,应当各自承担相应的责任。当事人一方违约造成对方损失,对方对损失的发生有过错的,可以减少相应的损失赔偿额。

如果合同一方当事人明确表示或者以自己的行为表明不履行合同义务的,合同相对方可以在合同义务履行期限届满前即要求其承担违约责任。

实务中,违约责任对于合同当事人所具有的现实意义在于:合同当事人应当在合同中明确全面约定违约责任的具体内容,而不能仅仅依赖于《民法典》合同编关于违约责任的概括和原则性规定,避免合同中的违约责任条款空置。

(二) 违约责任承担的一般规则

违约责任的内容,以合同当事人约定的内容为优先,除非当事人约定的违约责任被依法认定为无效。

对于未履行或履行不符合约定的金钱给付义务的违约行为,合同当事人可以要求违约方继续履行,支付相关款项。对于未履行或履行不符合约定的合同义务的违约行为,合同当事人也可以要求对方承担继续履行的违约责任,但是有下列情形之一的除外:(1)法律上或者事实上不能履行;(2)债务的标的不适于强制履行或者履行费用过高;(3)债权人在合理期限内未请求履行。

出现上述三种情形之一并导致当事人的合同目的不能实现,当事人可以终止合同权利义务关系。并且,非违约方在终止合同权利义务关系后实施了替代交易,还可以向违约方主张按照替代交易价格与合同价格的差额确定合同履行后可以获得的利益。

当事人履行合同不符合约定的,应当按照合同的约定承担违约责任。如合同内容对于违约责任没有约定或者约定不明确,可以由合同各方协商确定。合同各方经协商仍不能确定的,受损害的合同一方根据标的的性质以及损失的大小,可以合理选择要求违约方承担修理、重作、更换、退货、减少价款或者报酬等违约责任。如果违约方在履行义务或者采取补救措施后,合同对方还有其他损失的,违约方还应当赔偿损失。损失赔偿额应当相当于因违约行为所造成的损失,包括合同履行后可以获得的利益。但是赔偿损失不得超过违约一方订立合同时预见到或者应当预见到的因违约可能造成的损失。

当事人可以在合同中约定,一方违约时应当根据违约情况向对方支付一定数额的违约金,也可以约定因违约产生的损失赔偿额的计算方法。合同约定的违约金低于造成的损失的,当事人可以向人民法院或者仲裁机构请求予以增加;约定的违约金过分高于造成的损失的(超过违约行为造成损失的百分之三十),违约方可以向人民法院或者仲裁机构请求予以适当减少,但恶意违约的除外。当事人就合同的迟延履行约定违约金的,违约方支付违约金后,还应当继续履行合同。

(三) 合同定金规则

合同定金是指合同当事人约定由合同一方事先支付给合同对方一定数额的货币,作为合同的担保,通常分为订约定金、履约定金和解约定金。定金的数额由当事人约定,但是不得超过主合同标的额的百分之二十,超过部分不产生定金的效力。实际交付的定金数额多于或者少于约定数额的,视为双方实际变更了合同约定的定金数额。

订约定金是指当事人约定以交付定金作为订立合同的担保,一方拒绝订立合同或者在磋商订立合同时违背诚信原则导致未能订立合同,违约方应当双倍返还定金。当事人约定以交付定金作为合同成立或者生效条件,自合同一方实际交付定金时合同成立或者生效。应当交付定金的一方未交付定金,但是合同主要义务已经履行完毕并为对方所接受的,合同在对方接受履行时已经成立或者生效。

履约定金指债务人履行债务的,定金应当抵作价款或者收回。给付定金的一方不履行债务或者履行债务不符合约定,致使不能实现合同目的的,无权请求返还定金;收受定金的一方不履行债务或者履行债务不符合约定,致使不能实现合同目的的,应当双倍返还定金。

当事人既约定违约金,又约定定金的,一方违约时,对方可以选择适用违约金或者定金条款。定金不足以弥补一方违约造成的损失的,对方可以请求赔偿超过定金数额的损失。

解约定金指交付定金的一方以放弃定金为代价,或者收受定金的一方主张以双倍返还定金为代价的,可以解除合同。

(四) 违约责任的豁免

当事人一方因不可抗力不能履行合同的,根据不可抗力的影响,部分或者全部免除责任,但是法律另有规定的除外。因不可抗力不能履行合同的,应当及时通知对方,以减轻可能给对方造成的损失,并应当在合理期限内提供证明。

当事人迟延履行合同义务后发生不可抗力的,不免除其违约责任。

当事人一方违约后,对方应当采取适当措施防止损失的扩大;没有采取适当措施致使损失扩大的,不得就扩大的损失请求赔偿。

当事人因防止损失扩大而支出的合理费用,由违约方负担。

我国《民法典》确定了违约责任承担的原则和规则。现实中合同履行过程的违约行为非常复杂,且多见合同双方均存在违约的情形,难以简单地界定违约责任以及违约责任的内容更加复杂。因此,最直接有效的应对方法是在合同中明确约定违约行为的类型及对应的违约责任内容。当事人在合同中约定的违约责任条款,在适用顺序上优先于我国《民法典》的规定。

案例

甲公司诉乙公司无纺布买卖合同纠纷案(情势变更原则)

【案情介绍】 2020年3月,甲公司向乙公司订购"三层无纺布口罩",合同目的为出口境外某国用于抗击新冠疫情,双方签订了一份外销合同,总货值702万余元,约定甲公司支付30%作为定金,违约金为货款总价的20%等。甲公司按照合同约定向乙公司预付定金。由于产能不足、口罩原材料价格上涨剧烈等原因,乙公司无法按约交货。甲乙双方遂基于情势变更签订补充协议,就减少交货数量、延后交货时间重新进行了约定。但补充协议生效后,乙公司仍然未能按新约定的合同内容向甲方足额交付口罩,且随后一再向甲公司提出减少数量、涨价、全款提货等要求。在甲公司进一步宽限供货时间后,乙公司仍未完成供货义务,最后拒绝供货,欠供近30万元货物。其间,乙公司对外发生了多笔出售口罩的业务。甲公司认为乙公司违约且造成其诸多损失,遂诉请要求解除合同和补充协议、乙公司退还货款、双倍返还定金并赔偿损失。

【裁判结果】 法院经审理认为,新冠疫情及其防控措施所导致的人工、原材料、物流等履约成本显著增加等因素,是双方在订立合同时所无法预见的影响合同履行的重大变化。在突发疫情、涉疫物资紧缺时,当事人可以根据实际情况,适用情势变更原则,重新签订合同,调整双方当事人的权利义务。调整后的权利义务,双方当事人均应当遵守。双方基于情势变更所协商一致签订的补充协议对双方具有约束力。

本案中,乙公司在双方签订新的协议后,不按照协议履行,擅自提价、减少供货数量,甚至一货两卖,目的是赚取更高额利润。乙公司的违约行为已导致甲公司向境外客户出售口罩的合同目的无法实现。故判决解除协议,乙公司返还货款并双倍返还定金。

【典型意义】 情势变更是合同当事人解除、变更合同的法定事由,但情势变更不能够作为当事人始终拒绝履行合同的依据和理由。依据情势变更而变更后的合同对于合同当事人均具有约束力。一方违反合同约定的,应当依法承担违约责任和赔偿责任。

九、典型合同

在市场经济环境下,各类民事主体间实施的民商事活动,通常都是通过合同的订立和履行来实现。由于民商事活动的类型繁多,体现合同当事人之间民事法律关系的合同类型也不胜枚举。客观上,种类繁多的合同类型不可能也没有必要完全通过立法来予以规定。我国《民法典》吸收《合同法》关于合同类型的规定,在《民法典》合同编中专门设立了第二分编典型合同,对于19类典型合同做出了具体的规定。这19类典型合同基本涵盖了社会经济生活的方方面面。我国《民法典》规定的典型合同具体包括:买卖合同;供用电、水、气、热力合同;赠与合同;借款合同;保证合同;租赁合同;融资租赁合同;保理合同;承揽合同;建设工程合同;运输合同;技术合同;保管合同;仓储合同;委托合同;物业服务合同;行纪合同;中介合同;合伙合同。其中有些典型合同进一步进行了细分,例如技术合同,除了一般规定以外，还进一步细分为技术开发合同；技术转让合同和技术许可合同；技术咨询合同和技术服务合同。运输合同除了一般规定以外，还进一步细分为客运合同；货运合同；多式联运合同。

除了我国《民法典》规定的上述典型合同以外，现实社会经济生活中出现的其他类型的合同（如电信服务合同），不管其名称如何，只要是合同当事人的一致意思表示且没有合同无效的情形，则这些合同仍然是合法有效的，对于合同当事人具有约束力并受到《民法典》等相关法律规定的调整和适用。

第二节 技术合同

本节要点

1. 掌握技术合同的主要类型以及不同技术合同的主要合同条款。
2. 掌握不同类型技术合同条款的特点以及彼此之间合同条款的区别。

一、技术合同的一般规定

（一）技术合同概述

技术合同是当事人就技术开发、转让、许可、咨询或者服务订立的确立相互之间权利和义务的合同。

从宏观的角度来看，订立技术合同的目的，应当是有利于知识产权的保护和科学技术的进步，促进科学技术成果的研发、转化、应用和推广。从微观的层面来看，订立技术合同的目的是合同项下科学技术成果顺利的研发、转化、应用和推广，且合同当事人都能从中获取相关收益的切实保障。毫不夸张地说，所有的技术转移活动都是以技术合同、知识产权合同为轴心的，其中科学技术成果的研发、转化、应用和推广，涵盖了技术转移活动的所有各个阶段和全生命周期。

《技术转移服务规范》（GB/T 34670—2017）中对于技术转移的定义是："制造某种产品、应用某种工艺或提供某种服务的系统知识，通过各种途径从技术供给方向技术需求方转移的过程。其内容包括科学知识、技术成果、科技信息和科技能力等。"基于此定义的技术转移服务类型通常包括技术开发、技术转让、技术服务与技术咨询、技术评价、技术投融资、信息网络平台等。这些技术转移服务的类型与技术合同定义中所涉及的合同类型基本上契合。

(二) 技术合同的主要条款

技术合同的标的是技术成果。所谓技术成果是指利用科学技术知识、信息和经验做出的涉及产品、工艺、材料及其改进等的技术方案,包括专利、技术秘密、计算机软件、集成电路布图设计、植物新品种等。此处的技术秘密是指不为公众所知悉、具有商业价值并经权利人采取相应保密措施的技术信息,等同于我国《反不正当竞争法》所规定的商业秘密中的技术信息。

以原科技部印制的技术合同示范文本为例,技术合同一般都包含以下条款:(1)项目名称;(2)标的的内容、范围和要求;(3)履行的计划、进度、期限、地点、地域和方式;(4)技术情报和资料的保密;(5)风险责任的承担;(6)技术成果的归属和收益的分成办法;(7)验收标准和方法;(8)价款、报酬或者使用费及其支付方式;(9)违约金或者损失赔偿的计算方法;(10)解决争议的方法;(11)名词和术语的解释。这些合同条款的顺序可以直接以上述条款序号进行排列。

与履行合同有关的技术背景资料、可行性论证和技术评价报告、项目任务书和计划书、技术标准、技术规范、原始设计和工艺文件,以及其他技术文档,按照当事人的约定可以作为合同的组成部分。技术合同涉及专利的,应当注明发明创造的名称、专利申请人和专利权人、申请日期、申请号、专利号以及专利权的有效期限。

作为技术合同的核心内容之一,技术合同价款、报酬或者使用费的支付方式,由合同当事人约定,但结算方法和支付方式应当清晰无误以避免争议。具体的结算方式和支付方式可以采取一次总算、一次总付或者一次总算、分期支付,也可以采取提成支付或者提成支付附加预付入门费的方式。约定提成支付的,可以按照产品价格、实施专利和使用技术秘密后新增的产值、利润或者产品销售额的一定比例提成,也可以按照约定的其他方式计算。提成支付的比例可以采取固定比例、逐年递增比例或者逐年递减比例。约定提成支付的,当事人可以约定查阅有关会计账目的办法、相关数据的来源以及数据异议的处理方法。

非法垄断技术或者侵害他人技术成果的技术合同无效。所谓的非法垄断技术,应当从以下几个方面进行判断:(1)限制当事人一方在合同标的技术基础上进行新的研究开发或者限制其使用所改进的技术,或者双方交换改进技术的条件不对等,包括要求一方将其自行改进的技术无偿提供给对方、非互惠性转让给对方、无偿独占或者共享该改进技术的知识产权;(2)限制当事人一方从其他来源获得与技术提供方类似技术或者与其竞争的技术;(3)阻碍当事人一方根据市场需求,按照合理方式充分实施合同标的技术,包括明显不合理地限制技术接受方实施合同标的技术生产产品或者提供服务的数量、品种、价格、销售渠道和出口市场;(4)要求技术接受方接受并非实施技术必不可少的附带条件,包括购买非必需的技术、原材料、产品、设备、服务以及接收非必需的人员等;(5)不合理地限制技术接受方购买原材料、零部件、产品或者设备等的渠道或者来源;(6)禁止技术接受方对合同标的技术知识产权的有效性提出异议或者对提出异议附加条件。

(三) 知识产权合同与技术合同

实务中,通常把涉及专利权、专利申请权、计算机软件著作权、技术秘密转让等相关的技术转让合同,以及涉及专利、计算机软件、技术秘密使用许可等的技术许可合同,称之为知识产权合同;其中,涉及专利权的转让与许可的相关规定,由我国《专利法》等相关专门法律法规具体规定。涉及集成电路布图设计专有权、植物新品种权、计算机软件著作权等知识产权的转让和许可,其相关的合同内容和主要条款,参照适用我国《民法典》关于技术转让合同和技术许可合同的规定。两者在内容上最重要的不同之处在于:在知识产权合同中,作为合同标的知识产权客体是明确的,且通常处于有效状态。合同通常涉及的是以转让、许可为形式的知识产权权利的使用、收益、处分;而技术合同的类型和范围,除了转让和许可以外,还包含技术开发、技术服务等类型。技术合同并不以是否存在明确、有效的知识产权客体为前提,甚至研究开发类的技术合同,其合同目的本身是为了获得新的、有效的知识产权客体。

当事人将技术合同和其他合同内容或者将不同类型的技术合同内容订立在一个合同中的,应当根据合同的权利义务内容,确定技术合同的性质。技术合同名称与约定的权利义务关系不一致的,应当按照约定的权利义务内容,确定技术合同的类型。

二、典型技术合同

(一) 技术开发合同

技术开发合同是当事人之间就新技术、新产品、新工艺、新品种或者新材料及其系统的研究开发所订立的合同,包括委托开发合同和合作开发合同。订立技术开发合同应当采用书面形式。

技术转移活动中,经常出现的一类合同是《成果转化合同》。《成果转化合同》是指当事人之间就具有实用价值但尚未实现工业化应用的科技成果包括阶段性技术成果,以实现该科技成果工业化应用为目标,约定后续试验、开发和应用等内容的合同。对于《成果转化合同》的内容和条款,参照适用技术开发合同的有关法律规定。

委托开发合同的委托人应当按照约定支付研究开发经费和报酬,提供技术资料,提出研究开发要求,完成协作事项,接受研究开发成果;研究开发人应当按照约定制定和实施研究开发计划,合理使用研究开发经费,按期完成研究开发工作,交付研究开发成果,提供有关的技术资料和必要的技术指导,帮助委托人掌握研究开发成果。

合作开发合同的当事人应当按照约定进行投资,包括以技术进行投资,分工参与研究开发工作,协作配合研究开发工作。

委托开发完成的发明创造,除法律另有规定或者当事人另有约定外,申请专利的权利属于研究开发人。研究开发人取得专利权的,委托人可以依法实施该专利。研究开发人转让专利申请权的,委托人享有以同等条件优先受让的权利。

合作开发完成的发明创造,申请专利的权利属于合作开发的当事人共有。当事人一方转让其共有的专利申请权的,其他各方享有以同等条件优先受让的权利。但当事人另有约定的除外。

合作开发的当事人一方声明放弃其共有的专利申请权的,除当事人另有约定外,可以由另一方单独申请或者由其他各方共同申请。申请人取得专利权的,放弃专利申请权的一方可以免费实施该专利。合作开发的当事人一方不同意申请专利的,另一方或者其他各方不得申请专利。

技术开发合同履行过程中,因出现无法克服的技术困难,致使研究开发失败或者部分失败的,该风险由当事人约定;没有约定或者约定不明确且不能达成补充协议的,风险由当事人合理分担。

作为技术开发合同标的的技术已经由他人公开,致使技术开发合同的履行没有意义的,当事人可以解除合同。

委托开发或者合作开发完成的技术秘密成果的使用权、转让权以及收益的分配办法,由当事人约定;没有约定或者约定不明确且不能达成补充协议的,在没有相同技术方案被授予专利权前,当事人均有使用和转让的权利。但是,委托开发的研究开发人不得在向委托人交付研究开发成果之前,向第三人转让研究开发成果。

(二) 技术转让合同

技术转让合同是合法拥有技术成果的权利人,将其持有技术成果的知识产权及相关权利,让与给他人所订立的技术合同。技术转让合同的对象包括所有类型的知识产权客体,常见如专利权转让、专利申请权转让、技术秘密转让、集成电路布图设计权转让等等。

技术转让合同可以约定实施专利或者使用技术秘密的范围,但是不得限制技术竞争和技术发展。合同中关于提供实施技术的专用设备、原材料或者提供有关的技术咨询、技术服务的约定,属于合同的组成部分。

转让合同的让与人应当是所转让技术成果的合法拥有者,并保证所提供的技术完整、无误、有效,能够达到约定的目标,并按照合同约定提供技术资料,进行技术指导,保证技术的实用性、可靠性,承担保密义务。

在技术秘密转让合同中,受让人除应当按照约定支付转让费并使用技术以外,还应当按照约定的范围和期限,对让与人提供的技术中尚未公开的秘密部分,承担保密义务。

技术转让合同的受让人按照约定实施专利、使用技术秘密侵害他人合法权益的,由让与人承担责任,但是当事人另有约定的除外。

当事人可以按照互利的原则,在合同中约定实施专利、使用技术秘密后续改进的技术成果的分享办法;没有约定或者约定不明确,且各方不能达成补充协议的,一方后续改进的技术成果,其他各方无权分享。

(三) 技术许可合同

技术许可合同是合法拥有技术的权利人,将现有特定的专利、技术秘密的相关权利许可他人实施、使用所订立的合同。技术许可合同的对象包括所有类型的知识产权客体,如专利、技术秘密、计算机软件、集成电路布图设计、植物新品种等等。就尚待研究开发的技术成果或者不涉及专利、专利申请或者技术秘密的知识、技术、经验和信息所订立的合同,不属于技术许可合同。

技术许可合同包括独占许可、排他性许可和普通许可三种方式。这三种许可方式适用于所有类型知识产权的使用许可,其区别在于被许可人的使用技术的方式和范围存在不同。具体而言,在约定许可实施的范围内,仅仅由被许可人实施使用,许可人依约定不得实施使用技术的,是独占实施许可;如果该技术仅许可被许可人实施,许可人依约定也可以自行实施该专利,除此以外的其他人不得实施该专利的,是排他性许可;如果许可他人实施该专利,并且许可人也可以自行实施该专利的,是普通许可。

当事人对技术许可方式没有约定或者约定不明确的,认定为普通许可。技术许可合同约定被许可人可以再许可他人实施的,应认定该再许可为普通实施许可,但当事人另有约定的除外。

技术许可合同可以约定实施专利或者使用技术秘密的范围,但是不得限制技术竞争和技术发展。合同中关于提供实施技术的专用设备、原材料或者提供有关的技术咨询、技术服务的约定，属于合同的组成部分。

技术许可合同的许可人应当是所提供的技术成果的所有人或合法授权拥有者，并保证所提供的技术完整、无误、有效，能够达到约定的目标。许可人按照合同约定提供技术资料，进行技术指导，保证技术的实用性、可靠性，承担保密义务。在技术秘密许可合同中，许可人将技术秘密申请专利而公开的，不属于违反保密义务，但当事人另有约定的除外。

技术许可合同的被许可人未按照约定支付使用费的，应当补交使用费并按照约定支付违约金；不补交使用费或者支付违约金的，应当停止实施专利或者使用技术秘密，交还技术资料，承担违约责任。

被许可人按照约定实施专利、使用技术秘密侵害他人合法权益的，由许可人承担责任，但是当事人另有约定的除外。

（四）技术咨询合同

技术咨询合同是当事人一方以技术知识为对方就特定技术项目提供可行性论证、技术预测、专题技术调查、分析评价报告等所订立的合同。

技术咨询合同的委托人应当按照约定阐明咨询的问题，提供技术背景材料及有关技术资料，接受受托人的工作成果，支付报酬；受托人应当按照约定的期限完成咨询报告或者解答问题，提出的咨询报告应当达到合同约定的要求。委托人按照受托人符合约定要求的咨询报告和意见做出决策所造成的损失，由委托人承担，但当事人另有约定的除外。

技术咨询合同履行过程中，受托人利用委托人提供的技术资料和工作条件完成的新的技术成果，属于受托人。委托人利用受托人的工作成果完成的新的技术成果，属于委托人。当事人另有约定的，按照其约定。

技术咨询合同对受托人正常开展工作所需费用的负担没有约定或者约定不明确的，由受托人负担。

技术咨询合同的委托人未按照约定提供必要的资料，影响工作进度和质量，不接受或者逾期接受工作成果的，支付的报酬不得追回，未支付的报酬应当支付；受托人未按期提出咨询报告或者提出的咨询报告不符合约定的，应当承担减收或者免收报酬等违约责任。

（五）技术服务合同

技术服务合同是当事人一方以技术知识为对方解决特定技术问题所订立的合同，不包括承揽合同和建设工程合同。

技术服务合同的委托人应当按照约定提供工作条件，完成配合事项，接受工作成果并支付报酬;受托人应当按照约定完成服务项目,解决技术问题,保证工作质量,并传授解决技术问题的知识。技术服务合同对受托人正常开展工作所需费用的负担没有约定或者约定不明确的,由受托人负担。

技术服务合同履行过程中,受托人利用委托人提供的技术资料和工作条件完成的新的技术成果,属于受托人。委托人利用受托人的工作成果完成的新的技术成果,属于委托人。当事人另有约定的,按照其约定。

技术服务合同的委托人不履行合同义务或者履行合同义务不符合约定,影响工作进度和质量,不接受或者逾期接受工作成果的,支付的报酬不得追回,未支付的报酬应当支付;受托人未按照约定完成服务工作的,应当承担免收报酬等违约责任。

(六) 技术培训合同

技术培训合同是指当事人一方委托另一方对指定的学员进行特定项目的专业技术训练和技术指导所订立的合同,不包括职业培训、文化学习和按照行业、法人或者非法人组织的计划进行的职工业余教育。

当事人对技术培训必需的场地、设施和试验条件等工作条件的提供和管理责任没有约定或者约定不明确的,由委托人负责提供和管理。

技术培训合同履行过程中,委托人派出的学员不符合约定条件,影响培训质量的,由委托人按照约定支付报酬;受托人配备的教员不符合约定条件,影响培训质量,或者受托人未按照计划和项目进行培训,导致不能实现约定培训目标的,应当减收或者免收报酬。受托人发现学员不符合约定条件或者委托人发现教员不符合约定条件,未在合理期限内通知对方,或者接到通知的一方未在合理期限内按约定改派的,应当由负有履行义务的当事人承担相应的民事责任。

(七) 技术中介合同

技术中介合同是指当事人一方以知识、技术、经验和信息为另一方与第三人订立技术合同进行联系、介绍以及对履行合同提供专门服务所订立的合同。中介人可以是个人,也可以是企业法人。

中介人在委托人和第三人订立技术合同前,进行联系、介绍活动所支出的通信、交通和必要的调查研究等费用属于从事技术中介活动产生的费用。当事人对中介费用的负担没有约定或者约定不明确的,中介费用由中介人承担。当事人约定中介费用由委托人承担但未约定具体数额或者计算方法的,由委托人支付中介人从事中介活动支出的必要费用。

中介人为委托人与第三人订立技术合同以及对履行该合同提供服务应当得到

的收益是中介人的报酬。当事人对中介人的报酬数额没有约定或者约定不明确的,应当根据中介人所进行的劳务合理确定,并由委托人承担。委托人与第三人订立的技术合同中仅约定中介条款,但未约定给付中介人报酬或者约定不明确的,应当支付的报酬由委托人和第三人平均承担。

中介人未促成委托人与第三人之间的技术合同成立的,中介人无权要求支付报酬,仅可以要求委托人支付其从事中介活动的必要费用,但当事人另有约定的除外。

中介人隐瞒与订立技术合同有关的重要事实或者提供虚假情况,侵害委托人利益的,应当根据情况免收报酬并承担赔偿责任。中介人实施欺诈、胁迫行为,使当事人在违背真实意思的情况下订立合同,应当向受到损失的合同当事人承担赔偿责任;当事人亦有违背诚信原则的行为的,根据各自的过错确定相应的责任。

基于技术中介服务促成的委托人与第三人之间的技术合同,如果合同无效或者合同被撤销,但中介人没有过错,且该技术合同的无效或者被撤销不影响有关中介条款或者技术中介合同继续有效的,中介人有权要求按照约定获取从事中介费用和报酬。

案例

华为技术有限公司与IDC公司标准必要专利使用费纠纷上诉案

(2013年中国法院10大知识产权案件
广东省高级人民法院(2013)粤高法民三终字第305号)

【案情简介】 华为公司向全球提供电信设备,其新技术研发能力和拥有的标准必要专利处于世界领先地位。美国IDC公司对外不从事任何生产行为,仅以授权他人实施其专利作为营利模式。华为公司与IDC公司均是欧洲电信标准化协会(ETSI)的成员。2009年9月,IDC公司在ETSI网站上发表声明,称其拥有2G、3G、4G无线通信技术标准下的大量标准必要专利及专利申请,包括中国的专利和专利申请;IDC公司承诺其将以公平、合理、无歧视的FRAND原则授权标准组织的其他成员实施其专利。

为了向华为公司收取标准必要专利使用费,从2008年11月开始,IDC公司与华为公司多次进行谈判。从IDC公司发出要约的内容来看,其向华为公司提出的授权条件为:包括2G、3G和4G标准必要专利在内的其所有专利之应支付许可费的、全球性的、非排他性许可,并要求华为公司将其所有专利给予IDC公司免费许可。IDC公司坚称,其每项要约构成统一的整体条件,不同意其中任何一项要约均意味着对要约整体的拒绝。

华为公司认为,IDC 公司违反了 FRAND 原则,因为 IDC 公司拟授权给华为公司的专利许可费,远远高于 IDC 公司已授权给苹果、三星等公司的专利许可费,故华为公司不同意 IDC 公司的要约报价。2011 年 7 月,IDC 公司向美国法院提起诉讼,同时请求美国国际贸易委员会对华为公司等相关产品启动 337 调查并发布全面禁止进口令、暂停及停止销售令。华为公司遂向广东省深圳市中级人民法院提起诉讼,要求法院判令 IDC 公司按照公平、合理、无歧视(FRAND)的原则确定标准专利许可费率。广东省深圳市中级人民法院一审认为,根据"公平、合理、无歧视"原则,标准必要专利许可使用费率应确定为 0.019%。IDC 公司不服一审判决,向广东省高级人民法院提起上诉。广东省高级人民法院二审认为,无论是从字面上理解,还是根据欧洲电信标准化协会和美国电信工业协会中的知识产权政策和中国法律的相关规定,FRAND 义务的含义均应理解为"公平、合理、无歧视"许可义务,对于愿意支付合理使用费的善意的标准使用者,标准必要专利权人不得径直拒绝许可,既要保证专利权人能够从技术创新中获得足够的回报,同时也避免标准必要专利权利人借助标准所形成的强势地位索取高额许可费率或附加不合理条件。FRAND 义务的核心在于合理、无歧视的许可费或者许可费率的确定。华为公司和 IDC 公司均是欧洲电信标准化协会的成员,IDC 公司负有许可华为公司实施其标准必要专利的义务。关于使用费或者使用费率的问题,双方应当按照公平、合理和无歧视条款,即 FRAND 条款进行协商,协商不能时,可以请求人民法院裁决。人民法院根据标准必要专利的特点,考虑实施该专利或类似专利所获利润及其在被许可人相关产品销售利润或销售收入中所占比例、专利许可使用费不应超过产品利润一定比例范围等若干因素,综合考虑各个公司之间专利许可实际情况的差别,以及华为公司如果使用 IDC 公司在中国之外的标准必要专利还要另行支付使用费的情况,合理确定本案的专利许可使用费。

【典型意义】 本案是我国首例标准必要专利使用费纠纷,在知识产权法律适用上具有重要意义。本案使用了新的案由,丰富和完善了民事案由的内容修改与完善提供了实证。更为重要的是,本案就如何确定标准必要专利使用费问题,首次适用 FRAND 原则作为裁判论述的依据,并提出计算的具体参照因素。这些都不仅对今后类似案件的处理和专利法的修改提供有力支撑,而且也标志着我国专利法律制度中专利保护水平与方式进一步与国际接轨,我国法院对于知识产权保护的司法管辖权获得适度扩张,取得了良好的法律效果和社会效果。

第三节 技术转移中的其他合同

> **本节要点**
> 1. 了解并掌握知识产权出资合同的一般知识,包括技术合同的概念、合同重点内容以及常见的合同风险。
> 2. 了解并掌握知识产权质押合同的一般知识、合同性质及合同的一般条款。
> 3. 了解知识产权代理合同的概念、类型及合同的主要条款。

一、知识产权出资合同

我国《公司法》规定,公司股东可以用货币出资,也可以用实物、知识产权、土地使用权等可以用货币估价并可以依法转让的非货币财产作价出资。对作为出资的非货币财产应当评估作价,核实财产,不得高估或者低估作价。以非货币财产出资的,还应当依法办理其财产权的转移手续。

由此可见,知识产权出资合同是指知识产权权利人将能够依法转让的知识产权的专有权或者使用权评估作价,投入标的公司以获得股东资格、履行股东出资义务而订立的合同。知识产权出资的核心是作为出资的知识产权必须同时满足两个条件:一是应当属于依法可转让的知识产权;二是出资时应当评估作价。如果出资时没有事先进行评估的,虽然不影响出资行为的法律效力,但是当该知识产权评估价值显著低于公司章程所定价额(即权利人股东认缴出资金额)时,则权利人股东属于"未依法全面履行出资义务",该权利人股东或公司,需要对不同的权利主体承担相应的责任。实际上,基于知识产权出资而订立的合同不仅局限于有限公司,还包括非公司的企业法人以及非法人组织如合伙企业等。此外,还可以知识产权出资设立个人独资企业,但无需订立出资合同。

知识产权出资合同的重点内容通常包括:知识产权的权利描述,包括明确作为出资的知识产权的权属和有效性,知识产权权利客体、权利状态和类型;知识产权作价评估的方式;权利转移的方式与时间;知识产权的风险及承担方式等内容。知识产权出资中存在的风险,除了知识产权本身的权利风险以外,还可能出现对于知识产权价值存在"高值低估"和"低值高估"的风险。

当事人以知识产权向企业出资但未明确约定知识产权权属的,作为出资的知识产权属于接受出资的企业所享有,但该知识产权的价值与该知识产权所占出资额比例明显不合理,损害出资人利益的除外。当事人对作为出资的知识产权权属约定有比例的,视为共同所有,其权利使用和利益分配按知识产权共有的有关规定处理。如果当事人另有约定的,按约定处理。

二、知识产权质押合同

所谓质押是指债务人或者第三人为担保债务的履行,依法将其财产出质给债权人占有。债务人不履行到期债务或者发生当事人约定的实现质权的情形时,债权人有权就该出质财产优先受偿。知识产权质押合同是指享有处分权的债务人或者第三人将可以转让的注册商标专用权、专利权、著作权等知识产权中的财产权出质给质权人作为履行债务的担保而以书面形式订立的质押合同。其性质属于担保合同中的权利质押合同。

以上述知识产权中的财产权出质,质权自办理出质登记时设立。以专利权出质的,由出质人和质权人共同向国务院专利行政部门办理出质登记。知识产权中的财产权出质后,出质人不得转让或者许可他人使用。如出质人与质权人经协商一致同意的,则出质人转让或者许可他人使用出质的知识产权中的财产权所得的价款,应当向质权人提前清偿债务或者提存。

知识产权质押合同一般包括下列条款:被担保债权的种类和数额;债务人履行债务的期限;质押的知识产权信息,包括(客体)名称、类型、权属、(申请)注册号、授权日期等信息;担保的范围;质押财产交付的时间、方式,以及其他诸如通知送达等通用必要条款的内容。质押合同中的重点内容包括质押的知识产权信息以及出质人对此的处置权;质押知识产权的估值;质押期间知识产权的维持责任,例如专利年费的缴纳和承担方式;质押期间知识产权的权利限制,明确在质押期间,未经质权人同意,出质人不得转让和许可出质的知识产权,以及质押期间,知识产权被宣告无效或专利权归属发生变更时的处理方式。

三、知识产权代理合同

代理是代理人以被代理人的名义与实施民事法律行为,为被代理人设定、变更或消灭民事法律关系,其法律后果归属于被代理人的行为,包括委托代理和法定代理。委托代理是代理人按照被代理人的委托和授权行使代理权。知识产权代理属于委托代理,知识产权代理合同是指由权利人与代理人以书面形式签订、授权代理人代表权利人行使知识产权相关权利的合同。

知识产权代理合同可以根据涉及的知识产权类型和合同文本内容进行具体的

分类,主要包括以下几种类型专利代理合同、著作权代理合同、技术秘密代理合同及其他知识产权权利登记、权利流转等相关事宜的合同。

以实务中最常见的专利申请代理合同为例,除了诸如通知送达条款、违约责任、争议解决方式、其他事项等合同通用的一般条款以外,知识产权代理合同的主要条款包括:

1. 代理事项,内容包括申请专利类型;专利申请人信息;发明人信息。

2. 代理范围,内容包括提供专利申请的代理服务,包括但不限于撰写申请文件、提交申请、答复审查意见等。

3. 双方权利义务,包括委托方应提供与专利申请相关的技术资料、图纸等,并保证所提供信息的真实性和合法性;受托方应承担相应的保密义务等。

4. 代理费用及支付方式。

从事专利申请代理应当由经国家知识产权行政部门行政许可的专利代理机构,由其中具有专利代理人资格的人员进行代理。因此,签订专利申请代理合同时,应当对代理机构的合法代理资质进行核查。

案例

某电器股份有限公司与武汉某机械有限公司承揽合同纠纷上诉案

【案情简介】 2004年2月,被告电器公司通过股权转让及增加注册资本取得被告制冷公司60%的股权,成为其控股股东。被告电器公司因此认缴新增注册资本人民币5058万元。增资协议约定以技术、专利等无形资产的使用权出资人民币4315万元,占注册资本比例的21.36%。经评估,两项专利价值为5365.63万元,据此验资确认专利技术出资为人民币4315万元。被告电器公司向工商部门书面承诺在2005年3月前补齐其专利出资认可的相关资料,但其实际并未在上述期限内在国家知识产权行政部门办理专利权转让审批手续。用以出资的两项专利实际于2007年9月变更到西安某制冷公司名下。

2006年起,原告机械公司承揽被告西安某制冷公司加工业务,至2007年6月被告制冷公司停产时,被告制冷公司欠原告定作款近120万元,且原告尚有已生产的60余万元货物未能交付。原告机械公司遂起诉请求判令被告制冷公司支付欠款、承担延期付款违约金、赔偿损失,被告电器公司在出资不实范围内对被告制冷公司的上述债务承担清偿责任。

被告电器公司辩称,其作为被告制冷公司的股东,据以出资的专利技术等知识产权已经出资到位,不应承担责任。

【裁判结果】 一审法院认为依照公司法规定,"股东以非货币财产出资的,应当依法办理其财产权的转移手续"的规定,以知识产权出资的股东,应当将出资的知识产权评估作价后,依法办理权属变更手续,向公司转让专有权利。本案被告电器公司协议以专利使用权出资入股,但专利使用权只是专利权的一部分,与法律规定不符。同时,涉诉两项专利的评估价值是对专利权价值的评估,从办理工商登记的资料显示,应认定被告电器公司是以专利权出资。本案被告电器公司未在专利行政主管部门办理专利权转让的相关审批登记手续,故其对被告制冷公司的出资不实,属于滥用公司股东权利、公司法人独立地位和股东有限责任,逃避债务,严重损害公司债权人利益的行为。一审判决被告电器公司应在出资不实的范围内对被告制冷公司的债务承担连带清偿责任。本案二审中,三方当事人达成调解协议,由被告电器公司向原告某机械公司清偿债务,三方债务了结。

【**典型意义**】 本案系一起承揽合同纠纷案件,但争议的焦点及审理的难点是知识产权出资问题。依我国《公司法》规定,股东可以知识产权等可以用货币估价并可以依法转让的非货币财产作价出资。对作为出资的非货币财产应当评估作价,核实财产,不得高估或者低估作价且应当依法办理其财产权的转移手续。本案中被告电器公司作为出资的知识产权,其权利类型应当是专利权,而并非专利使用权。对作为出资的专利进行评估作价后未办理其财产权转移手续,应认定为出资不实,被告电器公司在出资不实的范围内对公司债务承担连带清偿责任。

案例来源:湖北省武汉市中级人民法院 2009 武民商终字第 1355 号。

第五章

技术转移中的风险及应对

各种类型的技术转移活动,都伴随着风险,其中,法律风险始终贯穿其中、无时不在。有些法律风险是不同类型技术转移活动都会共同面临的,如知识产权权属风险;另一些法律风险则存在于特定类型的技术转移活动,如技术投融资中的知识产权出资风险。有一些风险属于技术转移活动中先天存在的风险,如知识产权权利稳定性问题;还有一些法律风险原本不存在,纯粹是因技术转移活动当事人的疏忽或过错而产生的,或者因合同订立和履行的质量较差导致当事人的意见分歧而产生的,如在技术开发合同中,合同当事人混淆委托开发与合作开发的区别,对于合同项下所开发的技术成果权属,在合同中不约定或约定不明确,导致在合同履行中当事人产生纠纷。本章梳理归纳在技术转移活动中存在的各类法律风险,尤其是在技术合同签订、履行中存在的风险,以及不同法律风险给技术转移当事人带来的相关法律后果与法律责任。同时,从技术转移的角度出发,提出规避和应对这些风险的实务经验和方法,以避免给技术转移的各方当事人造成财产损失,甚至导致技术转移的目的无法实现。

第一节 技术转移中的知识产权风险

> **本节要点**
>
> 掌握技术转移中知识产权风险的含义、类型以及风险发生的主要原因、法律后果等内容。

一、知识产权权属风险

(一)权属风险的概念

知识产权权属风险是指在知识产权的申请、使用、转让或许可等过程中,由于知识产权的权利归属不明确或者存在争议,导致知识产权的合法性和有效性受到质疑,从而给相关当事人带来损失的风险。

众所周知,知识产权并非一种天然的法律权利,而是依据各国立法所设定的一项拟制的法律权利。因此,知识产权不可能脱离各国的法律规定而存在。由于不同类型知识产权的客体在复杂性、专业性等方面具有明显差异,依据人们的一般生活经验与知识,不足以判断某项技术或某种产品是否属于法律意义上的知识产权客体、是否享有知识产权以及权利属于谁。在技术转移活动中,如果对此产生误判,则会引起知识产权权属风险的发生,并将会给相关当事人造成经济损失,最终导致技术转移的无效或失败。

从科创型企业在科创板 IPO 的实践过程来看,上市委员会关注的拟上市公司企业知识产权问题,首先面临的问题就是知识产权权属问题,其次是知识产权稳定性问题和知识产权支撑性问题。

(二)权属风险的类型

1. 知识产权权利是否存在

权利是否存在不仅是一个看似简单实则复杂的问题,更是一个容易为技术转移活动当事人所忽略的问题。

在技术转移活动实践中,最常见的现象或风险是当事人混同技术秘密与公知技术,即将某个领域的公知技术误认为是该领域的技术秘密而转让或受让。由于公知技术本身不属于知识产权(商业秘密)的客体,如果以名义上的技术秘密、实质上的公知技术来签订技术开发、技术转让或技术许可等技术合同,则势必张冠李戴,导致双方在合同中设定的权利义务错误,权利义务关系失衡。

除了上述技术秘密与公知技术混同以外,实践中还经常发生此类问题的情形包括:(1)将授权期限届满,或者因故导致专利权已经丧失的专利技术作为技术转移活动的对象。(2)将缺乏权利稳定性的知识产权作为技术转移活动的对象,如实用新型专利。由于实用新型专利在专利申请过程中仅进行公告而无需进行实质性审查,导致实用新型专利的权利存在不稳定的问题。在实务中,处于授权期限内的实用新型专利被他人提出缺乏新颖性而导致专利无效的情形屡见不鲜。在实用新型专利侵权诉讼中,被控侵权人以申请涉案实用新型专利无效作为专利不侵权抗辩,更是最常见的诉讼策略。(3)对具有秘密性、价值性和实用性的技术,因权利人未采取符合法律规定的"相应"的保密措施,导致其不被认定为商业秘密中的技术信息,无法成为商业秘密这一知识产权的客体。即使技术转移活动的一方当事人无法从公开渠道直接获取该技术,围绕该技术的权属所实施的技术转移活动,势必为该技术的受让方或被许可方带来无法预测的法律风险。

为明晰职务成果与非职务成果的界限,我国相关法律规定,所谓"执行法人或者非法人组织的工作任务"包括三种情形:一是履行法人或者非法人组织的岗位职责或者承担其交付的其他技术开发任务;二是职工离职后一年内继续从事与其原所在法人或者非法人组织的岗位职责或者交付的任务有关的技术开发工作,但法律、行政法规另有规定的除外;三是法人或者非法人组织与其职工就职工在职期间或者离职以后所完成的技术成果的权益有约定的,从其约定确认成果权利归属。

所谓"主要是利用法人或者非法人组织的物质技术条件",是指职工在技术成果的研究开发过程中,全部或者大部分利用了法人或者非法人组织的资金、设备、器材或者原材料等物质条件,并且这些物质条件对形成该技术成果具有实质性的影响;还包括该技术成果实质性内容是在法人或者非法人组织尚未公开的技术成果、阶段性技术成果基础上完成的情形。

在实务中,因离职或入职技术人员(包括雇佣或临时雇佣)的发明而引发的知识产权权属纠纷较为常见。在一些高校及科研院所等机构中,其内部成员(主要是研发团队成员)误将知识产权属于其所在单位的技术成果,以个人名义进行成果转化等技术转移活动的现象较为普遍。虽然有鼓励创新及成果转化的相关科技政策驱动,但主要原因还在于相关技术人员对于职务成果与非职务成果在法律层面上缺少较为清晰的认识。如果不能准确清晰认识和处理相关技术成果是职务成果还是非职务成果这一问题,势必会给该技术成果的转让、转化等技术转移活动带来巨大的风险隐患。

2. 合作开发和委托开发的权属

合作开发与委托开发是技术开发的两种类型,但我国《民法典》对于合作开发与委托开发所产生技术成果的知识产权有着不同的规定。委托开发完成的发明创造,除法律另有规定或者当事人另有约定外,申请专利的权利属于研究开发人。研究开发人取得专利权的,委托人可以依法实施该专利。合作开发完成的发明创造,申请专利的权利属于合作开发的当事人共有。合作开发的当事人一方不同意申请专利的,另一方或者其他各方不得申请专利。

现实中存在的另一个普遍问题是,合同当事人对于其在合作开发和委托开发中,作为合作方、委托方或受托方应承担的合同主要义务认识不清,可能导致名实不符的情形,即合同名称上是"合作开发",但合同的主要内容却是"委托开发"合同当事人的权利义务。合作开发要求当事人应当按照约定进行投资,包括以技术进行投资,分工参与研究开发工作,协作配合研究开发工作等,但实际上有些合作开发合同却约定仅要求合同一方按照约定支付研究开发经费和报酬,提供技术资料,提出研究开发要求。如果双方因履行合同产生纠纷,对于合同名实不符的情形,将会按照合同的实际内容确定合同当事人之间的法律关系,这势必对于合同项下技术成果的知识产权归属产生实质性影响。

3. 知识产权权利是否持续有效

(1) 维持知识产权有效的情形

有些知识产权在法律规定的保护期间,需要通过缴纳相应的年费以维持其权利有效状态。以专利为例,我国《专利法》规定,专利权人应当自被授予专利权的当年开始缴纳年费。授予专利权当年以后的年费应当在上一年度期满前缴纳。专利年费未缴纳或者未缴足的,国务院专利行政部门应当通知专利权人补缴;期满未缴纳的,专利权从应当缴纳年费期满之日起终止。

植物新品种的品种权人也需要自被授予品种权的当年开始缴纳年费,并且按照审批机关的要求提供用于检测的该授权品种的繁殖材料。品种权人未按照规定缴纳年费的,品种权在其保护期限届满前终止。

(2) 登记是权利生效或者权利维持有效的要件

集成电路布图设计权的生效和产生源于登记。布图设计专有权经国务院知识产权行政部门登记产生。未经登记的布图设计不受我国《集成电路布图设计保护条例》的保护。国务院知识产权行政部门负责布图设计登记工作,受理布图设计登记申请。布图设计登记申请经初步审查,未发现驳回理由的,由国务院知识产权行政部门予以登记,发给登记证明文件,并予以公告。

知识产权发生权利转移时,转移生效或者新的权利人享有知识产权的要件之一是权利登记。以专利权的转移为例,在专利申请权或专利权转让合同生效后,专利申请权或专利权并不发生权利转移的法律后果,专利申请权或者专利权的转让自登记之日起生效。国务院专利行政部门设置专利登记簿,登记与专利申请和专利权有关的事项,包括专利权的授予,专利申请权、专利权的转移,专利权的无效宣告,专利权的终止等事项。

4. 知识产权失权风险

除商业秘密以外,知识产权依据不同的法律法规规定,有着各自不同的保护期限。一般而言,一项知识产权在法律规定的保护期限届满后,该项权利失效并不再受到相关法律的保护。此外,在法律规定的保护期限内,一项知识产权亦会因为权利人放弃权利而失效。

知识产权失权意味着他人可以自由使用该项智力成果,而无需支付费用或获得许可。此处需要讨论的是,在法定的知识产权保护期限内,相关智力成果的知识产权所面临的失权情形。

（1）技术信息泄密失权风险

相关法律法规没有规定商业秘密的保护期限，从理论上说，对于商业秘密的保护是永久的。作为商业秘密的技术信息，之所以作为知识产权而受到法律保护，其核心在于其保密性。所谓保密性包括两个层面：一是该技术信息不为公众所知悉；二是权利人对技术信息采取了相应的保密措施。如果技术信息被泄露，无论是因为权利人自己的行为还是第三人的行为，或者因为权利人采取的保密措施不符合法定的要求和条件，则该技术信息，便不再作为知识产权而受到法律保护。如果泄密的行为由第三人的故意或过失所为，则权利人可以依法向第三人主张承担侵权责任，而无法继续维持该技术信息作为商业秘密的法律性质。

（2）竞业禁止不当的失权风险

竞业禁止制度是用人单位以保护其商业秘密为目的而对员工采取的一种法律措施。具体而言，除了相关法律规定对于企业中特定身份的员工，要求其遵守对企业的忠诚义务以外，用人单位可以和员工书面约定，限制并禁止员工在本单位任职期间同时兼职于与本单位具有竞争关系的单位或个人；限制并禁止员工在离职后从事与本单位有竞争关系的工作，包括不得在与本单位有竞争关系或其他利害关系的其他单位，或者与本单位生产同类产品、经营同类业务的单位任职；不得设立或参与设立与本单位业务范围相同的企业；不得自己生产、经营与本单位有竞争关系的同类产品或业务等。

采取竞业禁止措施基于一个基本事实，即员工在执行法人或者非法人组织的工作任务期间，或者完成研发项目期间所获得的专属于其个人的专业水平、工作能力和工作经验等，均属于员工个人的经验和能力，是员工个人劳动能力与劳动价值的具体内容和体现。公民的劳动权利和义务是我国宪法、劳动法等相关法律所规定的劳动者的基本权利和义务，因此，相关法律并不禁止员工在离职后继续使用专属于其个人的专业工作经验和能力。竞业禁止措施在本质上是用人单位与员工协商一致，通过一定的经济补偿，在一定期限和条件下禁止或限制离职员工的工作权利，从而实现对用人单位相关知识产权的维护。如果用人单位仅以书面协议方式要求员工竞业禁止，但不给予必要合理的经济补偿，则员工没有履行竞业禁止的义务；即便双方已经订立了竞业禁止协议，也不能约束员工，要求员工承担竞业禁止义务。在此情形下，用人单位的商业秘密存在着因离职员工重新就业等原因扩散、泄露而成为公知信息，用人单位丧失商业秘密的风险。

（3）被宣告无效或者被撤销的失权风险

知识产权行政主管部门有权依法对于符合相关法律法规条件的知识产权，依据法定程序撤销授权或宣告无效。被宣告无效或被撤销授权的知识产权因此不再受到相关法律的保护。例如,我国《专利法》规定,自公告授予专利权之日起,任何单位或者个人认为该专利权的授予不符合专利法有关规定的,可以请求国务院专利行政部门宣告该专利权无效。国务院专利行政部门对宣告专利权无效的请求应当及时审查和作出决定,并通知请求人和专利权人。宣告专利权无效的决定,由国务院专利行政部门登记和公告。事实上,在专利侵权诉讼当中,被控侵权人申请涉案专利无效是常见的诉讼策略。再如,植物新品种的品种权,自审批机关公告授予品种权之日起,植物新品种复审委员会可以依据职权或者依据任何单位或者个人的书面请求,对不符合《植物新品种保护条例》相关规定的,宣告品种权无效。

又如,集成电路布图设计获准登记后,国务院知识产权行政部门发现该登记不符合《集成电路布图设计保护条例》规定的,应当予以撤销,通知布图设计权利人,并予以公告。需要提示的是,被撤销的布图设计,虽然权利人不再享有布图设计专有权,并不再受到《集成电路布图设计保护条例》的保护,但仍然作为作品而受到《著作权法》的保护。

案例

江苏某化工研究所有限公司与蔡某林技术服务合同纠纷一案

【案情简介】 江苏某化工研究所有限公司(简称研究所)一审诉称,2005年5月,其与蔡某林双方签订技术转让及成果转化合同,蔡某林将其持有的"芳烃聚酯多元醇系列产品的合成与开发利用"技术转让给研究所。蔡某林保证该技术具有实用价值可以进行工业化应用,其后续开发、研究、应用可为研究所带来更大效益。合同签订后,研究所聘请蔡某林为项目总负责人并许以高薪。2006年4月,双方又签订补充协议,蔡某林承诺负责产品研发、试验、技术工艺改进等工作,保证研究所人员掌握技术并熟练运用。上述两协议签订后,蔡某林并没有按照约定转让成果,也没有对员工进行培训,没有将技术成果转化为工业成果。研究所投入数千万元,损失巨大。蔡某林的行为已无法实现技术转让的合同目的。请求判令解除双方技术转让及成果转化合同;蔡某林返还技术转让费并支付违约金等。

蔡某林一审辩称,其如期按约将芳烃聚酯多元醇技术产业文件交给了研究所,设计院按技术资料的要求设计了全套工艺流程,并在某地投资建厂及安装设备。蔡某林在服务期内也开展了技术指导和培训,研究所拒绝采纳其设计要求,未按设计要求购置设备,并在服务期内解除了其职务和劳动合同,技术成果未转化成合格的工业产品系研究所的违约行为造成。研究所事实上解除了技术合同和补充协议。请求驳回研究所有关返还技术转让费及支付违约金的诉讼请求。

一审法院查明,研究所与蔡某林签订芳烃聚酯多元醇系列产品的合成与开发应用的技术合同。约定研究所的义务和责任包括:支付技术转让费,承担项目的后续开发合理经费,提供实验常规研究条件,检查项目进展情况,协调各项工作,验收成果;约定蔡某林的义务和责任包括:保证其拥有的芳烃聚酯多元醇技术具有实用价值可以进行工业化应用(提供相关技术资料作为本合同附件),研究所引进本技术后即可投入工业化应用,对人员进行培训和技术指导,保证其熟练掌握技术及应用。蔡某林应向研究所无保留地提交该技术目前及后续开发研究获取的完整的技术资料和其他形式的科技成果等。风险责任约定为,由于蔡某林原因导致芳烃聚酯多元醇系列产品的合成与开发应用研究未取得进展或违反应承担的责任和义务规定,或研究所未能就该技术取得任何效益,蔡某林应全额退还已付款项。

后双方补充协议约定,聘任蔡某林作为核心技术人员,就芳烃聚酯多元醇系列产品的合成与开发应用项目开始建厂和选购设备仪器。建厂过程中,在项目的技术方案与工艺流程的选择上由蔡某参与决策,其中拟定聚酯反应釜的规格等。蔡某林按照技术合同中约定的责任及方式,在合作过程中向研究所转让相关技术及相关文档资料;负责对整体项目的产品研发/试验、技术工艺改进等工作;在服务期内对人员进行培训和技术指导,保证人员熟练掌握该技术及应用。因试生产始终无法成功,合同履行至2008年4月,研究所免除了蔡某林担任的副总经理职务并解除了与蔡某林的劳动关系。双方均承认试生产没有成功的原因是温度达不到要求,诉讼时涉案技术未正常运行和生产。

【裁判结果】 一审法院认为,研究所提供的证据不足以证明蔡某林具有违反合同的行为。研究所作为涉案技术工业化应用的决策者和组织者,对相关技术应进行综合评价和判断,其在履行技术合同到生产阶段后,主张蔡某林未依约提供相关的技术资料和技术指导,明显不符合常理和逻辑,研究所也未能证明,涉案技术工业化应用不成功系蔡某林技术服务原因所造成。蔡某林作为技术服务提供者,以技术人员身份,只对涉案技术成果转化承担技术服务责任。蔡某林认为双方劳动关系解除后,事实上已经解除了涉案技术合同。据此,一审法院解除双方签订的协议并驳回研究所的其他诉讼请求。二审法院认为,涉案合同性质应为技术服务合同。双方签订的合同虽名为《技术转让及成果转化合同》,但合同中所涉及的技术"芳烃聚酯多元醇技术"系已进入公有领域的技术,本案中没有证据证实存在相关技术秘密。双方就进入公有领域技术的工业化应用所签订的合同应当定性为技术服务合同。在技术服务合同履行过程中,蔡某林没有研究所上诉主张的违约行为,判决驳回上诉,维持原判决。

【典型意义】 本案是一起典型的涉及知识产权权属风险的纠纷。案涉"芳烃聚酯多元醇系列产品的合成与开发利用"技术实质上是公知技术。受让方研究所将其误认为是具有知识产权即技术秘密的技术而受让,从而双方签订的《技术转让及成果转化合同》,其合同性质被法院认定为技术服务合同。研究所最终自行承担了涉案技术开发、成果转化失败所产生的全部损失。

二、知识产权侵权风险

知识产权是一种具有专有属性的无形财产权,是私有权利。对于知识产权的侵权行为本质上属于对权利人所享有的财产权的侵害,适用我国《民法典》侵权责任编的调整。此外,知识产权侵权行为本身具有违法性,侵权行为人还可能依法承担相应的行政责任乃至刑事责任。由于技术转移活动往往涉及知识产权,知识产权侵权的法律风险也就不容忽视。

(一) 一般侵权行为与侵权责任概述

1. 一般侵权行为及其构成要件

根据我国《民法典》有关规定并结合侵权行为的归责原则理论,可将侵权行为分为一般侵权行为和特殊侵权行为两大基本类型。一般侵权行为是指行为人基于过错侵害他人民事权益,造成损害并依法应当承担侵权责任的加害行为。此处的民事权益包括生命权、健康权、姓名权、名誉权、荣誉权、肖像权、隐私权、婚姻自主权、监护权、所有权、用益物权、担保物权、著作权、专利权、商标专用权、发现权、股权、继承权等人身、财产权益。知识产权侵权行为属于一般侵权行为。

一般侵权行为的构成要件包括四个方面:

(1) 有加害行为

加害行为又称致害行为,是指行为人做出的致他人的民事权益受到损害的行为。损害事实由特定的加害行为所造成,没有加害行为,损害就无从发生。从表现形式上看,加害行为可以是作为,也可以是不作为。

(2) 有损害事实的存在

所谓损害事实,是指民事权益因一定的行为或事件而遭受损害。没有损害事实,就谈不上侵权。损害事实依其性质和内容,可分为财产损害、人身伤害和精神损害三种。其中,财产损害是指由于行为人对受害人的财产权利施加侵害所造成的经济损失,既包括直接损害,也包括间接损害。

(3) 加害行为与损害事实之间有因果关系

侵权行为只有在加害行为与损害事实之间存在因果关系时,才能构成。这里的因果关系主要是指损害事实系由加害行为所引起的情形。其具体表现形式主要有：一因一果,即一个加害行为导致一个损害结果;一因多果,即一个加害行为导致了多种损害结果;多因一果,即多个加害行为导致了一个损害结果,这种因果关系最为复杂。厘清加害行为与损害事实间的因果关系,对侵权民事责任的认定极为重要。

(4) 行为人主观上有过错

过错是行为人决定其行动的一种心理状态。行为人是否有过错直接关系到对其行为是否构成侵权的认定。过错分为故意和过失两种形式。故意是指行为人明知自己的行为会发生侵害他人权益的结果,并且希望或者放任这种结果发生的主观状态。过失是指行为人应当预见自己的行为可能发生侵害他人权益的结果,但因为疏忽大意而没有预见,或者已经预见而轻信能够避免的主观状态。

只有同时具备上述四个构成要件的行为,才构成一般侵权行为,应承担一般侵权责任;欠缺任何一个构成要件,都不构成一般侵权行为。

2. 承担侵权责任的方式

侵权行为危及他人人身、财产安全的,被侵权人有权请求侵权人承担停止侵害、排除妨碍、消除危险等侵权责任。除此以外,承担侵权责任的方式还有:返还财产;恢复原状;赔偿损失;赔礼道歉;消除影响、恢复名誉。以上承担侵权责任的方式,可以单独适用,也可以合并适用。

对于侵权责任中的赔偿损失,我国《民法典》采取的损失填平规则,也被称为补偿性赔偿,即以弥补权利人的损失为目的,权利人损害多少,侵权人赔偿多少。但对于侵犯知识产权的侵权责任,符合法定条件时,可以适用惩罚性赔偿。

此外,对于符合法律规定的侵权行为,行为人还需要承担连带责任。所谓连带责任是连带债务关系中数个债务人向债权人承担民事责任的一种形式。承担连带责任的侵权行为包括:二人以上共同实施侵权行为,造成他人损害的;教唆、帮助他人实施侵权行为的;二人以上实施危及他人人身、财产安全的行为,不能确定具体侵权人的;二人以上分别实施侵权行为造成同一损害,且每个人的侵权行为都足以造成全部损害的。

对于二人以上分别实施侵权行为造成同一损害,能够确定责任大小的,各自承担相应的责任;难以确定责任大小的,行为人平均承担责任。被侵权人对同一损害的发生或者扩大有过错的,可以减轻侵权人的责任。

损害是因受害人故意造成的,行为人不承担责任。损害是因第三人造成的,第三人应当承担侵权责任。

(二) 知识产权侵权行为

1. 知识产权侵权行为概述

(1) 知识产权侵权行为的概念、类型

知识产权侵权行为，是指未经权利人的同意，又无法律上的依据，擅自实施其知识产权以及其他以非法手段使用知识产权，依法应承担侵权责任的行为。知识产权侵权行为产生侵权责任法律关系，属于法律事实中的不法事实行为。知识产权侵权的事实行为所产生的损害赔偿等法律后果，即侵权行为人是否承担责任、承担何种责任，均取决于法律的规定。在知识产权领域，侵权行为主要是指对知识产权这一无形财产权进行实体的损害，也即违反法律规定而损害知识产品所有人专有权利的行为，具体是指擅自行使他人权利的行为。依据不同的知识产权类型，可以细分为专利侵权、商标侵权、著作权侵权、商业秘密侵权等。虽然不同类型的知识产权侵权行为所侵害的知识产权权利客体各有不同，但就侵权行为本身而言，其构成要件仍然是相同的。

(2) 知识产权侵权行为的构成要件

作为不法事实行为的知识产权侵权行为，其构成要件应当由法律规定。以一般侵权行为构成要件为基础，结合知识产权法定特点，来确定知识产权侵权行为的构成要件。相较于一般侵权行为的构成要件，知识产权侵权行为的构成具有其特殊性。此特殊性的基础是知识产权作为专有权利，具有排他性之基本属性。法律对于知识产权的保护，其本质在于确保权利人对于知识产权客体的排他性控制。具体而言，法律通过设定知识产权专有权利的内容，划定了一个只有权利人或经其授权的人才能享有的特定领域。行为人在未经权利人许可或符合法定情形的前提下进入这一特定领域，即构成知识产权侵权。从这个角度来看，知识产权侵权行为属于"论迹不论心"。

知识产权侵权行为要件的构成，具体而言包括两个方面：一方面，行为人实施了一定的行为；另一方面，行为人实施的行为侵害了他人的知识产权。此两者之间的因果关系无庸赘述，重点之一在于行为的对象，必须是受到我国相关知识产权法律法规保护的、有效的知识产权客体。也正因为如此，行为具有当然的违法性。反之，如果行为的对象不属于知识产权的客体，例如已被宣告无效的专利、植物新品种等，或者权利人主动公开的商业秘密（例如，2023年11月23日，特斯拉CEO伊隆·马斯克（Elon Musk），在其官方社交媒体上发文，表示愿意将所有初代特斯拉Roadster的原始设计和工程完全开源），则该行为不符合知识产权侵权行为要件。

除此以外，在知识产权侵权行为中，行为人的主观心理状态虽然不影响侵权行为的成立，但有可能成为在知识产权侵权行为成立的情形下，免于承担民事责任的事由。以专利侵权行为为例,我国《专利法》规定,发明和实用新型专利权被授予后,除本法另有规定的以外,任何单位或者个人未经专利权人许可,都不得实施其专利,即不得为生产经营目的制造、使用、许诺销售、销售、进口其专利产品,或者使用其专利方法以及使用、许诺销售、销售、进口依照该专利方法直接获得的产品。根据这一规定,以"生产经营目的"即为专利侵权行为的主观要件。上述所列的制造、使用等各类行为,未经专利权人的许可,且是基于生产经营为目的,均构成专利侵权行为。而不具有生产经营目的,如科学研究或实验目的等,则不构成专利侵权行为。知识产权合理使用制度是我国知识产权法律的一项基本制度。在符合法定的合理使用的情形下,行为人无需经权利人同意或许可而使用知识产权的行为不具有违法性。

再如,在专利侵权诉讼中,销售者、许诺销售者及使用者三类主体均享有合法来源抗辩的权利。所谓合法来源,就客观要件而言,是指通过合法的销售渠道、通常的买卖合同等正常商业方式取得产品;就主观要件而言,无主观过错是指被告是善意的且无过失。具体而言,是指被告实际不知道且不应当知道是未经专利权人许可而制造并售出的专利侵权产品。在合法来源抗辩成立的前提下,虽然不能改变销售、许诺销售及使用专利产品行为的侵权性质,但行为人免予承担赔偿责任。

(3) 直接侵权与间接侵权

根据侵权行为与其针对的知识产权权利内容的密切程度,可以将专利侵权行为分为直接侵权行为和间接侵权行为。知识产权的权利内容是知识产权的核心。如果侵权行为落入了法律所规定的知识产权专有权利的内容范围,且无法律规定的抗辩事由,则该侵权行为属于直接侵权。相对于直接侵权而言,间接侵权是指行为人并未直接实施知识产权专有权利的权利内容,但其行为与他人的直接侵权行为存在特定关系,或基于公共政策原因而被法律规定为侵权行为。

以专利侵权行为为例,如果行为人未经专利权人许可,为生产经营目的制造、使用、许诺销售、销售、进口其专利产品,此类行为构成直接侵权行为。如果行为人虽然没有实施上述行为,但是明知有关产品系专门用于实施专利的材料、设备、零部件、中间物等,未经专利权人许可,为生产经营目的将该产品提供给他人实施,或者积极诱导他人实施侵犯专利权的行为,属于帮助、教唆他人实施侵权行为,构成间接侵权行为。

典型的直接侵权行为主要包括非法实施知识产权,如非法实施专利、使用盗版计算机软件等等;以及假冒知识产权的行为,如假冒专利产品、假冒他人注册商标等等。

2. 知识产权侵权的法律责任

知识产权侵权行为人依法承担法律责任。这里的法律责任包含三种：一是民事法律责任，也就是通常所说的侵权责任；二是行政责任，当具体的特定侵权行为同时损害公共利益时，侵权行为人还可能要承担行政责任，即由相关的政府行政管理部门对行为人依法予以行政处罚。以政府的公权力来保护知识产权，称之为知识产权的行政保护。我国对于知识产权司法保护与行政保护"双轨制"的存在，使得我国知识产权的权利保护体现出明显的"中国特色"；三是刑事责任，对于特定类型的知识产权侵权行为，在满足法定条件，严重危害到社会公共利益时，可能会构成我国《刑法》规定的刑事犯罪，对侵权行为人需要定罪处罚。上述三种知识产权侵权的法律责任并非"三选一"的关系，而是从不同法律规制的不同角度，追究侵权行为人的不同法律责任。我国《民法典》规定，民事主体因同一行为应当承担民事责任、行政责任和刑事责任的，承担行政责任或者刑事责任不影响承担民事责任；民事主体的财产不足以支付的，优先用于承担民事责任。

（1）民事法律责任

总体而言，针对知识产权侵权行为，行为人承担的民事责任应当实现三个基本目的，一是停止侵害行为，防止损害后果的进一步扩大；二是对于知识产权权利人因侵权所受到的损失，给予充分的补偿或赔偿即"损失填平"；三是提高侵权行为的成本，避免侵权行为人因侵权而获益，以防止侵权行为人继续实施侵权行为。针对侵权行为所侵害的知识产权的权利不同，行为人承担的具体民事侵权责任也有所不同，主要包括以下民事责任方式：

① 停止侵害

停止侵害即责令正在实施侵害他人知识产权的行为立即停止侵权行为。停止侵害既包括停止已经发生和正在发生的侵权行为，也包括停止可能继续实施的侵权行为。

② 赔偿损失

当侵权行为给知识产权权利人造成损失且行为人具有过错时，侵权行为人应当承担赔偿损失的民事责任。这是有效阻止侵权行为以及对知识产权权利人进行救济的必要措施。

《TRIPS协定》规定，对于故意或有充分理由应知道自己从事侵权活动的侵权人，司法机关有权责令侵权人向权利持有人支付足以补偿其因知识产权侵权所受损害的赔偿。司法机关还有权责令侵权人向权利持有人支付有关费用，其中可包括有关的律师费用。在适当情况下，各成员可授权司法机关责令其退还利润和/或支付法定的赔偿，即使侵权人不是故意或没有充分理由知道自己从事侵权活动。

在知识产权侵权责任中,所谓的赔偿损失可以细分为三种类型:

一是补偿性赔偿,我国《民法典》规定,侵害他人财产的,财产损失按照损失发生时的市场价格或者其他合理方式计算。补偿性赔偿具有弥补知识产权权利人实际损失的功能,其理论基础源于一般侵权行为所适用的损失赔偿"填平"原则,用于填平权利人因侵权行为而遭受的损失。但实务中,权利人因侵权行为所受的损失往往难以计算。因此,我国知识产权相关立法,对于赔偿数额按照因侵权行为所受到的实际损失,或者侵权行为所获得的利益确定。仍然难以确定的,参照该许可使用费的倍数合理确定。

二是法定赔偿,即当权利人的损失、侵权人获得的利益和权利许可使用费均难以确定的,人民法院可以根据知识产权的类型、侵权行为的性质和情节等因素,判决赔偿相应的金额。例如我国《专利法》规定,权利人的损失、侵权人获得的利益和专利许可使用费均难以确定的,人民法院可以根据专利权的类型、侵权行为的性质和情节等因素,确定给予3万元以上500万元以下的赔偿。

三是惩罚性赔偿,我国《民法典》规定,故意侵害他人知识产权,情节严重的,被侵权人有权请求相应的惩罚性赔偿。所谓惩罚性赔偿,其作用和目的不仅仅是填平权利人因侵权行为所受到的损失,还包含有对故意侵权行为且"情节严重"的,进行惩罚的目的。

③ 消除影响、赔礼道歉

消除影响、赔礼道歉属于侵害知识产权中人身权利的民事责任承担方式。需要注意的是,不是所有的知识产权权利内容中均含有人身权利。例如专利证书中记载的专利权人、发明人,植物新品种登记证书中记载的申请人、育种人,均不是严格意义上的知识产权的权利内容。因此,并非所有的侵权行为人都需要承担消除影响、赔礼道歉的民事责任。

(2) 行政责任的承担方式

知识产权侵权行为的行政责任是指国家知识产权的主管部门依其职权和相关法律规定,对于知识产权侵权行为予以查处,对行为人给予行政处罚。不同类型知识产权侵权行为的行政责任各不相同,由相关的法律法规分别规定。一般而言,具体行政责任的承担方式包括责令停止侵权行为,予以警告,没收违法所得和罚款。知识产权的行政执法和处罚,是我国知识产权保护的一大特点,其目的在于通过行政制裁措施维护公平的市场竞争环境。

对于知识产权侵权行为,视不同的知识产权类型,分别由相应职权的行政主管部门进行查处和处罚。例如,对于侵犯专利权、集成电路布图设计权的行政查处和处罚,由知识产权行政主管部门即知识产权局负责;对于商业秘密、注册商标的侵权行为,由市场监督管理部门查处和处罚;对于著作权的侵权行为,由著作权主管部门查处和处罚。此外,海关根据国家法律法规的规定,对与进出口货物有关的知识产权给予行政保护,以避免侵犯知识产权的产品或服务流入市场。

(3)刑事法律责任

我国《刑法》的基本原则之一是罪刑法定原则。对于特定的侵害知识产权的行为,基于其社会危害程度,我国《刑法》规定了侵犯知识产权的相关罪名。侵权行为人因其知识产权侵权行为触犯我国《刑法》,构成犯罪而受到刑事处罚的刑事法律后果。

我国《刑法》规定的侵犯知识产权犯罪的具体罪名包括假冒注册商标罪;销售假冒注册商标的商品罪;非法制造、销售非法制造的注册商标标识罪;假冒专利罪;侵犯著作权罪;销售侵权复制品罪;侵犯商业秘密罪等七种犯罪罪名。

其中,侵犯商业秘密罪,是指以盗窃、利诱、胁迫或者其他不正当手段获取权利人的商业秘密,或者披露、使用或允许他人使用以不正当手段获取的权利人的商业秘密,或者违反约定或违反权利人有关保守商业秘密的要求,披露、使用或允许他人使用其所掌握的商业秘密,给商业秘密的权利人造成重大损失的行为。

构成侵犯知识产权罪的刑事被告人,依据我国《刑法》的规定,可能被判处有期徒刑、拘役,单处或并处罚金。

案例

嘉兴某化工公司、上海某技术公司诉某集团公司、某科技公司侵犯技术秘密纠纷案

【案情简介】 香兰素是一种全球广泛使用的香料。自2002年起,嘉兴某化工公司与上海某技术有限公司共同研发出乙醛酸法生产香兰素这一新技术工艺,并屡次获奖。基于上述工艺,在本案侵权行为发生前,嘉兴某化工公司已占据全球香兰素市场约60%的份额。

傅某某系嘉兴某化工公司香兰素车间副主任,主要负责香兰素生产设备维修维护工作。2010年4月,傅某某以打算辞职为由拒绝与嘉兴某化工公司签订保密协议。同月,傅某某交给冯某某一个U盘,其中存有香兰素生产设备图200张等技术资料,冯某某转交给某科技公司法定代表人王某某。同年5月,傅某某从嘉兴某化工公司离职,随即进入某科技公司,同时影响到更多员工离开嘉兴某化工公司并加入某集团公司。

2011年6月,某集团公司、某科技公司开始生产香兰素。2015年,某香料(宁波)有限公司成立,并持续使用某科技公司作为股权出资的香兰素生产设备生产香

兰素。因某集团公司、某科技公司、某香料(宁波)公司使用的涉案技术秘密为非法获取,没有实质性的研发成本投入,能以较低的价格销售香兰素产品,对嘉兴某化工公司原有的国际和国内市场形成了较大冲击。嘉兴某化工公司的全球香兰素市场份额从60%滑落到50%。

2018年5月,嘉兴某化工公司、上海某技术公司向浙江省高级人民法院起诉,认为某集团公司、某科技公司、某香料(宁波)公司、傅某某、王某某侵害其享有的香兰素技术秘密,请求法院判令上述被告停止侵权并赔偿5.02亿元。

2020年4月,浙江省高级人民法院作出一审判决:某集团公司、某科技公司、某香料(宁波)公司、傅某某构成侵犯涉案部分技术秘密,判令其停止侵权、赔偿经济损失300万元及合理维权费用50万元。其间,某科技公司、某香料(宁波)公司实际并未停止使用行为。

除王某某外,本案各方当事人均不服一审判决,向最高人民法院知识产权法庭提出上诉。2021年3月,最高人民法院二审改判:撤销一审判决,判决某集团公司、某科技公司、某香料(宁波)公司、傅某某、王某某侵犯涉案全部技术秘密;上述各侵权人连带赔偿技术秘密权利人1.59亿元(含合理维权费用349万元)。

【裁判结果】 最高人民法院认为,权利人嘉兴某化工公司、上海某技术公司主张的若干张设备图和工艺管道及仪表流程图符合技术秘密的法定构成要件,依法应受法律保护。某集团公司等被诉侵权人已经实际制造了香兰素产品,其必然具备制造香兰素产品的完整工艺流程和相应装置设备。诉讼中,某集团公司等被诉侵权人拒不提供有效证据证明其对香兰素产品的完整工艺流程和相应装置设备进行了研发和试验或者其通过其他正当途径获得相关技术,且其在极短时间内上马香兰素项目生产线并实际投产,其行为足以认定某集团公司等被诉侵权人使用了从嘉兴某化工公司处非法获取的全部涉案技术秘密。

同时,某集团公司等被诉侵权人非法获取并持续、大量使用商业价值较高的涉案技术秘密,手段恶劣,具有侵权恶意,其行为冲击香兰素全球市场,且某集团公司等被诉侵权人存在举证妨碍、不诚信诉讼、拒不执行原审法院的生效行为保全裁定等情节。为严厉惩处恶意侵害技术秘密的行为,充分保护技术秘密权利人的合法利益,最高人民法院决定以原告香兰素产品的销售价格及销售利润率作为确定侵权人相关销售价格和销售利润率的参考,乘以某集团公司、某科技公司及某香料(宁波)公司侵权期间生产和销售的香兰素产量计算赔偿数额。

【典型意义】 本案是人民法院历史上生效判决确定赔偿数额最高的侵害商业秘密案件。本案先后入选了最高人民法院知识产权法庭2020年技术类知识产权典型案例、2021年中国法院10大知识产权案例,其多项裁判观点也被编入了2021

年《最高人民法院知识产权法庭裁判要旨摘要》。

案例来源：最高人民法院2020最高法知民终1667号。

知识产权侵权中的惩罚性赔偿

我国《民法典》规定的侵权民事责任是以"损失填平"为原则。但是，对于故意侵害他人知识产权，情节严重的；明知产品存在缺陷仍然生产、销售，或者没有依据前条规定采取有效补救措施，造成他人死亡或者健康严重损害的；以及违反法律规定故意污染环境、破坏生态造成严重后果的，我国《民法典》赋予被侵权人有权请求相应的惩罚性赔偿。

知识产权侵权中的惩罚性赔偿，其作用和目的不仅仅是填平权利人因侵权行为所受到的损失，还包含通过加大侵权行为赔偿金额，"依法惩处严重侵害知识产权行为"之目的。

所谓严重侵害知识产权行为，首先需要认定知识产权侵权行为，是故意侵权而并非因过错导致的侵权。如何认定侵权故意？应当综合考虑被侵害知识产权客体类型、权利状态和相关产品知名度、被告与原告或者利害关系人之间的关系等因素。一般而言，具有下列情形之一的，可以初步认定侵权行为人具有侵害知识产权的故意：

① 行为人经权利或者利害关系人通知、警告后，仍继续实施侵权行为的；

② 行为人或其法定代表人、管理人是权利人或者利害关系人的法定代表人、管理人、实际控制人的；

③ 行为人与权利人或者利害关系人之间存在劳动、劳务、合作、许可、经销、代理、代表等关系，且接触过被侵害的知识产权的；

④ 行为人与权利人或者利害关系人之间有业务往来或者为达成合同等进行过磋商，且接触过被侵害的知识产权的；

⑤ 行为人实施盗版、假冒注册商标行为的；

⑥ 其他可以认定为故意的情形。

对于侵害知识产权情节严重的认定，应当综合考虑侵权手段、次数，侵权行为的持续时间、地域范围、规模、后果，侵权人在诉讼中的行为等因素。被告具有下列情形之一的，人民法院可以认定为侵权行为情节严重：

① 因侵权被行政处罚或者法院裁判承担责任后，再次实施相同或者类似侵权行为；

② 以侵害知识产权为业；

③ 伪造、毁坏或者隐匿侵权证据；

④ 拒不履行保全裁定；

⑤ 侵权获利或者权利人受损巨大；

⑥ 侵权行为可能危害国家安全、公共利益或者人身健康；

⑦ 其他可以认定为情节严重的情形。

惩罚性赔偿的计算方法为，以原告实际损失数额、被告违法所得数额或者因侵权所获得的利益作为计算基数，如果前述方法均难以计算的，参照该权利许可使用费的倍数合理确定赔偿数额，并作为惩罚性赔偿数额的计算基数，再在上述基数的一倍以上五倍以下确定惩罚性赔偿数额。

因同一侵权行为已经被处以行政罚款或者刑事罚金且执行完毕，行政罚款和刑事罚金不作为减免惩罚性赔偿责任的依据，仅作为确定上述赔偿倍数的参考。

三、知识产权风险应对

如前所述，在技术转移活动中，相关知识产权的风险主要与知识产权的权利效力、归属，以及知识产权侵权有关，因此，知识产权风险的应对，需要围绕着知识产权权属与知识产权侵权两个方面展开。

在宏观上，企业应对知识产权风险的方法和措施主要是建立完善的知识产权管理制度，包括知识产权的申请、审查、维护、保护等；加强知识产权培训，提高员工的知识产权意识和保护意识；做好知识产权的申请和保护工作，以避免被他人侵权；强化保密工作，对属于企业商业秘密的技术信息和经营信息采取符合法定要求的合理保密措施；建立合同条款中的知识产权审查机制，在签订合同前对合同中的知识产权条款和内容进行审查，避免知识产权失权和侵权。同时，企业还需要定期对现有知识产权和技术转移活动进行知识产权风险评估，及时发现和解决潜在的知识产权风险。

在微观上，对于技术转移活动涉及的知识产权，在签订相关的技术合同时，通过合同的知识产权条款约定来明确权利归属。通过必要的知识产权尽职调查等方法来避免知识产权风险的发生。

（一）知识产权权属风险的防范

防范知识产权权属风险的核心是"确权"，即确定知识产权权属。准确地对知识产权进行"确权"，是防范权属风险的基础。"确权"首先要求当事人依据相关知识产权法律规定，确定某一项技术成果或智力成果属于知识产权。或者知识产权权利存在；其次，要求明确知识产权的权利归属；再次，确定知识产权持续有效，并未发生权利消灭或丧失的法定情形。

实现或完成知识产权确权的方法有多种方法和路径,常见且有效的方法是对相关的技术成果进行知识产权尽职调查。通过尽职调查,确认相关技术成果的性质、有效性及价值、权属、权利稳定性及许可使用、保密措施情况。

(二) 知识产权侵权风险的化解

关于化解知识产权侵权风险,需要从两个方面来理解。一方面,技术转移活动的实施,应当避免侵犯他人的知识产权,即避免侵权风险。这就要求技术转移活动的各方当事人,在主观上具有尊重和维护他人知识产权的基本意识,在客观上对于技术转移涉及的技术成果,遵循相关知识产权法律的要求进行开发、许可、转让;另一方面,如果他人实施了侵害技术转移活动相关当事人知识产权的侵权行为时,相关当事人主动采取相应的权利救济措施,制止侵权,维护技术转移相关当事人的合法权益。这要求各方当事人在实施技术转移过程中,关注相关技术成果在相同行业、领域和企业的实施情况;关注关联公司或母子公司共同使用技术成果的情况,发现由此引起的潜在纠纷。

当事人还可以根据知识产权合规的具体要求,对于具体技术转移活动所涉及技术成果的权属、权利稳定性、效力等状况,开展专项的侵权风险调查,并根据调查结论,主动采取更严格更有效的权利保护措施。

化解知识产权侵权风险,可以遵循以下的基本工作思路:准备侵权预警措施;检索发现侵权线索;固定侵权证据、锁定侵权行为人;采取全方位、多渠道的制止侵权的法律措施,追究侵权行为人的法律责任。在整个工作思路中,较为重要的一点是寻求专业的知识产权法律支持和服务,选择和确定合理、有效的维权方案与措施。

第二节 技术转移中的合同风险

本节要点

掌握技术转移活动中所涉及的合同风险及风险产生原因。

一、合同订立阶段的风险

(一) 合同主体不适格产生的风险

合同的主体是指在合同法律关系中享有权利和承担义务的当事人。我国《民法典》虽然规定了自然人、法人或非法人组织可以成为合同的主体,但是实务中,不适格的合同主体参与合同的订立并不鲜见。合同主体不适格的法律后果是导致合同的效力有瑕疵,有可能致使合同处于不生效、效力待定或合同无效的状态,对交易的安全性和稳定性产生实质性的不利影响。

合同主体不适格的情形主要有以下几种:

1. 主体签约能力欠缺

例如,未经市场主体登记或组织登记,主体在法律上不存在,科研院所或者高校内设的二级机构和学院、项目课题组等作为合同一方当事人订立合同便属于这种情形;市场主体处于被吊销或被注销的状态;限制或无民事行为能力人订立合同;无代理权限或超越代理权限的人订立合同。

2. 主体错列

合同主体与交易的主体不一致,如存在关联关系的合同签约主体与交易主体混同;签约主体不是合同标的的权利人或有权处分人;遗漏负有承受合同权利义务关系的适格合同主体,或将无合同权利义务的主体列为合同主体。

3. 主体欠缺履约能力

合同主体缺乏履行合同所应具备的特定资质、政府许可;缺乏有效的授权许可;合同主体企业信用存在问题,如合同主体已被列入失信被执行人名单等。

4. 合同属于关联方交易

在一些类型的技术转移活动中,这种交易可能引起合同的合规风险。

(二) 合同名实不符的风险

所谓合同名实不符,指的是合同书名称与合同内容不符;合同类型名实不符;合同条款所体现内容与合同当事人的实际交易不符。比如,将委托合同命名为合作合同;将技术咨询合同混淆为技术服务合同;将一般服务合同与技术服务合同混同等。

另外需要注意的是合同的形式。正式的合同书与合同意向书或类似文件之间存在效力上的强弱与不同。并非所有的意向书都不具有正式的法律效力或约束力,除了当事人约定效力以外,意向书中的保密条款、合同期限等往往会产生约束力。如果当事人以意向书、认购订购书、预订书等形式约定在将来一定期限内订立合同,或者为担保在将来一定期限内订立合同交付了定金,能够确定将来所要订立合同的主体、标的等内容的,则可能构成预约合同;当事人已就合同标的、数量、价款或者报酬等主要内容达成合意,且符合法律规定的合同成立条件,未明确约定在将来一定期限内另行订立合同,或者虽然有约定但是当事人一方已实施履行行为且对方接受的,则构成本约合同成立。

如果忽略合同的形式,则可能误导合同当事人对双方的权利义务及相关合同效力做出错误的认识和判断,从而引发合同风险。

(三) 合同欺诈或交易涉嫌违法的风险

具体的情形包括：涉及欺诈、胁迫、显失公平或重大误解的合同;合同违反法律法规的强制性规定的合同;合同违反公序良俗,例如,当事人一方采取欺诈手段,就其现有技术成果作为研究开发标的与他人订立委托开发合同收取研究开发费用;就同一研究开发课题,先后与两个或者两个以上的委托人分别订立委托开发合同,重复收取研究开发费用;使对方在违背真实意思的情况下订立的合同;以不正当或违法手段获取合同,如商业贿赂;围标、串标;合同诈骗。

(四) 合同标的瑕疵引起的风险

合同标的依法须经有关部门审批或者取得行政许可但未经审批或者许可的,对合同履行会产生实质性影响。

合同标的依法不能交易或限制交易的;或者合同标的的描述含糊不清,例如,在技术服务合同中,对于技术服务的内容和服务成果的描述过于抽象、概括,无从判断服务提供方是否依约履行合同义务,又如,合同标的属于已经设置抵押、质押或其它优先权的资产。

合同标的权属不明,包括标的权属与合同主体不符;权属存在争议或瑕疵;遗漏其他权利人或合同主体欠缺其他权利人之授权文件。

(五) 合同条款不当引起的风险

所谓合同条款不当,指合同当事人的权利义务严重失衡的情形,具体包括:在合同条款中包含了导致合同无效的格式条款,即合同中存在排除合同一方主要权利,不合理地免除或者减轻其责任、加重对方责任、限制对方主要权利等情况;合同内容违法或者不真实;合同存在免除一方因过错造成对方财产损失责任的条款。

此外,资产、股权代持交易;关联交易;超出合同主体经营范围的交易;合同主体与合同履约能力明显不匹配的交易;标的物交付、交易价格、结算付款方式、履约期限等必要条款的约定明显不合理等,这些情形都会引起合同的风险。

(六) 合同必要条款欠缺或约定不明的风险

显而易见,这类情形引起的合同风险,从合同纠纷的数量上看,是最多也是最常见的。技术合同一般都包含以下条款：(1)项目名称;(2)标的的内容、范围和要求;(3)履行的计划、进度、期限、地点、地域和方式;(4)技术情报和资料的保密;(5)风险责任的承担;(6)技术成果的归属和收益的分成办法;(7)验收标准和方法;

(8)价款、报酬或者使用费及其支付方式;(9)违约金或者损失赔偿的计算方法;(10)解决争议的方法;(11)名词和术语的解释。这些条款以及知识产权条款、通知送达条款构成了技术合同的必要条款。

合同如果缺失了这些必要条款,或者对于这些必要条款的文字表述不清晰、约定不明,则在合同履行中发生风险的概率极高。在正常情况下,合同当事人对于合同履行可能出现的各种意外情形,无法完全预料,且碍于合同篇幅,也无法一一在合同中列举。尽管如此,对于上述技术合同的必要条款,应当在合同中描述完整且约定清晰,以避免风险的发生。

在实务中,欠缺或约定不明的合同条款主要涉及标的物(产品、技术或服务)的质量;验收标准和方法;违约责任条款;风险责任的承担等。因此,合同当事人应当根据合同的类型、性质,在充分考虑合同风险的基础上,全面拟定合同的必要条款和合同内容。

(七) 合同订立程序的风险

在合同订立过程中,根据合同的具体类型、合同标的等因素,通常需要履行相应的流程和手续,以最终完成合同的缔结并生效。合同订立的流程和手续通常分为内外两个部分。

1. 订立合同的外部程序风险

订立合同的外部程序通常包括批准、登记、备案、通知公告等流程,例如专利权的转让需要在国务院知识产权行政部门进行登记,专利的许可需要进行备案,同时,专利权转让合同、专利实施许可合同作为技术合同,还需要进行技术合同登记,以使其符合享受国家促进科技成果转化财税优惠政策的条件。

合同订立的批准手续一般意味着政府有权部门对于特定交易合同的行政审批、审核,本质上是一种行政许可。例如,我国《技术进出口管理条例》规定,属于限制出口的技术,实行许可证管理;未经许可,不得出口。出口属于限制出口的技术,应当向国务院外经贸主管部门提出申请。申请经批准的,由国务院外经贸主管部门发给技术出口许可意向书。申请人取得技术出口许可意向书后,方可对外进行实质性谈判,签订技术出口合同。

通知公告主要是针对与合同有关的利益相关方。如上市公司为履行信息披露义务而对属于法定信息披露内容的公司信息进行公告。

此外,有些类型的合同,如政府采购合同等,根据规定还需要履行特殊的交易程序,才能最终订立合同。这些特殊交易程序包括招投标程序;竞争性磋商程序、招拍挂程序;国有资产产权交易程序等。

2. 订立合同的内部程序风险

订立合同的内部程序是指合同当事人内部对于合同订立的流程与权限要求。不同的合同主体对于本单位合同的订立往往通过内部规章制度和内部决策程序予以规范,例如,国有企业对于"三重一大"事项(重大决策、重要人事任免、重大项目安排和大额资金运作)的决策程序。同时,订立合同的内部流程,也需要遵守相关法律的规定,如我国《公司法》对于公司股东会、董事会和总经理的相关职权规定,决定了相关合同在公司内部的审批权限。虽然,订立合同的内部程序是否完备,基本不影响订立合同的效力,但合同订立程序的瑕疵和缺陷,毫无疑问会引起相应的合同风险。

二、合同履行阶段的风险

我国《民法典》规定,当事人应当按照约定全面履行自己的义务。当事人应当遵循诚信原则,根据合同的性质、目的和交易习惯履行通知、协助、保密等义务。在实务中,合同当事人严格按照合同约定全面准确地履行合同的情形并不多见,相反,双方的履约行为不完全符合合同约定的情形更为常见。

在合同当事人就有关合同内容没有约定或约定不明确,在双方既不能达成补充协议的,又无法按照合同相关条款或者交易习惯确定时,我国《民法典》虽然规定了相关合同条款的履行规则,但是,这些法定的合同履行规则仍然不能覆盖合同实际履行所出现的各种问题。因此,合同履行风险的发生就成为不可避免。在合同履行的诸多风险中,首当其冲的是违约行为引起的合同风险。

(一) 合同履行中的常见风险点

需要指出的是,在实务中合同风险往往叠加出现。合同的履行风险源于合同订立时的内容缺陷,即对于涉及合同履行的事项没有约定或约定不明,进而导致在合同履行过程中因履约行为失据或无据而发生争议。在发生争议时,合同当事人通常会从自身利益出发,按照有利于己方的原则来解释合同条款。例如,在合同中对于违约行为的类型缺少明确而全面的约定,在履行过程中,双方又各自存在违约行为,这里违约责任的承担往往交织着合同履行的抗辩,双方都认为自己的违约行为是由于对方的违约行为所致。在此情况下,合同当事人如果不能理性、平等的协商,则极可能导致合同被解除,合同的目的无法实现且给合同双方当事人带来财产损失。

以技术委托开发合同为例,在相关的技术合同纠纷案件中,引发合同当事人发生合同纠纷的常见的争议点或者风险点,主要包括以下十个方面:

(1)研发费用逾期支付;(2)对于研发产品或技术功能、性能的要求(在研发过程中的功能、性能变更或增加);(3)研发技术过程是否存在侵害第三人在先权利及其责任承担;(4)研发技术或产品成果权的归属;(5)阶段性验收与阶段性技术成果叠加阶段性付款迟延;(6)研发产品或技术的功能、性能不达标;(7)研发产品或技术的功能、性能变更叠加研发周期严重超期;(8)对于技术研发人员的管理(项目组人员变更、不挖人条款);(9)技术风险的认定与责任承担;(10)课题论文的发表与评奖。

(二) 违约行为引起的合同风险

违约行为指合同当事人未按照合同约定全面履行自己的合同义务。所谓合同义务,既包括合同约定的主要义务,例如按合同约定向对方交付技术成果、技术资料或支付价款,也包括合同的附随义务,如通知、协助、保密、开具合格票据等。根据合同的类型和性质,在某些合同中通知、保密、开票的义务可能成为主要合同义务而并非附随义务。

合同一方或双方当事人的违约行为,可能导致合同对方或双方当事人的合同权益受到侵害、合同目的无法实现。因合同当事人的违约行为所引起的合同履行风险是实践中最为常见和多发的合同风险。一般而言,合同当事人的违约行为包括以下三类:

(1) 不履行或拒绝履行,即在合同履行期届满时,合同当事人完全不履行自己的合同义务或者明确表示拒绝履行合同义务。这种违约行为导致合同目的不能实现,属于根本违约。

(2) 迟延履行,即负有履行合同义务的当事人无正当理由(无法律规定或合同约定的事由),在合同规定的履行期届满时,仍未履行合同义务,或者合同未约定履行期限的,在合同相对方提出履行催告后仍未履行义务的。

(3) 不适当履行,又称为瑕疵履行,是指负有履行合同义务的当事人所作的履行不符合合同约定的标的内容、价款、地点、期限、方式和质量等要求,以及在己方发生违约行为时,未采取合理的补救措施。

从违约行为的主体来看,可能是合同一方违约,也可能是双方或多方违约,且违约行为相互叠加,对于合同当事各方的合同权益都造成损害。

(三) 履约行为不当引起的风险

尽管合同约定的内容清晰、明确,但是在实际履行中,却往往因为合同当事人尤其是合同经办人员的合同意识不强、僵化机械的内部流程,导致其不能完全按照合同约定内容履行义务,从而构成违约行为,引发合同风险。

在实务中,履约行为不当主要体现在两个层面:一是向合同对方履行义务不当,二是接受合同对方履行义务不当。

在向合同对方履行义务时,不能严格按照合同约定的内容履行并形成履行义务的书面文件。例如,在履行技术委托开发合同中的技术成果交付义务时,向委托方交付的技术成果载体不全面,技术资料和图纸不完整;成果及资料图纸的转移交接不制作由接收人签章的书面交接文件(交接清单)。在向对方履行付款义务时,仅仅以本单位内部的付款流程为依据,而不是以合同约定的付款期限为依据,结果合同约定的付款期限已经届满,而单位内部的付款流程还在进行中,从而导致逾期付款,构成违约,并产生支付违约金的违约责任;或者,仅根据合同对方的口头指令,将合同款项汇入第三方的银行账号,或合同经办人的个人账号。

在接受合同对方履行义务时,对于交付的技术成果或产品,不按合同约定进行数量清点、质量验收。合同一方或双方不制作交接清单,或者虽然有交接清单,但交接清单内容过于简单、含糊,参与交接的人员没有获得授权,甚至交接清单上只有签名,连交接的时间、地点都没有。对于验收发现的问题,不按合同约定的期限、方式、途径向合同对方提出质量异议,导致其接收的合同标的"视为合格"。例如,在软件委托开发合同中,双方仅交接目标代码,委托方不要求受托方交付软件源代码;改变合同约定的软件测试方法,或者简单以上线试运行,取代在模拟环境中测试或者在生产环境中测试。

另外,还有一些常见的履约行为不当的情形:履约人员的身份不清晰、履约权限不明确;在合同履行中,擅自变更合同的约定履行时间、方式等内容;对于合同对方的违约行为采取视而不见、默认容忍等应对措施,比如,对于当事人的逾期付款、逾期交付等违约行为,合同经办人员往往以默认的方式接受,完全没有意识到其本人无权变更合同的约定内容,也没有重视对方当事人的违约行为所可能导致的后果。

在现实中还会经常发生这样的违约问题:由于合同当事人内部流程的拖沓低效,以及合同履行所涉及的各个相关部门之间的不协调、不配合,导致己方违约并承担违约责任的情形。

案 例

某化工公司与和戴维/陶氏的保密协议纠纷案

【案情简介】 2010年某化工公司拟建设丁辛醇项目,为此展开调研,并在调研过程中与多家丁辛醇生产技术的供应方进行接触。

某化工公司在与戴维/陶氏洽谈过程中,应对方要求签署了《低压羰基合成技术不使用和保密协议》。该协议约定的保密信息范围非常宽泛,并且约定,如果某化工公司从公有领域或第三方合法获取的信息包含保密信息内容,某化工公司在使用或披露该等信息之前,也必须获得戴维/陶氏的书面同意,否则即视为违反保密协议。事实上,由于戴维/陶氏从未向某化工公司提供相关保密信息,某化工公司无从知晓从公有领域或第三方获取的信息是否包含保密信息内容,也无法提前获得戴维/陶氏的同意。

最终,戴维/陶氏公司报价过高。某化工公司因此未能与戴维/陶氏达成合作,而是选择了报价远远低于上述价格的某大学的丁辛醇装置水性催化剂技术。

在某化工公司的项目建成之后,戴维/陶氏公司于2014年11月以某化工公司的丁辛醇装置使用了其保密技术信息,违反了《低压羰基合成技术不使用和保密协议》为由,在斯德哥尔摩商会仲裁院提起仲裁,向某化工公司提出巨额索赔。最终斯德哥尔摩商会仲裁院支持了戴维/陶氏的仲裁请求,裁决某化工公司应赔偿人民币7.49亿元,并禁止某化工公司的第四座工厂的建设。该仲裁裁决已经于2021年8月得到聊城市中级人民法院的裁定认可。据悉,本案仲裁裁决已经由国内人民法院执行完毕。

【典型意义】 在现实的交易(包括技术转移)过程中,交易双方通常将保密条款作为合同的必要条款,或者单独签署保密协议作为保护知识产权的措施之一。但是,有的时候交易双方甚至其法律顾问对于保密协议不够重视,使用来源不明的保密协议文本,忽视对于保密协议内容的审查,对于相关条款往往不像对待合同主要条款那样字斟句酌,而是"随便签签"。本案中,某化工公司为此支付了高昂的学费,案件结果对于企业订立正式合同前的合同管理与风险控制可谓敲响警钟。

在现实中,很多企业很容易忽视对前期合同谈判过程的管理,忽视在合同洽谈过程中经常出现的会议纪要、备忘录、保密协议、合作意向书等法律文件。对于此类法律文件,往往没有按正式合同的流程进行审批和审核。这就给企业的前期合同管理和风险控制带来巨大的隐患。此外,虽然不能要求企业的合同经办人员具备专业的合同法律知识,但是他们应当具备基础的合同认知能力。这种认知能力体现在:在签署、发出书面法律文件时,首先要先判断是不是合同文件;自己是否取得了相应的授权;在文件签署后,是否会产生相应的合同权利和义务;这些权利义务是否符合或满足本单位的利益。

技术转移中的风险及应对 第五章

第三节 技术转移中的风险应对

> **本节要点**
> 掌握在技术转移工作实务中,规避和应对技术转移风险的方法。

一、合同订立阶段的风险应对

合同订立阶段指正式合同签订前的协商阶段,当事人就技术转移交易尚未完全达成一致。在此阶段,通常以促进交易为基本原则,通过对交易主体、交易标的的尽职调查,评估可能的交易风险,确定有利于各方规避风险的交易模式,采取的风险应对措施并将其嵌入到正式的合同内容之中。

(一) 合同订立前的尽职调查

合同订立前尽职调查,其目的主要在于:(1)了解拟交易对方的资产、经营、业务、信用、知识产权、合规等基本情况;(2)对拟进行的交易做出可行性评价,查找该交易可能在法律方面存在的重大瑕疵,或者是否存在其他可能阻碍交易实施之情形;(3)依据调查结果,分析评估交易当事人的风险能力和履约能力,并据此调整和确定交易的结构、模式,以及确定交易当事人在合同中的权利和义务。

合同订立前尽职调查的对象主要包括:(1)交易对象。即合同对方当事人,了解其资产、经营、业务、信用情况,确认其作为合同主体是适格的、合法的。(2)拟交易的合同标的。由于技术转移中的交易标的以知识产权为主,因此,为避免风险,尽职调查的目的和范围涉及作为合同标的的知识产权的性质、有效性;是否符合交易目的或满足交易要求;确认知识产权的权属、权利稳定性及许可使用情况;了解知识产权可能存在的担保物权情况;确认与知识产权资产相关的约定、协议、纠纷、诉讼等情况;确认与知识产权相关的保密措施情况;分析被调查的知识产权是否存在潜在的权利风险。上述这些信息可以通过独立调查或者要求对方当事人主动披露而获得。

鉴于技术转移活动基本上涉及知识产权这一特点,根据拟进行交易的性质、规模等,还可以进一步通过技术查新、技术成熟度评价等工作更深入地了解和掌握交易标的的具体情况。对于技术转移所涉及知识产权的技术查新和技术成熟度评价,可能直接影响交易模式、交易结构和技术交易风险承担方式等合同内容的约定。

(二) 技术转移合同及文件的撰写

1. 撰写的文件类型

需要撰写的文件类型包括交易前期磋商阶段所需要的保密协议和意向书、会议纪要、备忘录或类似文件。根据当事人的磋商进度,还可能包括预约合同。当然,最重要的工作是根据双方经协商一致后所形成的意思表示,撰写正式的技术合同文本。在此阶段,合同类型、主体、标的、交易结构和方式等合同的主要内容已经基本确定,加上技术合同的通用标准条款如通知送达、协助、争议解决方式等,就可以形成完整的技术合同文本,供合同当事人进一步讨论修改。

2. 合同文件撰写的质量要求

合同文件撰写的核心是质量要求。客观地说,没有完美的合同。但是,高质量的合同可以有效应对合同履行中的风险,提高交易效率、降低交易成本。一份高质量的合同条款内容,应当满足以下要求:合同名称、内容与合同类型完全相符,真实反映交易的类型和性质,符合当事人的真实意思表示;全面、准确地表达当事人的权利义务;科学合理地控制当事人的权利义务范围;合同条款之间逻辑清晰、协调搭配。

要撰写一份高质量的合同文本,首先要确定合同的结构逻辑清晰,遵循合同主体-合同标的-交易模式(如何交易)-合同履行的保障与救济措施的基本逻辑结构。在事实上,几乎所有的合同,其内容的逻辑结构都是相同的,其先后顺序与我国《民法典》合同编中关于合同内容的先后顺序基本一致,即合同首部,包括合同名称、合同主体、合同引言,到合同的正文条款,包括标的、价款、结算与支付方式等交易模式,再到合同通用标准条款,包括合同的变更与解除、保密条款、知识产权条款、通知送达、争议解决、法律适用、生效条件等。

经过合同订立前的尽职调查,实际上已经解决了合同主体与合同标的事宜。撰写的重点在于根据当事人协商的结果确定合法可靠的交易模式。从法律表达技术角度,可以直接以交易模式和交易流程为主要表达逻辑,将合同当事人的权利义务分散地表述到流程要点中,从而解决"如何交易",为当事人按约履行合同义务提供明确具体的指引。在交易模式的选定上,尽可能去繁就简,避免复杂的交易模式,确立当事人之间清晰的法律关系。例如,成果转化合同中往往在当事人之间设立多重的技术合同法律关系,从主要的技术转让合同法律关系,到为配合技术成果转让实施而提供的技术服务、技术培训等法律关系,有可能糅合在同一份合同文本当中。从某种程度上说,合同约定的交易模式,其复杂程度与风险程度成正比。

3. 合同撰写的语文要求

在现实中，一个广泛存在的现象是合同内容普遍存在着错别字、病句和乱用标点符号等问题。即便合同经过法律专业人士的审阅修改，也难以避免这种现象的发生。因此，如果要保证合同撰写的高质量，就不得不对合同的撰写工作提出相应的语文要求。

就合同撰写的语文要求而言，首先是要做到"杜绝错别字和病句，正确使用标点符号"。特别是一些复杂的合同文本，上百页数万字的内容，杜绝错别字和病句是一个挑战。关于标点符号的正确使用，应当以相应的国家标准《标点符号用法》GB/T 15834—2011 作为使用依据。

其次是合同文字的表述应当避免歧义、避免使用不规范的表述。例如，在合同中使用约定俗成的名词或名称缩写、行业内使用的非法定计量单位，这些表述可能造成双方理解歧义。比如，甲方委托乙方运营其线上视频直播平台。双方订立一份《运营服务合同》，涉及甲方权利义务的条款之一约定："甲方应负有产品的选择及价格的调整优化，及页面设计，店铺活动策划，客服服务，店铺推广、售后等问题甲方都有权合理参与"。在这句话中，对于相关事项，甲方是"应负（责）"？还是"都有权合理参与"？所谓的"合理参与"，什么是合理？在此条所列事项上，甲乙双方显然是达成一致意见的，但是，这个病句所表达的意思前后矛盾。甲方的合同权利义务显然因为这个病句而变得不确定。

最后是关于合同条款所使用的序号，应当正确标注。合同的逻辑结构自上而下是章、节、条、款、项、目。合同条款也应当按照这个逻辑结构层层安排，以正确的序号进行标注，准确体现合同内容上下前后之间的逻辑关系。

满足合同撰写语文要求的一个简单方法是鼓励使用合同示范文本或者合同模板。

4. 注意合同性文件与合同正文的效力关系，避免前后矛盾

所谓合同性文件包括两个部分：第一个部分是与履行合同有关的技术背景资料、可行性论证和技术评价报告、项目任务书和计划书、技术标准、技术规范、原始设计和工艺文件等技术性文件，以及招投标文件等。这部分文件通常作为合同的附件，是合同的有效组成部分。第二个部分是合同订立和履行过程中形成的备忘录、会议纪要、补偿协议等。在正式合同生效后，除非另行约定，生效前所形成的相关文件被合同替代；在合同履行中形成的相关文件自然替代合同的约定，成为新的合同内容。这些过程中的文件有时候存在内容前后不一致、效力无法区分的情形，在合同撰写过程中，应当理顺其彼此之间的效力关系。

5. 订立合同的书面形式和适格主体

技术合同的订立都应当采取书面形式。在订立书面合同的同时，首先应当注

意合同当事人的主体适格性。具体而言,在现实中属于法人或非法人组织的技术成果,是技术合同的"主力军",而这些技术成果的研发人员又往往直接参与到技术转移活动中。因而,在订立技术合同时,应当特别注意合同当事人是否具备相应的合同主体资格。判断合同主体是否适格的方法之一是注意区分技术合同所涉及技术成果的财产权归属,也就是明确它是职务技术成果,还是非职务技术成果。

职务技术成果的使用权、转让权属于法人或者非法人组织,法人或者非法人组织可以就该项成果订立技术合同。法人或者非法人转让该项职务技术成果时,成果的完成人享有以同等条件优先受让的权利。

非职务技术成果的使用权、转让权属于完成技术成果的个人,成果完成人可以就该项非职务技术成果订立技术合同。

不具有民事主体资格的科研组织订立的技术合同,经法人或者非法人组织授权或者认可的,视为法人或者非法人组织订立的合同,由法人或者非法人组织承担责任;未经法人或者非法人组织授权或者认可的,由该科研组织成员共同承担责任,但法人或者非法人组织因该合同受益的,应当在其受益范围内承担相应责任。这里所称不具有民事主体资格的科研组织,包括法人或者非法人组织设立的从事技术研究开发、转让等活动的课题组、工作室等。

二、合同履行中的风险应对

技术合同履行中的风险,情况较为复杂。有些是因为合同内容本身的缺陷,如对某个事项约定不明,在合同履行过程中暴露出来;有些是因为在履行过程中,出现了合同订立时当事人没有预料到的客观情况变化;还有些是在履行过程中,一方或双方当事人对于合同的目的,与合同订立时相比发生了变化,希望变更或终止合同。

高质量的合同履约行为可以有效应对大多数的合同风险。所谓高质量的合同履约行为,是指合同当事人按照我国《民法典》的规定,全面准确履行自己的合同义务。同时,遵循诚信原则,履行合同附随义务。

经验表明,在实务中,针对合同履行风险的具体情况,结合技术合同的约定内容和相关法律规定,当事人可以采取一些应对风险、避免损失、维护己方合同权益的有效方法和救济措施。

方法一,履约行为的全程留痕。全程留痕是指合同当事人履行合同义务的行为或事实,可以书面形式完整再现出来。这是当事人在合同履行阶段应对风险的基本要求。大量的合同纠纷案件显示,争议双方在合同履行阶段出现争议时,对于双方为解决争议而进行的协商沟通的相关内容,往往各执一词。结果非但没有弥补分歧,促进合同继续履行,反而激化了矛盾,加重了风险程度和范围。或者,合同当事人对于协商的过程和内容存储在手机中,但等到双方对簿公堂后,又因为更换手机、重装系统等原因导致当事人无法举证,难以证明对方的违约行为或违约事实。

方法二,及时正确行使法定的合同权利。我国《民法典》赋予了合同当事人相应的合同权利,如合同解除权、撤销权、不安抗辩权等。这些权利的行使往往需要符合相应的法定条件、在法定的期间内行使。对于合同履行中的风险,尤其是对方当事人违约所造成的风险,当事人可以根据具体的情形,及时行使权利以应对风险,如发送催告函、律师函,催告对方履行合同义务。在实务中,针对违约行为,当事人普遍存在侥幸心理,不及时行使权利的情形较为普遍。其结果往往是未能及时有效控制风险,最终合同目的无法实现,导致合同解除。简单地说,如果要求对方当事人承担违约责任,与其在合同解除后要求对方当事人承担赔偿损失的违约责任,不如在对方当事人违约之初,要求其承担继续履行合同的违约责任。

方法三,积极协商,适当让渡合同利益,避免更大损失。对于非因当事人原因所产生的合同履行风险,如情势变更,当事人可以通过协商,适当让渡合同利益以促使合同继续履行。

第六章

技术转移新型法律问题

当今社会已进入信息化时代,数字化、智能化正在衍生为一种产业。在此过程中,技术转移也面临着一些新情况、新问题。这种新情况、新问题既包括信息化社会所产生的一系列变化给技术转移带来的新型法律问题,也包括技术转移实践中由于信息化手段的应用出现的新型法律问题。结合未来数字社会的发展趋势,以及技术转移可能涉及的一些重要变化,本章将从目前已有法律法规出发,结合国家有关最新的政策文件,围绕跨境技术转移法律问题、技术转移所涉及的数据法律问题、技术转移所涉及的人工智能法律问题以及技术转移中的其他法律问题共四个方面介绍技术转移新型法律问题。

第一节 跨境技术转移法律问题

本节要点

1. 掌握跨境技术转移行为的构成要件和行为特点,深刻理解跨境技术转移的进出口管制问题表现和合规建议。

2. 掌握跨境技术转移的合同风险,深刻理解跨境技术转移合同的法律适用问题及争议解决方式。

3. 掌握跨境技术转移中的专利权、商业秘密、软件著作权等知识产权保护问题,理解跨境技术转移所涉及的反垄断问题。

一、跨境技术转移的进出口管制问题

(一)技术进口管制

技术进口,是指从境外向中国境内通过贸易、投资或者经济技术合作的方式转

移技术的行为,包括专利权转让进口、专利申请权转让进口、专利实施许可进口、技术秘密转让进口、技术进口服务和其他方式的技术进口行为。技术进口既要受到外国企业所属国家关于技术出口的法律规制,也要受到中国关于技术进口的法律规制。因此,为了充分保护技术进口双方利益,应当充分了解我国关于技术进口的法律规制。

1. 技术进口的分类管理

和外国企业签订的技术许可合同属于《技术进出口管理条例》的调整范围,并且比作为一般法的《民法典》合同编规定更为细致。根据《技术进出口管理条例》的规定,技术进口合同的范围非常广,实务中常见的专利权转让合同、专利申请权转让合同、专利许可合同、技术转让合同、技术许可合同、计算机软件许可合同、技术服务合同、技术咨询合同、共同开发、研究合同等都受到《技术进出口管理条例》的规制。技术进口实行分类管理,技术进口分为禁止进口技术、限制进口技术和自由进口技术,实行不同的管理方式:属于禁止进口技术的情况下,进行技术许可本身是不允许的;属于限制进口技术的情况下,进口方需要向主管商务部门申请许可,取得技术进口许可证,技术进口合同自技术进口许可证颁发之日起生效;属于自由进口技术的情况下,实行合同登记管理制度,技术许可合同签订后,需要履行登记手续,取得技术进口合同登记证。技术许可合同在合同规定的生效日生效。因此,外国企业在以中国企业为被许可方探讨进行技术、专利许可时,首先需要根据商务部门制定的《中国禁止进口、限制进口技术目录》的规定,确认本企业许可的技术是属于哪类技术。

2. 对许可方的特别规定

虽然《技术进出口管理条例》是规制技术的进口和出口两方面的,但是因为中国企业还处在发展过程中,和外国企业相比,技术实力上整体相对比较弱,实务中还是从外国进口技术的情况比较多。为此,《技术进出口管理条例》从保护中国企业的利益的角度出发,对技术进口合同设计了特别的规定。

《技术进出口管理条例》中明确许可方的保证责任有:(1)是技术的合法权利人的保证责任,即许可方应当保证自己是所提供技术的合法拥有者或者有权许可方。(2)不侵害第三方的权利的保证责任。根据《技术进出口管理条例》的规定,被许可方按照合同的约定使用许可方的技术,被第三方指控侵权的,收到被许可方的通知后应当协助被许可方排除妨碍;侵害他人合法权益的,由许可方承担责任。强制规定许可方保证不侵害第三方权利,并承担相应的责任。因此,为了尽可能降低因为上述保证责任引发的法律风险,建议在签订许可合同之前,委托专业机构就相关技术在中国有无在先权利进行调查,同时在合同中尽可能缩小保证的范围,增加被许可方的通知义务、协助义务等。(3)关于技术目标达成的保证责任,根据《技术进出口管理条例》的规定,技术进口合同的许可方应当保证所提供的技术完整、无误、有效,能够达到约定的技术目标,对许可方规定了很高的保证责任。因此,合同中建议明确规定"约定的技术目标"的达成标准,另外,明示技术目标达成所需要的必要条件也非常重要。

(二) 技术出口管制

1. 技术出口管制范畴

《技术进出口管理条例》体现了技术出口管理制度的框架,设定了自由出口、限制出口、禁止出口技术的分类,明确了自由出口和限制出口技术在出口时应当履行的有关手续,并且列举了违反有关规定的法律责任。属于禁止出口的技术,不得出口;属于限制出口的技术,实行许可证管理,经有关商务主管部门许可才能出口;属于自由出口的技术,实行合同登记管理。判断某项技术所属类别,需要依照国务院有关部门制定出口技术目录。由商务部、科技部制定的《禁止出口限制出口技术管理办法》专门规范禁止出口技术和限制出口技术的问题,主要内容是对技术出口许可设定具体操作细则。《中国禁止出口限制出口技术目录》列明了禁止出口、限制出口的具体技术。《技术进出口合同登记管理办法》《国家秘密技术出口审查规定》则分别针对自由技术出口的信息管理、登记程序问题,以及出口国家秘密技术的前置审查等进行了规范。

《技术进出口管理条例》规定技术转让的客体包括:专利权转让、专利申请权转让、专利实施许可、技术秘密转让、技术服务和其他方式的技术转移。国务院办公厅《知识产权对外转让有关工作办法(试行)》(简称《对外转让办法》)将集成电路布图设计专有权、计算机软件著作权、植物新品种权等知识产权对外转让,知识产权的独占实施许可也纳入管制范围。可见,技术出口管制的客体包括三类:专利权/专利申请权、集成电路布图设计专有权、计算机软件著作权、植物新品种权等知识产权对外转让;知识产权的独占实施许可;技术秘密转让、技术服务和其他方式的技术转移。

2. 技术出口行为要件分析

《技术进出口管理条例》规制的对象为"技术出口行为",而不再强调技术出口行为的主体身份。该行为包括两个要件,首先,必须是一种跨境行为;其次,必须是"通过贸易、投资或者经济技术合作的方式"转移技术的行为。

1990年对外贸易经济合作部、国家科委颁布的《技术出口管理暂行办法》中限定了技术出口行为的主体必须为境内主体(不包括外资企业)与境外主体技术之间的出口的行为。虽然现行《技术进出口管理条例》删除了技术出口行为主体限定,但实际操作层面依然依据主体的国籍作为判断标准,技术出口管制的主体包括中国自然人、法人和非法人组织。我国多部涉及技术出口管制的行政法规和规范性文件,均以国籍作为是否进行技术出口管制的判断标准(外国投资者并购境内企业的情形除外)。例如,《对外转让办法》中规定,"知识产权对外转让"指的是中国单位或者个人与外国企业、个人或者其他组织之间的转让。又例如,《专利审查指南》规定,专利申请权或专利权转移需要出口许可或合同登记的为中国内地的个人或单位向外国人、外国企业或者外国其他组织转让的情形。

技术出口管制中将转让双方国籍的判断作为一般标准,可能源于一般情况下外国主体难以在中国境内原始取得知识产权或专有技术。根据我国《外国企业常驻代表机构登记管理条例》,非中国法人主体的外国企业驻华代表机构仅能从事非营利性联络活动,技术开发一般不属于此类。但国籍判断标准并不能规制所有的跨境行为,例如,外国自然人通过在我国境内实施非职务技术开发活动原始获得技术,并需要对外转让的,虽然不属于境内主体向境外主体的转让,但仍属于法律规定的跨境行为。

3. 技术出口合规建议

中国技术出口时,出口经营者会关注到技术能否顺利出口,以及如何合法合规地完成技术出口。中国对技术出口的管制既有对技术本身的管制,也有对交易相对方的限制。中国技术能否依法出口,首先要关注对出口技术本身的管制现状,其次要注意中国技术进口方和最终用户是否落入被禁止交易、合作的各类清单,比如管控清单、制裁清单和反制清单等。

综上所述,技术出口经营者应该从以下两个方面着手保证合法合规出口。第一,建立完善的内部出口管理合规体系。商务部颁布的《两用物项出口管制内部合规指南》的出口管制内部合规制度包括九个基本要素:一是拟定政策声明,二是建立组织机构,三是全面风险评估,四是确立审查程序,五是制定应急措施,六是开展教育培训,七是完善合规审计,八是保留档案资料,九是编制管理手册。中国技术出口经营者应该参照以上九个基本要素建立健全出口管制内部合规制度。第二,对企业员工进行出口管制合规培训。确保企业员工充分了解现行出口管制的法律法规以及合规的管理要求。针对企业所处行业特点,梳理企业所在行业可能存在的合规风险以及有效的应对手段。

二、跨境技术转移的合同风险问题

(一)合同内容及条款风险

根据我国《民法典》的规定,技术合同是当事人就技术开发、转让、许可、咨询或者服务订立的确立相互之间权利和义务的合同。技术合同的内容一般包括项目的名称,标的的内容、范围和要求,履行的计划、地点和方式,技术信息和资料的保密,技术成果的归属和收益的分配办法,验收标准和方法,名词和术语的解释等条款;与履行合同有关的技术背景资料、可行性论证和技术评价报告、项目任务书和计划书、技术标准、技术规范、原始设计和工艺文件,以及其他技术文档,按照当事人的约定可以作为合同的组成部分;技术合同涉及专利的,应当注明发明创造的名称、专利申请人和专利权人、申请日期、申请号、专利号以及专利权的有效期限。

技术转移是实现科技成果产业化落地和科研项目社会价值的关键,在签订跨境技术转移合同时,我国企业常因工作上的疏忽,或因缺乏相关经验,而在合同中签订了某些不利于我方企业的条款,使企业承担了一定的风险。随着我国改革开放的不断深入和技术转移政策推行,如何签订更合理、更有利于我方、风险更低的跨境技术转移合同,是摆在我国技术转移人才队伍面前的一项重要课题。

无论何种标的的跨境技术转移合同都具备以下三类条款:(1)技术性条款,包括技术资料的交付条款、技术服务条款、考核和验收条款、技术改进条款等;(2)商务性条款,包括技术使用费条款、税费条款等;(3)法律性条款,包括权利保证及侵权条款、保密条款、争议解决与法律适用条款、违约条款等。其中,法律性条款中的"争议解决与法律适用""保密条款"以及"违约条款"是绝大多数涉外合同所必备的条款。在洽谈跨境技术转移合同时,其特殊性以及可能遇到的合同条款风险主要表现在以下几个方面:

1. 限制性商业条款

限制性条款妨碍了公平竞争原则,对技术引进国家的经济发展造成不利影响。在跨境技术转移中,技术许可方常常利用自己的技术优势,强迫被许可方接受一些限制性条款以排斥被许可方的竞争威胁。限制性商业条款对我国技术引进企业的风险表现为:企业出口减少、产品品种单调、生产能力得不到充分利用、为已过保护期的专利继续支付使用费、不能通过技术引进加强自身的技术开发能力。

2. 权利保证与侵权责任条款

由于知识产权的无形性以及地域性的特点,跨境技术转移合同中技术引进方与普通国际货物贸易方相比要承担更高的侵权风险。如何降低技术引进方的侵权风险以及划分许可双方的侵权责任应为起草跨境技术转移合同所应重点考虑的问题。

3. 技术转让费的支付条款

技术转让费的支付方式有三种:一次总算支付、提成支付、入门费与提成费相结合支付。国外的技术许可方为尽快收回技术转让费,常常利用自己有利的谈判地位,强迫被许可方采用一次总算的支付方式。一次总算的具体做法是在当事人双方签订技术许可合同后,由被许可方将约定技术价款一次或分期支付给技术许可方。分期支付则是在一定期限内分一定阶段,按一定比例支付全部价款。采用一次总算方式对我国被许可方的风险表现为增加了被许可方资金压力和融资费用,被许可方独自承担了市场、汇率、技术和生产的全部风险。同时,许可方缺乏对转让的技术进行改进的积极性,也不愿向被许可方提供新的技术和技术情报,甚至当许可方获得全部价款后,存在不认真履行合同义务的可能性。提成方式则可能产生双方对净销售价、何时起算销售的定义理解不同,导致发生争议。

(二) 合同法律适用及争议解决

我国跨境技术转移合同有许多是含有知识产权的技术贸易合同,这类合同的法律适用的原则和方法散见于不同的法律之中,主要体现在我国的《民法典》以及《涉外民事关系法律适用法》当中,涉外合同的当事人可以选择处理合同争议所适用的法律,但法律另有规定的除外。

我国《涉外民事关系法律适用法》规定,《涉外民事关系法律适用法》和我国其他法律对涉外民事关系法律适用没有规定的,适用与该涉外民事关系有最密切联系的法律。因此,涉外合同的当事人没有选择处理合同争议所适用的法律的,适用与合同有最密切联系的国家的法律。适用"最密切联系原则"是综合案件的有关因素确定哪一国家或地区的法律与案件有最密切联系,从而适用该国家或地区的法律。在适用"最密切联系原则"时,一般应对当事人国籍、营业地、住所地、合同签订地、合同履行地、标的物所在地等有关的连接因素进行综合考量,不仅要重视各连接因素在不同国家或者地区的分布情况,而且更要比较不同连接因素的意义和价值,以及对案件事实的重要程度。根据《涉外民事关系法律适用法》规定,外国法律的适用将损害中华人民共和国社会公共利益的,适用中华人民共和国法律。当适用外国法律的结果违反我国的基本政策、社会公序良俗、法律的基本原则或禁止性规定时,应当认定该外国法律的适用违反了我国的公共秩序,法院应当排除该外国法律的适用,适用我国法律。此外,当事人选择合同适用法必须具有合理性,选择的法律应与合同有一定的联系。

与技术合同适用法律的情形一样,国际技术许可合同中尽量约定解决纠纷的仲裁或诉讼地应在中国或中立的第三国或地区。实务中,通常选择的是仲裁而非诉讼作为解决纠纷的途径。仲裁与诉讼相比,其主要优势在于专业性、保密性、一裁终局,较为注重当事人的意思自治等,并且仲裁裁决较法院判决在各国更易执行。

涉及专利技术、商标、商业秘密等多项知识产权内容的跨境转让合同纠纷仲裁案

【案情简介】 申请人A公司为设立于日本国的法人,被申请人B公司为设立于中华人民共和国的法人,双方于2012年共同签订了《技术转让合同》、《商标转让合同》、《专利权转让合同》以及《营业权转让合同》。依据四份合同约定,A公司将其所拥有的专利技术及相关专利权、商标权等转让给B公司,由B公司受让并分4期支付相应的技术转让费。

此后双方就合同的履行产生争议:A公司认为其已按照约定向B公司转让了有关的技术内容、提交了全部技术资料、提供了技术培训、转让了A公司在中国境内持有的商标权,并转让了A公司在中国境内持有的专利权,但B公司只支付了其3期转让费,尚余1期迟迟不予支付,构成违约。B公司则认为《技术转让合同》尚未履行完毕,A公司仅转让了部分技术,但在完整、无误、有效方面均存在瑕疵。基于上述争议,A公司向上海国际仲裁中心提起仲裁,请求裁决B公司履行支付款项义务,赔偿A公司损失,并禁止B公司向第三方提供《技术转让合同》项下的专利技术;B公司提出反请求,请求裁决A公司赔偿违约金及损失。

【裁决结果】 综合考虑合同履行情况及当事人的意愿,仲裁庭认为《技术转让合同》履行不达约定标准的部分不再履行,相应的,将B公司应向A公司支付的技术转让费酌情予以调减,并不予支持双方各自要求对方赔偿违约金的仲裁请求/反请求。

【典型意义】 本案是一起涉及专利技术、商标、商业秘密等多项知识产权内容的涉外仲裁案件。技术转让不同于货物买卖,其转让标的具有无形性的特点。技术的无形性决定"技术"本身是无法交付的,其必须通过某种有形的载体来表达,并通过载体交付来实现技术交付。同时,技术的无形性又决定载体的复杂性。市场主体在技术转让过程中设计合理的交易结构和交易对价,需清楚地认识到技术转让的特点以及技术转让合同的性质。对于转让方来说,宜通过设计简明的交易结构和合理的交易条款实现技术转让合同目的,对于技术转让合同的总对价进行阶段性分割,并通过后续的技术服务或技术咨询来协助受让方实现工业化批量生产,但在技术转让时不宜轻易作出保证。对于受让方而言,应对拟受让技术进行充分的考察与调研,并对技术风险进行评估。鉴于技术的无形性,技术转让合同的履行大多是通过技术载体的交接以及无形服务来体现的,因此,转让方于技术转让后提供的有偿技术培训的意义与价值不容忽视,在受让相关技术时亦应当计算在交易成本内。

三、跨境技术转移的知识产权保护问题

(一) 专利权保护

专利是向社会公开技术而获得有期限保护的独占利用权利，并且有着严格的地域限制。各国授予专利均具有独立性，因此，外国企业在中国转移专利技术的前提就是申请并获得中国专利。

根据世界贸易组织《与贸易有关的知识产权协定》及其所纳入的《工业产权保护巴黎公约》有关规定，外国国民（包括自然人、法人）在中国申请、授予专利完全享有中国专利法及其相关法律法规等给予中国国民的同等待遇。这是国际通行的做法。就欧洲国家的公司在中国的专利技术转移而言，主要的法律障碍不在于专利申请和授权，而在于维权。通常在专利技术的转让合作中，外方许可中方使用的专利以在中国授权的保护范围和期限为根据。如果发生纠纷，尤其是中方的后续研发与许可规定不符，很有可能集中在外方的中国专利权利要求是否涵盖中方自主研发的技术特征这一问题上。依据《专利法》相关规定，"发明或者实用新型专利权的保护范围以其权利要求的内容为准，说明书及附图可以用于解释权利要求的内容。"《关于审理侵犯专利权纠纷案件应用法律若干问题的解释》对此进一步规定具体的适用，包括"权利人主张以从属权利要求确定专利权保护范围的，人民法院应当以该从属权利要求记载的附加特征及其引用的权利要求记载的技术特征，确定专利权的保护范围"；"对于权利要求中以功能或者效果表述的技术特征，人民法院应当结合说明书和附图描述的该功能或者效果的具体实施方式及其等同的实施方式，确定该技术特征的内容"。在具体案件中，这些权利认定问题会变得非常复杂。法院往往判定原告的中国专利权利要求保护范围不确定，因而无法认定被告的产品是否侵权。可能基于这一原因，欧洲国家许多企业在中国利用专利技术多以独资企业方式进行，以免合作产生纠纷，或者将高端技术留在本国公司利用，而在中国则转让或许可利用中低端技术，或者干脆不申请专利，以技术秘密的方式加以保护高端或关键技术。由此可见，跨境技术转移的专利权保护对于外国企业在中国获得专利提出了较高的要求。

同时，我国企业作为技术引进方时也应重视专利权保护，包括：（1）明确许可方是否为真正的权利人。首先不能认为只要具有专利证书就能和对方进行转让，仅有专利证书并不充分，当专利授权之后，一旦专利权人对专利进行转让，又或者牵涉其他的权利变更，很容易丧失权利，而专利证书还是属于原专利权人。因而有必要在许可协议等相关法律文件中要求许可方承诺为真正权利人并明确相应法律责任。同时，对于引进的专利技术进行国际专利检索以确定引进专利的权利人、被

许可人、有效性等权属状况,是避免纠纷、消除风险隐患的有效途径之一。其次,要明确专利是否属于许可方与第三方共有,如果涉及专利许可,需要专利权人的同意。(2)许可方的专利是不是属于从属专利。即使许可方确实为真实的专利权人,可能仅仅属于从属专利,在这样的情况下,必须明确其从属专利是否会侵害到专利人的切身利益。(3)引进技术是否已经获得了国外专利。在一些情况下,企业之所以引进专利,主要是想通过自己生产,使产品出口。如果国内的市场处于饱和状态,且出口国也覆盖了相应的专利,将让企业蒙受经济损失。(4)关注专利的授权时间。对于专利的剩余保护期来说,直接影响着专利的许可,以及转让价格等,所以,应该明确专利的授权时间。

(二) 商业秘密保护

首先,商业秘密这一无形财产作为跨境技术转移标的之一,在技术转让过程中由转让方转移到受让方,技术的流通创造价值,进而使其在国际商贸活动中发挥着重要作用。其次,跨境技术转移方式非常丰富,无论何种转让方式,只是转让标的不同、转受让双方之间订立不同的协议或者技术在转让过程中依托的载体不同,究其本质则是殊途同归。具体到商业秘密的跨境转让中,既然商业秘密的所有权还掌握在转让方手中,转让到受让方的仅仅是该项商业秘密的使用权,那么转受让双方就会通过订立技术秘让与合同、许可使用合同等相关方式约定彼此的保密义务、使用范围等事项。如若受让方违背保密义务、超越适用范围,或者是其他第三人使用非法手段对商业秘密进行非法行为,导致商业秘密泄漏,使其丧失原本的经济价值,就会使持有人的商业秘密权受到侵害。最后,随着国际商务活动的发展,跨境技术转让中对于商业秘密的侵害行为不仅数量增多,而且行为方式也越发复杂多变。最普遍的是受让方违背技术让与合同或许可使用合同中的保密义务,披露、使用或允许他人使用相应商业秘密。

综上所述,保护跨境技术转移中的商业秘密有着极其重要的经济价值和社会价值。随着经济全球化不断深入,中国企业与国外企业之间的竞争也更加激烈。企业应强化自我保护意识,并在必要的时候使用法律武器捍卫正当权益,从而最大限度地实现商业秘密对企业、国家、国际社会的价值。

(三) 软件著作权保护

《著作权法》规定了计算机软件是著作权的客体之一,即计算机软件可以构成著作权法意义上的作品。依据《计算机软件著作权登记办法》,为促进我国软件产业发展,增强我国信息产业的创新能力和竞争能力,国家著作权行政管理部门鼓励软件登记,并对登记的软件予以重点保护。我国对著作权的取得采取自动取得原则,计算机软件著作权也一样,自软件开发完成之日起产生。软件著作权人可以向国务院著作权行政管理部门认定的软件登记机构——中国版权保护中心办理登记。软件登记机构发放的登记证明文件是登记事项的初步证明。

跨境技术转移中的软件著作权保护涉及软件著作权的许可与转让。所谓软件著作权的许可就是拥有软件著作权的人通过合同的方式赋予他人使用软件著作权的权利,从而获得丰厚的报酬。一般来说,软件著作权许可主要包括使用的方式、范围、实践等,规定软件的哪一部分内容能够被使用,哪一部分内容没有办法被使用,还有软件著作权人只能与同一用户建立软件著作权许可关系。我国相关法律法规要求软件著作权许可关系应该在保护期内进行,如果软件著作权人已经没有著作权,就没有软件著作权转让的权利,只是单纯地建立软件著作权许可关系,其本身的著作权归属并没有发生改变。所谓软件著作权转让指的是双方协商转让合同内容,将自己的软件著作权转让给别人,以此来获得利益报酬。随着网络信息技术的飞速发展,软件著作权转让也通过企业重组、整合等方式完成。在这一过程中,软件著作权是个人私有资产,不同的人转让软件著作权,需要提交不同的资料,在正式申办之前,应该仔细查阅相关的材料,提前准备好材料,再去进行软件著作权转让。

(四)跨境技术转移中知识产权保护的其他问题

总体来看,我国跨境知识产权保护还面临如下困境:一是知识产权具有严格的地域限制特征,除国际条约或双边协定等规范文件外,一国的知识产权仅在本国适用。而截至目前,由于各国的知识产权保护法不尽相同,要想在国外注册或维权需要了解当地法律法规。很多企业认为这项工作过于烦冗,以致疏忽了知识产权保护。二是虽然我国知识产权发展状况良好,知识产权保护能力逐步提升,但与其他知识产权强国相比仍具有规模大、收益小、数量多、质量低等特点。在我国强调自主创新的大环境下,一些企业逐步将技术和产品的研发创新作为战略重点,但由于时间还不够长、力度还不够大,加之前期的知识积累不够,所以目前的知识自主创新能力还不强。有些企业为了快速获得高额利润,往往选择模仿其他国家的产品和技术。这种"模仿创新"的后果之一就是可能会引起别国的知识产权诉讼,使企业发展陷入被动。因此,面对日趋激烈的国际竞争和地缘政治环境变化可能带来的冲击,我国企业还是应当认真研习有关跨境技术转移的各项法律法规,避免遭受重大损失。

四、跨境技术转移的反垄断问题

(一)滥用知识产权排除、限制竞争

《禁止滥用知识产权排除、限制竞争行为规定》规定,反垄断与保护知识产权具

有共同的目标,即促进竞争和创新,提高经济运行效率,维护消费者利益和社会公共利益。经营者依照有关知识产权的法律、行政法规规定行使知识产权,但不得滥用知识产权,排除、限制竞争。滥用知识产权排除、限制竞争行为,是指经营者违反反垄断法的规定行使知识产权,达成垄断协议,滥用市场支配地位,实施具有或者可能具有排除、限制竞争效果的经营者集中等垄断行为。

知识产权滥用大概可分为三大类,即:(1)知识产权申请制度滥用,其中包括通过各种途径把法律保护范围内外的智力成果申请为知识产权和恶意抢注他人的潜在知识产权;(2)知识产权权利滥用,其中包括拒绝合理条件下的许可、搭售或附加不合理的交易条件、以过高的价格进行许可、交叉许可进行限制竞争;(3)知识产权诉讼滥用,包括积极攻击型和消极攻击型两种情况。积极攻击型即不正当利用法律赋予的诉权来将竞争对手卷入司法诉讼中以损害对方的企业形象和商业信誉;消极攻击型即权利人明知对方在侵权却不加以制止而等到对方不断投资发展到一定经济规模再去起诉,以达到获取高额赔偿的目的。目前,在合同中规定不质疑条款、强制性一揽子许可以及排他性回授条款是滥用知识产权的行为已经在我国以及国际社会取得了普遍的共识,需要我国企业特别关注,避免在跨境技术转移中使用或接受此类条款。

1. 不质疑条款

不质疑条款是许可人与被许可人在知识产权许可合同中明确规定被许可人不得对许可人持有的知识产权的有效性质疑的条款。不质疑条款实质上是承认了无效知识产权,抑制并扭曲了市场竞争,从根本上违背了知识产权保护的原则,应加以禁止。我国《专利法》规定,国务院专利行政部门公告授予专利权之日起,任何单位或者个人认为该专利权的授予不符合《专利法》有关规定的,可以请求专利复审委员会宣告该专利无效。"任何单位或个人"包括专利实施许可合同中的受让方。而不质疑条款却与之背道而驰,把通常处于确定一项知识产权是否无效的最有利位置的被许可人剔除在外,违反了法律的规定。同时,全国法院知识产权审判工作会议《关于审理技术合同纠纷案件若干问题的纪要》也明确将"禁止技术接受方对合同标的技术的知识产权有效性提出异议的条件"列为"非法垄断技术、妨碍技术进步"的情形之一,并将之定为无效条款。

2. 强制性一揽子许可

强制性一揽子许可,指知识产权许可方以被许可方接受其不需要的其他标的的许可为条件,将知识产权许可或转让给被许可方,其实质就类似于普通贸易中的捆绑销售,若被许可方拒绝其不需要的标的,那就要承受有可能得不到许可的风险。知识产权许可方采取一揽子许可,可以把普通技术与先进技术捆绑许可,降低企业成本，提高经济效益。在许可阶段，一揽子许可要比单项许可更容易估价，而在追查未经许可地使用知识产权方面，一揽子许可也要比单项许可的难度更小，利于尽早尽快地纠察知识产权侵权，从最大程度上保障许可方的经济利益，减小其经济损失。在跨境技术转移中，发展中国家大都是技术被许可方，而发达国家往往是许可方，被许可方这一角色较于许可方来说是相对弱势的，发达国家往往以发展中国家必须购买其不需要的技术为条件来许可其使用知识产权，此举不仅增加了发展中国家的财政负担，提高了贸易成本，违反了公平贸易原则，也不利于知识产权的传播与更新换代。一揽子许可并不是当然地构成知识产权滥用。如果被许可方自愿接受知识产权人提出的一揽子许可，换言之，若一揽子许可不具备强制性，那么这样的一揽子许可就不会构成知识产权滥用。

3. 排他性回授

一般意义上的回授，是指许可方与被许可方在知识产权许可合同中约定，许可方在一定条件下授予被许可方使用其知识产权的权利，被许可方若在许可的知识产权的基础上研发出新的先进技术或者取得与许可的知识产权相关的技术，则应把改进的新的技术或取得的相关技术回授给许可方。回授在某种程度上可以产生促进竞争，鼓励被许可方进行技术创新的效果，故其存在有其合理性。但是，若回授条款起到限制竞争的消极作用，使被许可方降低甚至丧失技术创新的动力和热情时，则很可能被认定为知识产权滥用，这在排他性回授中表现得尤为明显。排他性回授，亦称独占性回授，是指知识产权许可方与被许可方在合同中约定，许可方将其知识产权授予被许可方使用，被许可方在此基础上研发的新的先进技术或者取得与许可的知识产权相关的技术只能而且必须回授给许可方。被许可方在这种安排下完全没有选择的余地。独占性回授使许可方一方面通过回授条款增强其知识产权力量，巩固其市场地位，有时甚至使许可方达到支配市场的目的，另一方面，独占性回授削弱被许可方投资改进技术的热情，降低被许可方的综合竞争力，再一方面，独占性回授限制了被许可方与第三方的知识产权交易，阻碍了知识产权的传播。

(二)"安全港"规则

现阶段国家知识产权战略在大力推进当中，反垄断法对知识产权许可行为以及其他知识产权的使用问题的规制亦包含其中，在处理知识产权相关反垄断法案件时，以更灵活的态度尽可能地推动知识产权的创新与运用，在反垄断法中设置安全港规则恰恰可以平衡知识产权保护与维护竞争的冲突。

安全港规则基本内涵在于只要满足规定的标准或者前提条件，经营者的一些行为则能得到豁免。但此"豁免"并非反垄断法上的实质豁免,而是一种筛选机制,通过对当事人相关市场、市场份额以及行业内的可替代技术进行考察,在其满足一定的指标时,将其行为落入"安全港",从而免于反垄断执法。知识产权许可中的某些行为可以达到排除、限制竞争的效果,此时这种许可就可能是滥用,从而与垄断产生联系。而安全港规则落脚在保护知识产权人权利和提高反垄断执法部门程序效率的基础之上,使知识产权制度和反垄断制度都能够得以长久存续,也有利于跨境技术转移的健康发展。

第一,通过设置安全港规则,在相当程度上能够提高知识产权许可当事人对法律后果的可预测性,使知识产权许可方或者其他行为方能够较为准确地捕捉到反垄断管理机构的政策意图,同时提升自己的自我结果预警,有利于知识产权人抓住合适商机,快速地通过许可或合作实现特定效率。同时,安全港规则的设置实施,能够允许知识产权人在市场机制的调节下以及对法律后果的合理预判下,实现在合规框架下的优势互补,充分竞争,以达到各取所长、促进创新的效果。

第二,安全港规则在提高当事人法律预见性的同时有利于保护创新,优化产业结构,提升产业竞争力。知识产权所有人通过协议将知识产权许可给他人使用,不管是独占许可、排他许可或普通许可,许可人都是少数,权利被掌握在少部分人手中;当这些少数人将知识产权投入生产、使用,易在市场中造成垄断,进而受到反垄断法规制,权利人的合法权益因此受到限制,不利于保护权利人的智慧成果,打击其创新积极性。完善安全港规则,意在为符合特定标准的知识产权许可提供避风港,使其免受反垄断法约束;安全港规则向知识产权许可人传递出反垄断管理机构政策意图,即法律不禁止那些对竞争没有实质损害的知识产权合作协议,使权利人具有相当明确的可预见性,达到保护创新、鼓励创新的社会效果。

第三,安全港规则有利于提高反垄断执法机构的程序效率。安全港规则通过设立一套操作性比较强的量化标准,将符合条件的知识产权许可排除在垄断情形之外,可减少垄断争议,反垄断执法机构的案件数量下降,案件判断也更为明确简便,程序效率因此提高。

总之,安全港规则在提高反垄断执法部门的执法效率,降低相关执法成本、节约执法资源上具有深远影响。通常情况下,对于知识产权所有权人达成合作协议,是否在合法框架内的全面评估需要进行相关市场界定、测算市场份额、评估其对市场竞争的促进或者损害程度。安全港规则能够增加执法的透明度,更好传递反垄断执法机构的政策意图,引导和规范知识产权经营者、所有者的相关行为。

(三) 标准必要专利许可制度

技术创新在受到专利法的保护之前,只是简单的技术成果,为了保护这种智力成果,国家出台《专利法》以及相关法律法规,使得这种无形的智力成果转化成为一种权利。当市场发展到一定的程度之后,企业的技术专利的规模已经不仅包括一个或者几个专利权,而是由大量的专利所构成的一个专利体系。同时,随着市场标准化的程度提高,为了规范生产程序,控制产品规格,标准化组织也随之出现。当一些技术专利成为实施标准的前提性条件,变成了生产标准产品不可或缺的重要基础时,这些技术专利被称之为标准必要专利。

在标准必要专利制度之下,一旦某个专利因其"不可替代性"成为"标准必要专利"(Standard Essential Patent),在专利实施人支付使用费的基础上,标准必要专利权人必须承诺以"公平、合理、无歧视"(Fair, Reasonable, and Non-discriminatory, FRAND)的条件许可他人实施其专利。因专利权本身天然的专有性和成为标准必要专利后在权利行使时产生垄断的可能性,如何保护标准必要专利权利人合法权益和维系公平正当的竞争环境是全球性的难题。通过司法手段确定标准必要专利许可费问题是最为核心也是最具争议的问题。

跨境技术转移中的数据传输合规问题

数据被称为数字经济时代的"石油"。互联网的全球扩张及数据流的日益增长正在改变传统世界经济与国际贸易的形态,数据传输对全球经济增长的贡献也早已超越以商品、服务、资本等为代表的传统生产要素,使数字产品和服务成为主要输出品,催生数字贸易迅猛发展。在全球数字经济蓬勃发展的进程中,不管是新兴的互联网企业,还是传统企业,只要有涉外业务,就不可避免地会涉及跨境数据传输,跨境数据传输也往往建立在技术转移活动中。跨境技术转移中的数据传输往往涉及多国公司、国际合作项目和跨国研发领域,其中的数据传输合规问题尤为关键。

一、跨境数据传输的法律规制

我国《数据出境安全评估办法》第2条规定,数据处理者向境外提供在中华人民共和国境内运营中收集和产生的重要数据和个人信息的安全评估,适用本办法。该条将"数据出境"定义为"向境外提供"。通常理解的情形是数据处理者将数据转移至中国境外的地方。

跨境数据传输的监管对象之一是关键信息基础设施的运营者和数据处理者。关键信息基础设施一般都是与国家安全和公共利益息息相关的行业及重要领域,该领域项下产生的数据倘若保护不当,则可能会严重阻碍国家安全和平稳有序发展态势。因此,国家法律对关键信息基础设施运营者提出了非常严格的规范,其中就包括对跨境数据传输的要求。我国《数据安全法》第31条规定:"关键信息基础设施的运营者在中华人民共和国境内运营中收集和产生的重要数据的出境安全管理,适用《中华人民共和国网络安全法》的规定;其他数据处理者在中华人民共和国境内运营中收集和产生的重要数据的出境安全管理办法,由国家网信部门会同国务院有关部门制定。"

针对跨境数据传输监管的数据类型,我国《网络安全法》规定了"重要数据"和"个人信息"两类在数据跨境流转时需要经过有关单位进行安全评估,符合条件的才能够被予以放行。《数据出境安全评估办法》(简称《评估办法》)规定,重要数据是指一旦遭到篡改、破坏、泄露或者非法获取、非法利用等,可能危害国家安全、经济运行、社会稳定、公共健康和安全等的数据。《评估办法》还规定了应当申报数据出境安全评估的情形,包括:(1)数据处理者向境外提供重要数据;(2)关键信息基础设施运营者和处理100万人以上个人信息的数据处理者向境外提供个人信息;(3)自上年1月1日起累计向境外提供10万人个人信息或者1万人敏感个人信息的数据处理者向境外提供个人信息;(4)国家网信部门规定的其他需要申报数据出境安全评估的情形。《评估办法》还明确了数据出境安全评估程序、监督管理制度、法律责任以及合规整改要求等。

二、跨境技术转移中数据传输合规的法律风险问题

首先,不熟悉规则是跨境数据传输所面临的最基础的法律风险。目前,不管是国内数据法规,还是国外数据法规,更新频繁,而且内容庞杂,不易理解,需要不断跟进、学习,尤其对于与本行业相关的规范和业务规则,更要十分熟悉。

第二,跨境技术转移中数据处理流程的规范性尚需提高。通常情况下数据处理流程总共包含数据采集、数据存储、数据分析、数据服务四大部分。在各国立法对个人数据全生命周期予以保护的情况下,企业需要针对每一项数据处理流程进行合规性检查并进行合规文档记录,以应对日渐严苛的数据行为要求。数据全生命周期的保护需要企业和单位在每一项数据处理过程中提高行为的规范性,而这往往需要耗费大量的资金和时间成本。

第三,跨境数据传输义务的履行不够规范。跨境技术转移在涉及数据出境时,应当向个人告知境外接收方的名称或者姓名、联系方式、处理目的、处理方式、个人信息的种类以及个人向境外接收方行使本法规定权利的方式和程序等事项,并取得个人的单独同意。

第四,现如今许多国家将数字经济视为贸易发展的源动力,争先通过严格的数

据立法在数据治理的国际博弈中取得制度先机。特别是以美欧为首的西方国家，为遏制中国互联网等高新技术产业的发展，设立了极其严格的合规标准以提高数据市场准入门槛。在世界各国数据主权博弈的情况下，未来我国将有更多企业面临越来越高的跨境数据传输合规义务。

第五，数据安全风险发生后的救济保障机制不足。在严格的规则框架下，由于涉及的数据事项较多，即使进行了完备的合规审查，也存在违规的风险。而且许多数据法案都为企业设定了事后救济的期限，以减少违规事项带来的责任，最终降低违规惩罚的金额。而审视如今我国企业的运行现状，许多企业尚未建立完善的救济保障机制，有些企业甚至缺乏未雨绸缪的意识，这为自身数据业务的合规运行带来了一定的安全隐患。

因此，在跨境技术转移中实施数据传输时，企业和单位需要密切关注数据保护法规的遵守、确保数据安全性以及尊重数据主权。这不仅是法律合规的需要，也是社会责任的体现，更有助于跨境数据传输安全平稳进行，助力数字经济发展。

第二节　技术转移所涉及的数据法律问题

> **本节要点**
>
> 1. 掌握数据安全问题的多种表现，深刻理解软件安全、数据访问安全的具体问题表现及相关人员的数据保护义务、职责。
> 2. 掌握"数据二十条"的相关规定，理解数据确权、数据定价、数据互信等数据交易问题。
> 3. 掌握数据授权运营的政策文件，理解数据授权运营的具体模式和收益分配等问题。

一、数据安全问题

（一）软件技术安全

在信息化时代的技术转移中，软件技术安全问题日益凸显，成为一个严峻的挑战。我国《数据安全法》规定，"开展数据处理活动应当依照法律、法规的规定，建立健全全流程数据安全管理制度，组织开展数据安全教育培训，采取相应的技术措施和其他必要措施，保障数据安全。利用互联网等信息网络开展数据处理活动，应当在网络安全等级保护制度的基础上,履行上述数据安全保护义务。重要数据的处理者应当明确数据安全负责人和管理机构,落实数据安全保护责任。"网络空间的开放性为软件安全带来了极大隐患,人工智能与大数据的发展使网络主体之间需要传输更多信息,令黑客的攻击更容易实现。因此,技术转移中的软件安全问题值得关注。

1. 软件漏洞问题

软件漏洞是指计算机软件在设计、开发或实施过程中的错误、缺陷或漏洞,使得黑客或恶意程序能够利用这些漏洞获取非授权的访问权或造成损害。例如,缓冲溢出漏洞、权限提升漏洞等。

2. 软件安全设计缺陷

软件安全设计是指开发人员通过设计各种安全机制预防软件可能遭受的攻击。由于当下激烈的商业竞争环境,比起质量安全,很多厂商更注重软件开发速度,导致软件在开发过程中往往会仓促完成安全设计甚至舍弃安全设计,转而选择在软件发布后不断发布补丁来维护软件安全。这种方法可让厂商更好地把握住商业机会,但会为软件的长久安全带来隐患。目前常见的软件安全设计缺陷主要有密码技术使用不当、结构性安全薄弱等。

3. 病毒和恶意代码问题

病毒和恶意代码是指一类恶意软件,通过植入计算机系统中并进行破坏或非法盗取信息。这些恶意代码可以通过电子邮件、网络下载、插件等途径传播,给用户带来安全隐患。

4. 加密算法和协议问题

加密算法和协议是计算机软件安全的基础,其安全性的强弱直接影响系统的整体安全。然而,过时的加密算法或协议容易被攻击者破解或篡改,给数据的保密性和完整性带来风险。

在技术转移中的软件安全问题值得技术转移人才关注,在实施与软件安全相关的技术转移时,应当提高安全意识,加强软件开发过程的规范、增加安全测试和审核环节,才能有效遏制计算机软件技术安全问题的发生,更好地保障技术转移数据安全。

(二) 数据访问安全

《数据安全法》明确了数据管理者和运营者的数据保护责任,指明了数据保护的工作方向,对整个信息安全产业都带来了积极的影响,全面消除数据管理者和运营者在数据安全建设中的盲区,数据安全建设有法可依,数据安全事故造成的损失有法可惩,这对促进经济社会信息化健康发展,保护公民、组织的合法权益具有非常大的价值。同时《数据安全法》提出了对数据全生命周期各环节的安全保护义务,加强风险监测与身份核验,结合业务需求,从数据分级分类到风险评估、身份鉴权到访问控制、行为预测到追踪溯源、应急响应到事件处置,全面建设有效防护机制,保障数字产业蓬勃健康发展。

数据访问安全是技术转移中数据安全问题的重要内容。关注技术转移中的数据访问安全问题,需要强调以下几个方面的能力:

1. 安全的数据使用终端环境

数据的价值在于使用,数据使用安全的关键在于数据使用环境的安全。数据使用过程中,一定会在访问用户一侧落地。仅仅以加密等"保险柜"方式进行保护是不够的,数据的访问、打开数据的应用都存在风险。因此,应当以"安全域"的形式建立终端数据使用的可信环境,即数据的存储、访问、应用、管理等行为都限制在安全域内。

2. 安全的数据传输通路

建立安全的数据传输通路,需要从两个方面重点着手。首先是收敛潜在的攻击暴露面。潜在攻击者的所有攻击发起之前,一定要做的工作是信息收集,摸清攻击目标的所有资产信息,从中寻找最薄弱的环节,这就是攻击暴露面的概念。因此,要想收敛攻击暴露面,最有效的方式是使数据节点与数据传输通路等关键数据资产对外达到"不可见"的状态。其次是加强数据通路本身的安全。可以通过加密或自定义协议等手段,防止数据流转过程中未授权用户的嗅探、劫持等潜在攻击行为,同时应用零信任框架,对已授权用户的可能的恶意行为,在数据通路中留有判断与管控能力,即对其能够访问的资源进行精细化管理。例如对 IP 地址、网段、域名、端口等用户拟访问的资源通过白名单或系统策略等机制进行最小化、动态访问管控。

3. 有机的数据治理

数据治理应当是一个有机的整体。首先,不应受限于数据的类型、种类、数量、大小、业务软件等,数据访问安全域要能广泛覆盖如文本、文档、图像、音视频、代码、图纸以及未知文件类型等各种各样的数据类型。其次,数据访问安全域要具备数据分级治理的能力,即针对不同类型的数据,采取不同的治理策略。例如对于核心敏感数据,限定允许访问数据的应用、用户、来源等,防止数据的越权、越界访问。最后,数据的治理要做到可更新、可持续。从数据的采集、创建开始,数据的元信息要在数据流动过程中,一直跟随着数据一起流动、更新,并进一步实现对数据的复制、修改、删减等操作能追溯到数据的起始来源和流传路径,以此作为数据访问控制策略、交换策略、审计策略的重要参数与决策依据。

(三) 个人信息保护

在技术转移的过程中,极有可能会涉及对个人信息的处理,个人信息安全也会受到诸多挑战。因此,需要关注技术转移过程中的个人信息保护问题。

1. 一般个人信息保护

依据我国《个人信息保护法》,个人信息是以电子或者其他方式记录的与已识别或者可识别的自然人有关的各种信息,不包括匿名化处理后的信息。个人信息的处理包括个人信息的收集、存储、使用、加工、传输、提供、公开、删除等。我国《个人信息保护法》对个人信息处理的原则和方式作出了规范,涵盖对个人信息收集、存储、使用等全生命周期的保护。

一是确立了个人信息处理的基本原则,强调处理个人信息要采取合法、正当的方式,遵循诚信原则,不得通过误导、欺诈、胁迫等方式处理个人信息;个人信息处理必须具有明确、合理的目的,并应当限于实现处理目的的最小范围;个人信息处理必须遵循公开、透明的原则,公开个人信息处理规则,明示处理的目的、方式和范围;处理的个人信息应当准确,避免因个人信息不准确、不完整对个人权益造成不利影响;个人信息处理者应当对其个人信息处理活动负责,并采取必要措施保障所处理个人信息的安全。

二是确立以"告知-同意"为核心的个人信息处理规则,并且根据个人信息处理不同环节和不同信息种类,对个人信息的共同处理、委托处理、向第三方提供、公开、用于自动化决策、处理已公开个人信息等提出专门要求。尤其值得关注的是《个人信息保护法》有关自动化决策处理个人信息以及处理已公开个人信息的规定。依据《个人信息保护法》,个人信息处理者利用个人信息进行自动化决策,应当保证决策的透明度和结果公平、公正,不得对个人在交易价格等交易条件上实行不合理的差别待遇。通过自动化决策方式向个人进行信息推送、商业营销,应当同时提供不针对其个人特征的选项,或者向个人提供便捷的拒绝方式。通过自动化决策方式作出对个人权益有重大影响的决定,个人有权要求个人信息处理者予以说明,并有权拒绝个人信息处理者仅通过自动化决策的方式作出决定。在公共场所安装图像采集、个人身份识别设备,应当为维护公共安全所必需,遵守国家有关规定,并设置显著的提示标识。所收集的个人图像、身份识别信息只能用于维护公共安全的目的,不得用于其他目的;取得个人单独同意的除外。个人信息处理者可以在合理的范围内处理个人自行公开或者其他已经合法公开的个人信息;个人明确拒绝的除外。个人信息处理者处理已公开的个人信息,对个人权益有重大影响的,应当依照《个人信息保护法》的规定取得个人同意。

2. 敏感个人信息保护特别规定

鉴于敏感个人信息对于个人人身和财产安全具有极端重要性,《个人信息保护法》还对敏感个人信息保护作出了专门规定。依据《个人信息保护法》,敏感个人信息是一旦泄露或者非法使用,容易导致自然人的人格尊严受到侵害或者人身、财产安全受到危害的个人信息,包括生物识别、宗教信仰、特定身份、医疗健康、金融账户、行踪轨迹等信息,以及不满十四周岁未成年人的个人信息。只有在具有特定的目的和充分的必要性,并采取严格保护措施的情形下,个人信息处理者方可处理敏感个人信息。处理敏感个人信息应当取得个人的单独同意;法律、行政法规规定处理敏感个人信息应当取得书面同意的,从其规定。个人信息处理者处理敏感个人信息的,除处理一般个人信息所应当告知的事项外,还应当向个人告知处理敏感个人信息的必要性以及对个人权益的影响。个人信息处理者处理不满十四周岁未成年人个人信息的,应当取得未成年人的父母或者其他监护人的同意。个人信息处理者处理不满十四周岁未成年人个人信息的,应当制定专门的个人信息处理规则。

蔡某某等人非法买卖个人信息案

【案情简介】 2018年5月,某网络科技公司的实际经营者蔡某某与尹某共谋,通过该公司向上游某软件公司购买含有电话号码、登录平台名称和次数等内容的公民个人信息,再以每条0.35元或0.5元的价格转卖给尹某。蔡某某指派员工刘某、李某具体负责信息买卖业务,至案发前累计出售公民个人信息741 238条,获利约50万元。尹某将上述公民个人信息转售给刘某中、刘某翠等人(已判刑),获利66万多元。刘某中、刘某翠利用购得的公民个人信息组建"股民微信交流群",后致被害人海某被骗。

【裁判结果】 阳江市江城区人民法院一审认为,某网络科技公司、尹某无视国家法律,违反国家有关规定,向他人购买、出售公民个人信息,情节特别严重,其行为已构成侵犯公民个人信息罪。蔡某某、刘某、李某作为对某网络科技公司直接负责的主管人员和直接责任人员,应以侵犯公民个人信息罪追究其刑事责任。故以侵犯公民个人信息罪判处某网络科技公司罚金80万元;判处尹某有期徒刑三年六个月,并处罚金70万元;判处蔡某某有期徒刑三年八个月,并处罚金30万元;分别判处刘某、李某有期徒刑一年十个月,并处罚金3万元;追缴某网络科技公司违法所得50万元、尹某违法所得661 209元。阳江市中级人民法院二审维持原判。

【典型意义】 侵犯公民个人信息罪的犯罪主体既包括个人,也包括单位。本案中,人民法院根据各被告人的犯罪性质、情节轻重等依法作出判决,同时对涉案单位处以刑罚,全方位严厉打击侵犯个人信息犯罪行为。

二、数据交易问题

(一) 数据确权

2022年12月,中共中央、国务院发布《关于构建数据基础制度更好发挥数据要素作用的意见》(简称数据二十条)明确要建立数据产权制度。按照"谁投入、谁贡献、谁受益"原则,推动收益向数据价值和使用价值的创造者合理倾斜,建立保障公平的数据要素收益分配体制机制,促进全体人民共享数字经济发展红利。

所谓数据确权,是通过对数据处理者等赋权,使其对数据享有相应的法律控制手段,从而在一定程度或范围内针对数据具有排除他人侵害的效力。在数据的开发过程中,数据处理者投入大量的资金、人力和物力,需要通过法律赋权使其产生合理预期,从中获得回报、获取收益,否则将极大地挫伤人们创新的动力和积极性。正因如此,"数据二十条"提出要"保障其投入的劳动和其他要素贡献获得合理回报",并提出建立保障权益、合规使用的数据产权制度。信息若要形成数据,常常需要由平台经营者收集和加工,才能形成有价值的数据。数据财产是一种投入劳动才能形成的财产。数据生产包括数据收集、数据整理和数据挖掘等活动,都依赖劳动。"数据二十条"指出,"尊重数据采集、加工等数据处理者的劳动和其他要素贡献",也意在强调尊重与保护相关主体在数据生产中的劳动和贡献。

(二) 数据定价

2021年12月,国务院印发的《"十四五"数字经济发展规划》明确提出,鼓励市场主体探索数据资产定价机制,逐步完善数据定价体系。数据作为一种新型财产客体,社会普遍认可数据的经济价值和持有人对其数据所享有的财产权利。《民法典》中"法律对数据、网络虚拟财产的保护有规定的,依照其规定"已经明确承认了数据与网络虚拟财产具有相同的财产属性。但是,在商业实践中,数据定价活动迟迟无法取得预期目标和效果,并且,数据交易活动所涉及的数据类型、规模和质量远远达不到数字市场的商业需求。

截至目前,无论是依托数据交易平台的间接交易,还是交易双方之间达成的直接交易,都还没有形成稳定的定价机制。对比传统定价方式来看,一般商品定价遵循"卖方报价,买方议价"的价格生成路径,该路径依赖于透明的供需关系和充分的市场竞争。然而,数据要素市场存在交易信息不透明度、交易标的权属界定困难、数据产品标准化程度不高、市场竞争不充分等特殊性,使得数据定价存在极强的个性,传统商品市场的"报价-议价"机制无法充分发挥作用。此外,数据定价应当反映市场供需,并以数据的实际价值为基准,但从当前的市场交易来看,数据定价多取决于议价能力而非数据本身的价值,数据价格歧视和价格垄断的现象比较普遍。比如大型互联网公司凭借所掌握的用户消费数据,以提供服务的方式向中小市场主体出售数据,在数据定价方面掌握绝对主导权。中小市场主体为了获取大型互联网公司的支持(比如流量导入),在接受大型互联网公司的数据服务方面毫无议价空间。虽然有些数据交易平台尝试为数据定价设置一定标准,但不同平台之间的定价标准差异巨大,导致同样类型的数据甚至相似度极高的数据产品在不同平台的定价差异悬殊。数据价格的不确定性将影响交易的高效开展,不利于数据要素市场的稳定,随意定价和垄断定价等问题也会扰乱数据交易秩序,损害数据的公平交易。

(三) 数据互信

当前技术转移市场之中,随着数字化的进步,也带来了数据隐私、网络安全和独立思考能力等方面的挑战。为了应对这些挑战,数据互信成为数字化时代下建立在数字化数据和信息信任的基础上的一种信任关系,旨在保障数字世界中的数据隐私和信息安全。

数据交易不同于一般商品交易,交易双方的信息不对称决定了数据交易存在"信任困境"。数据互信困境有如下表现:

首先,数据来源的不确定性会带来数据交易效力的不确定性。传统交易可以通过占有或登记等公示公信手段判断交易标的的权利归属,即便在表观权利与实际权利发生分离的情况下,交易相对人也能够受到善意取得的保护。但数据具有不可见性,数据权属的界定尚未形成共识,数据权利也缺乏公示公信的渠道,卖方对于交易的数据并不一定享有相应的权利,有些作为交易对象的数据本身属于违法违规数据,买方在获取数据详情前根本无从判断数据的合法性。

其次,数据质量的难以检验性影响交易的公平性。在传统交易中,买方提前检验交易标的的质量是常态,卖方也会尽可能披露交易标的的基本信息,以便买方在对交易标的的基本情况、状态和功能有总体预期的基础上做出是否交易的选择。对于数据交易而言,买方同样需要事先了解数据的质量,以决定是否购买该数据,并进而确定数据的价值。但由于数据具有可复制性和非排他性,卖方担心向买方披露数据会导致买方提前实现获取数据的目的而不愿过多披露数据的内容。

最后,数据交易潜在的负外部性影响交易的积极性。数据交付后,买方担心卖方将同样的数据转卖给有竞争关系的第三方,这可能会影响其数据使用权益或数据的使用效果;同时,卖方也会担心买方滥用和泄露数据,导致数据无法再次出售甚至失去市场价值,侵害其合法权益。

案例

数据权益归属及数据抓取行为正当性认定案

【案情简介】 深圳某计算机公司、某科技(深圳)公司(简称两原告)共同开发运营个人微信产品,为消费者提供即时社交通信服务。浙江某网络公司、杭州某科技公司(简称两被告)开发运营"某群控软件",以外挂技术将该软件中的"个人号"功能模块嵌套于个人微信产品中运行,利用个人微信用户的用户账号数据、好友关系链数据、用户操作数据为购买该软件服务的微信用户在个人微信平台中开展商业运营活动提供帮助。两原告诉称,其对于微信平台中的全部数据享有数据权益,两被告擅自获取、使用微信数据,已构成不正当竞争,遂诉请判令两被告停止侵害、赔礼道歉并连带赔偿经济损失500万元。两被告辩称,微信用户信息所形成的涉案数据应归用户所有,两原告并不享有任何数据权益,无权就此主张权利;被控侵权软件的应用属于创新性竞争,不应被认定为不正当竞争。

【裁判结果】 一审法院经审理认为:两被告擅自收集、存储或使用微信平台中作为经营性用户微信好友的其他微信用户的个人数据,将导致微信用户对微信产品丧失应有的安全感及基本信任,减损微信产品对于用户关注度及用户数据流量的吸引力,实质性损害了两原告对于微信数据资源享有的竞争权益,已构成不正当竞争行为。关于涉案被诉行为是否属于创新性竞争,法院认为,自由竞争不能以牺牲其他经营者对于市场发展及消费者福利的贡献力为代价。本案中,被诉侵权软件虽然提升了少数经营性用户使用微信产品的体验,但恶化了多数用户使用微信产品的体验,如果不加禁止会危及微信产品的整体效能发挥与后续发展,进而会影响到广大消费者的福祉。两被告此种所谓创新竞争活动,在竞争效能上对于市场整体而言明显弊大于利,难谓系有效率的创新竞争,并不具有正当性。综上,一审法院判决两被告立即停止涉案不正当竞争行为,共同赔偿两原告经济损失260万元,并刊登声明为两原告消除影响。宣判后,两被告提起上诉,后两被告撤回上诉,二审法院裁定准许,该案判决已生效。

【典型意义】 本案系全国首例微信数据权益认定的案件,涉及数据权益归属及数据抓取行为正当性认定等影响互联网产业竞争秩序的热点问题。网络运营者所控制的数据分为原始数据与衍生数据。对于单一原始数据,数据控制主体只能依其与用户的许可享有有限使用权;对于单一原始数据聚合而成的数据资源整体,数据控制主体享有竞争性权益。擅自使用他人数据资源开展创新竞争,应当符合"合法、适度、用户同意、有效率"的原则。

三、数据授权运营问题

(一) 运营模式

2021年3月,《中华人民共和国国民经济和社会发展第十四个五年规划和2035年远景目标纲要》提出,"开展政府数据授权运营试点"。2021年12月,《"十四五"数字经济发展规划》进一步明确提出,"对具有经济和社会价值、允许加工利用的政务数据和公共数据,通过数据开放、特许开发、授权应用等方式,鼓励更多社会力量进行增值开发利用"。中央文件的陆续出台,为公共数据授权运营提供了制度保障和方向指引,全国各地纷纷响应、积极探索。

按照我国当前实践,公共数据授权运营有三种模式:一是行业主导模式,即由特定行业主管部门授权运营主体承担本领域公共数据运营。二是区域一体化模式,即由地区数据管理机构整体授权运营主体开展区域内各类公共数据的市场运营。三是场景牵引模式,即围绕特定场景的应用需求,在公共数据资源统筹管理基础上,基于特定应用场景将数据分类授权给不同的运营主体。虽然有人认为,非营利性的事业单位可以成为运营主体。但从现有实践来看,不管何种模式,多数地区以直接指定本级政府所辖国有企业或专门设立国有公共数据运营公司的形式从事公共数据授权运营。只有极少数地区将公共数据授权国有资本与民营资本持股比例相当的混合所有制企业运营,但此类企业仍是国有资本占据主导地位。

(二) 收益分配

公共数据授权运营通过市场化的方式实现公共数据的流通利用,能够促成政府财政收入增长与社会公众、市场主体受益的多赢局面。公共数据授权运营会产生大量的直接经济收益,如何分配这些收益,也颇有争议。我国公共数据授权运营实践中的收益分配主要涉及国家(财政收入)、公共机构(数源单位)以及运营主体三方的利益平衡问题。从营利性的角度来看,公共数据授权运营所得收益应当属于运营主体的经营收入,在正常缴纳税款后剩余收益应当归运营主体所有。而从公益性的角度来看,作为"公共资产"和"公共资源",公共数据承载了公共利益,国家有权取得公共数据收益的分配权,公共数据授权运营所得收益应当在扣除成本之后应当通过上缴财政的方式反哺社会。从当前各地实践来看,公共数据授权运营收益分配的公益性得到了比较好的体现,表现在公共数据运营活动所获取的收益有一部分会通过纳税的形式进入中央和地方财政,国有企业运营主体的税后利润还需按照一定比例直接上缴地方财政,形成"数据财政"。

鉴于公共数据授权运营毕竟属于经营行为,在保障公共数据授权运营收益分配公益性的基础上，还要考虑收益分配能够照顾到运营主体的营利属性。在公共数据授权运营全过程中，运营主体不仅需要对公共数据进行归集、存储、传输等基础处理，还需要对其进行分析、加工和开发等复杂处理，形成数据产品与服务，因而授权运营需要投入比简单公共数据开放更多的成本。既然公共数据授权运营属于经营行为，运营成本由运营主体承担，运营主体自然有权获取运营收益，这是运营主体参与公共数据授权运营的经济基础。"数据二十条"即指出，要"承认和保护依照法律规定或合同约定获取的数据加工使用权，尊重数据采集、加工等数据处理者的劳动和其他要素贡献，充分保障数据处理者使用数据和获得收益的权利。"当前，一些地方立法也明确肯定了运营主体对公共数据开发形成的数据产品和服务，可以依法获取合理收益。

拓展阅读

公共数据授权运营的定价

虽然数据的财产性价值已经得到充分肯定，但如何给数据定价，尚没有明确的标准，反映到公共数据授权运营层面也存在公共数据产品和服务的定价难题，并成为制约公共数据授权运营发展的一大障碍。将作为公共资产的公共数据纳入市场化运营，兼具公共资产增值、产业促进与公益维护双重目标。基于公共数据的公共资产属性，一方面需要以有偿方式来回收数据运营成本并获取运营收益，实现公共数据授权运营的营利性；另一方面又要兼顾公共数据服务社会的效果，不能唯"营利"导向，确保公共数据公益性功能的发挥，防范公共数据过度资产化引起的社会公益受损风险。公共数据产品和服务的定价似乎存在与生俱来的矛盾，但这种矛盾显然是存在于公共数据授权运营定位不清的前提下，一旦区分公共数据授权运营的不同类型，授权运营所形成的公共数据产品和服务的定价逻辑也就能够逐渐清晰。

在公共服务型授权运营体制下，公共数据授权运营属于新型公共服务。与简单开放公共数据几乎零成本或成本极低不同，授权运营引入专业第三方作为运营主体。运营主体在公共数据开发过程中需要投入一定成本才能形成数据产品和数据服务，激活公共数据的价值。运营主体作为经营者，为开发数据产品投入了成本，在向市场主体和社会公众提供数据产品和数据服务时收取费用自然具有正当性。不过，考虑到公共服务型收益运营属于公共服务范畴，基于公共服务型授权运营的数据产品和服务收费并非以营利为主要目的，而是对运营主体开发公共数据资源的成本补偿，因而公共服务型授权运营体制下的数据产品和服务定价应当以覆盖运营成本为标准。

在营利型授权运营体制下,授权运营具有浓厚的商业属性。营利型授权运营需要根据市场主体和社会公众的需求,提供定制化的公共数据产品,自应当以公共数据的商业价值和供需关系为基础,采取市场化的定价方式。

第三节　技术转移所涉及的人工智能法律问题

> **本节要点**
>
> 1. 理解技术转移所涉及的人工智能算法问题,掌握人工智能算法应用过程中对用户权益保护的相关规定。
> 2. 理解人工智能生成物的知识产权问题。
> 3. 理解技术转移所涉及的人工智能侵权责任分配问题。

一、算法问题

为规范互联网信息服务算法推荐活动,维护国家安全和社会公共利益,保护公民、法人和其他组织的合法权益,促进互联网信息服务健康发展,2021年12月,国家互联网信息办公室、工业和信息化部、公安部、国家市场监督管理总局共同出台了《互联网信息服务算法推荐管理规定》。该规定虽然是针对互联网信息服务的算法推荐出台的专门规范,但其中关于算法规制的法律规范对人工智能领域其他算法应用也有极强的参考价值。

在信息服务规范方面,《互联网信息服务算法推荐管理规定》明确,算法推荐服务提供者不得利用算法推荐服务从事危害国家安全和社会公共利益、扰乱经济秩序和社会秩序、侵犯他人合法权益等法律、行政法规禁止的活动,不得利用算法推荐服务传播法律、行政法规禁止的信息,应当采取措施防范和抵制传播不良信息。算法推荐服务提供者应当落实算法安全主体责任,建立健全算法机制机理审核、科技伦理审查、用户注册、信息发布审核、数据安全和个人信息保护、反电信网络诈骗、安全评估监测、安全事件应急处置等管理制度和技术措施,制定并公开算法推荐服务相关规则,配备与算法推荐服务规模相适应的专业人员和技术支撑。算法推荐服务提供者应当定期审核、评估、验证算法机制机理、模型、数据和应用结果等,不得设置诱导用户沉迷、过度消费等违反法律法规或者违背伦理道德的算法模型。算法推荐服务提供者应当加强信息安全管理,建立健全用于识别违法和不良信息的特征库,完善入库标准、规则和程序。

在用户权益保护方面,《互联网信息服务算法推荐管理规定》明确,算法推荐服务提供者应当以显著方式告知用户其提供算法推荐服务的情况,并以适当方式公示算法推荐服务的基本原理、目的意图和主要运行机制等。算法推荐服务提供者应用算法对用户权益造成重大影响的,应当依法予以说明并承担相应责任。算法推荐服务提供者向未成年人提供服务的,应当依法履行未成年人网络保护义务,并通过开发适合未成年人使用的模式、提供适合未成年人特点的服务等方式,便利未成年人获取有益身心健康的信息。算法推荐服务提供者向老年人提供服务的,应当保障老年人依法享有的权益,充分考虑老年人出行、就医、消费、办事等需求,按照国家有关规定提供智能化适老服务,依法开展涉电信网络诈骗信息的监测、识别和处置,便利老年人安全使用算法推荐服务。算法推荐服务提供者应当设置便捷有效的用户申诉和公众投诉、举报入口,明确处理流程和反馈时限,及时受理、处理并反馈处理结果。

二、人工智能生成物的知识产权问题

技术的发展给知识产权保护带来一系列难题,人工智能生成物是否拥有知识产权的问题持续引起广泛讨论。

(一) 国外观点

国际上对于人工智能生成物是否应当纳入知识产权保护的范畴以及如何确定知识产权的归属也存在不同的态度。国际保护知识产权协会(AIPPI)有关人工智能生成物的版权问题的决议指出,人工智能生成物只有在其生成过程有人类干预的情况下,且在该生成物符合受保护作品应满足的其他条件的情况下,才能获得版权保护。对于生成过程无人类干预的人工智能生成物,其无法获得版权保护。即使人工智能生成物的生成过程并无人类干预,该人工智能生成物也可能受到《伯尔尼公约》规定的版权保护以外的其他层面的保护。人工智能生成物不应因为其由人工智能生成而被排除在现有邻接权的保护范围外,只要该人工智能生成物符合获得邻接权保护所应满足的条件,其就应当获得保护。只要各国及各地区的版权制度(非《伯尔尼公约》项下的版权制度)已将人工智能生成物纳入版权专有权保护范围内,人工智能生成物可在该国及该地区获得版权专有权保护。由于人工智能尚处于不断发展的过程中,探讨未纳入本决议前述保护范围的人工智能生成物应受邻接权专有权保护还是版权专有权(非《伯尔尼公约》项下的版权制度)保护为时尚早。

美国版权局重点强调了只有当作品包含人类创作因素时,该作品才能够受到版权保护(Human Authorship Requirement)。美国版权局拒绝登记仅由机器或纯粹的机械过程而没有人类作者任何创造性投入或干预的情况下随机或自动运行产生的作品。美国版权局在审查时会对人工智能工具在作品产生过程中的使用和运行情况进行个案判断。其中,如果人类仅发出指令(Prompt),对人工智能系统如何解读和生成内容没有施加最终的包含创造性的干预,则无法取得版权保护。这也意味着,仅有指令的输入并不满足人类创作因素的要求。

《欧盟人工智能技术发展知识产权报告》认为,人工智能技术产生的技术创作必须受到知识产权法律框架的保护,以鼓励对这种形式的创作进行投资,提高公民、企业以及发明人的法律确定性。欧盟呼吁委员会支持采取横向的、以证据为基础的、技术中立的方法,制定适用于联盟内人工智能产生的作品的共同、统一的版权规定。

(二) 国内观点

国内学术界和实务界对人工智能生成物的知识产权问题也存在诸多不同看法,大致可以分为肯定人工智能生成物应赋予知识产权和否定人工智能生成物应赋予知识产权两大派。否定派的主要观点认为,虽然一些人工智能生成物表面上与人类创作作品无异,但是其本质上只是算法运行的结果,不符合著作权法基本原理,不能满足独创性要求,没有体现源自作者的具有个性化的智力选择和创造,因此不具有可版权性。

肯定派对于人工智能生成物知识产权的性质和权利归属存在不同观点:其一,人工智能拟人说认为应该给予人工智能以完全或有限的拟制人格,其创作的文章等只要满足独创性等相关条件便可以享受版权法的保护,由人工智能本身来行使其权利。其二,人工智能工具说偏向于将人工智能视为人类创作的工具,作品的独创性来源于人工智能的实际操控者对于数据的投喂的选择,对于算法、程序、模板的选择与安排,而非人工智能本身。而其相关权利自然也应该由人工智能的实际操纵者来行使。其三,邻接权保护说认为,人工智能本身不适合成为权利主体,所有者或使用者没有做出智力贡献,不应享有著作权,基于制度成本等因素的考量,可通过邻接权给予人工智能生成内容"弱保护模式"的产权保护。其四,人工智能技术方案的专利法保护说认为,部分人工智能生成物完全有可能满足我国《专利法》对专利要求的新颖性、创造性。作为算法具体输出结果的特定人工智能生成技术方案,具有较强的实际应用价值,能够在实践中解决技术问题并产生技术效果,并非仅起到对人类思维等抽象智力活动的指导作用,可以获得专利法的保护。

2023年11月,从国内首例人工智能生成图片(AI绘画图片)著作权侵权纠纷案的裁判来看,北京互联网法院审理认为涉案人工智能生成图片具备"独创性"要件,体现了人的独创性智力投入,应当被认定为作品,受到著作权法保护等。北京互联网法院认为,用户利用生成式AI输出图片,即便AI用户未直接动手绘制线条和色彩,依然可能构成著作权法意义上的智力成果,落入"美术作品"的类别。北京互联网法院强调,人工智能系统的设计者只是创作工具的生产者,既没有创作涉案图片的意愿,也没有预先设定后续生成内容。同时,涉案人工智能系统的设计者,在其提供的许可中放弃对输出内容主张相关权利。因此,人工智能系统的开发者并非诉争图片的作者。在法院看来,"原告是直接根据需要对涉案人工智能模型进行相关设置,并最终选定涉案图片的人,涉案图片是基于原告的智力投入直接产生,且体现出了原告的个性化表达,故原告是涉案图片的作者。"北京互联网法院的分析思路,完全符合著作权法的底层逻辑和公共政策,为新技术的发展留下更大的弹性空间。用户在选定人工智能输出的图片初稿后,就有了相对具体的作品构思,然后在此基础上反复修改,理论上,只要回合或细节选择足够多,用户的确有作出具体的独创性贡献的可能性。因此,人工智能系统生成图片的本质仍是人利用工具进行创作,享有涉案图片的著作权,受到著作权法保护。

三、侵权责任分配问题

由于人工智能技术的应用所引发的法律责任如何承担,尚无立法对此做出明确规定。我们主要从理论上就责任主体和责任承担方式做简要介绍。

(一)责任主体

现阶段,人工智能不具有自然人所具有的生命、道德、良知、伦理、自我意识和情感,也未发展出人类理性,更不具有社会属性。人工智能不像人类那样除了正常思维之外,还有顿悟、直觉和灵感等仅通过事先设定的算法或通过海量数据训练自主生成算法就能够实现的"智能",人工智能只是按照预先设计的程序而非像自然人那样基于"理性"实施行为,故民法基于理性自然人的假定而设计的规则无法适用于人工智能。此外,人工智能也与法人和非法人组织完全不同,它并没有取得法人和非法人组织那样经过法律拟制所形成的主体身份。因此,至少在现阶段,人工智能不应当被视为法律主体。

在否定了人工智能的主体地位后,毫无疑问应该将人工智能定位为法律上的客体。事实上,也只有将人工智能定位为客体,才能实现人工智能法律规制的目的。在确定人工智能法律客体属性的基础上,人工智能产品所引发的法律责任毫无疑问应当由"人"来承担而非由人工智能自行承担。如果人工智能产品是一般的物,则按照一般物件致人损害的规则分配责任即可。然而,在人工智能产品是具有一定"自主性"的,对于具备学习能力的人工智能产品而言,其行为还具有一定程度的不可预测性。在这种情况下,由人工智能产品致损所引起的法律责任如何承担是一个亟待明晰的问题。

(二) 责任承担方式

在确定人工智能法律客体属性的基础上,人工智能产品所引发的法律责任毫无疑问应当由"人"来承担而非由人工智能自行承担。如果人工智能产品是一般的物,则按照一般物件致人损害的规则分配责任即可。然而,在人工智能产品是具有一定"自主性"的,对于具备学习能力的人工智能产品而言,其行为还具有一定程度的不可预测性。在这种情况下,由人工智能产品致损所引起的法律责任如何承担是一个亟待明晰的问题。

从传统侵权责任法的分析路径来看,人工智能产品致损包括两种情形:一是人工智能产品缺陷造成的损害(产品责任);二是人工智能产品使用所造成的损害(监督责任)。在责任归属的具体路径上,一般存在产品责任说和参照动物管领人两种方式。根据现行法律框架,如果人工智能产品存在设计、制造等方面的缺陷,则可以产品责任这一特殊的侵权制度,确定相应的责任,也即由设计者、生产者、销售者或者处于流通环节中的其他主体承担责任,先行承担责任的主体可以依法向有过错者追偿。如果人工智能的事故是由于对人工智能产品负有管领、控制职责的人造成的,则该人需要在未尽善良管理人义务的范围内承担责任。

人工智能产品致损的一种特殊情形是,损害的发生是因按照其预设的程序(包括自主习得的经验)精准地运行所造成,即在发生事故时,对人工智能产品负有监督职责的人没有过错,人工智能产品的研发、生产以及运输等中间环节也未产生任何缺陷,对于造成的损害来说,完全是因为人工智能按照程序运行所致。此种情形下,很难根据产品责任或监督责任规则确定责任承担主体。此时确定责任归属,可以考虑借助"风险管理"方法,即考察在该种情况下,究竟哪个主体能够将风险降至最低并处理负面影响。对于有能力将风险降至最低并处理负面影响的人,如果未尽到相应的风险管理义务,就应当承担损害赔偿责任,这既可能是人工智能产品的所有者或使用者,也可能是该产品的设计者或生产者。

我国关于人工智能监管的规定

随着人工智能技术的商业化,为规范人工智能的产业化发展,我国近年来出台了一些监管法规。除本节提到的《互联网信息服务算法推荐管理规定》外,还有以下两部监管法规值得关注。

1.《互联网信息服务深度合成管理规定》。为了加强互联网信息服务深度合成管理,弘扬社会主义核心价值观,维护国家安全和社会公共利益,保护公民、法人和其他组织的合法权益,《互联网信息服务深度合成管理规定》已经2022年11月3日国家互联网信息办公室2022年第21次室务会议审议通过,并经工业和信息化部、公安部同意,自2023年1月10日起施行。该规定要求深度合成服务算法在网信办备案。2023年6月23日,网信办公布了第一批在中国备案的深度合成算法备案清单——《境内深度合成服务算法备案清单》。

2.《生成式人工智能服务管理暂行办法》。为了促进生成式人工智能健康发展和规范应用,维护国家安全和社会公共利益,保护公民、法人和其他组织的合法权益,《生成式人工智能服务管理暂行办法》已经2023年5月23日国家互联网信息办公室2023年第12次室务会会议审议通过,并经国家发展和改革委员会、教育部、科学技术部、工业和信息化部、公安部、国家广播电视总局同意,自2023年8月15日起施行。该办法立足于促进生成式人工智能健康发展和规范应用,在总则中明确了国家坚持发展和安全并重、促进创新和依法治理相结合的原则,并在技术发展与治理一章中提出了一系列鼓励措施。

另外,2023年7月6日,在2023世界人工智能大会科学前沿全体会议上,科技部战略规划司司长梁颖达表示,人工智能法草案已被列入国务院2023年立法工作计划,提请全国人大常委会审议,这标志着我国有关人工智能监管国家层面的统一立法正在加速推进。

第四节　技术转移中的其他法律问题

本节要点

1. 了解生物安全问题的表现,掌握技术转移中生物安全检测和风险预防的相关规定。

2. 了解生命伦理、生态伦理、信息伦理等科技伦理的相关问题,掌握有关科技伦理的相关规定。

一、生物安全问题

（一）生物安全问题的表现

《生物安全法》由中华人民共和国第十三届全国人民代表大会常务委员会第二十二次会议于 2020 年 10 月 17 日通过，自 2021 年 4 月 15 日起施行。《生物安全法》是为维护国家安全，防范和应对生物安全风险，保障人民生命健康，保护生物资源和生态环境，促进生物技术健康发展，推动构建人类命运共同体，实现人与自然和谐共生，制定的法律。

依据《生物安全法》规定，生物安全是指国家有效防范和应对危险生物因子及相关因素威胁，生物技术能够稳定健康发展，人民生命健康和生态系统相对处于没有危险和不受威胁的状态，生物领域具备维护国家安全和持续发展的能力。近年来，随着生物资源开发利用活动和前沿生物技术的发展，涉及生物安全的动植物和微生物遗传资源流失、外来物种入侵、转基因生物安全风险、实验室生物安全等问题日益凸显，对我国生物多样性保护、生态安全及生物安全构成重大威胁。在技术转移过程中，存在两个方面值得关注的生物安全问题：

1. 生物技术研发、应用产生的安全问题

以基因编辑、基因驱动、合成生物学为代表的前沿生物技术正处于日新月异的飞速发展中，在医疗、农业等诸多领域为人类发展带来福祉的同时，也对国家乃至全人类的生物安全构成了严重威胁。生物技术安全产生的问题来源大致可分为两类：第一类是客观因素导致的非故意技术谬用。其一，因技术缺陷导致的不良后果，尤其是因技术安全性、有效性未经严格验证就应用于人类临床而引发的危险；其二，生物实验室安全事故对社会安全、人类健康造成的严重后果，包括在实验室试验、中间试验、环境释放和生产性试验等环节有意（无意）将各类遗传修饰生物体向环境释放造成的生物安全事故。第二类是主观故意的技术滥用引致的生物安全威胁，目的就是要造成对人类社会的危害，后果往往是引起生物恐怖主义活动或生物战争。

2. 外来物种入侵

外来物种入侵是生物安全问题的重要表现。外来物种入侵不仅会给经济活动带来阻力，在全球范围内造成的经济损失也是不可估量的，不仅包括对农林牧渔等产业造成的包括生产成本、修复成本等在内的直接经济损失，还包括各种生态连锁反应而产生的难以用金钱衡量的间接经济损失。无论是直接损失还是间接损失，对人类经济活动带来的不利影响都是巨大的。

(二) 生物安全检测与风险预防

《生物安全法》明确了维护国家生物安全与保障人民生命健康的根本要求,并规定了国家建立生物安全标准制度。制定标准是为了在一定范围内通过对活动或其结果规定共同和重复使用的规则、导则或特征的文件并实施,从而获得最佳秩序和社会效益。在生物安全领域,生物安全标准是保证生物技术活动在安全范围内开展和运行的依据,规范严谨的生物安全标准是对生物安全活动进行科学管理的必由之路。

生物安全检测工作的标准化,对依法开展生物安全管理工作、提高生物安全管理水平具有至关重要的作用。我国在转基因生物检测、传染病防控检测、外来物种入侵检测等领域已建立了相对完善的检测体系。在转基因生物检测方面,目前我国已制定了关于转基因生物检测方法的农业标准89项、行业标准26项、国家标准13项,覆盖了大部分已经商业化的转基因植物含有的抗病毒、抗虫及耐除草剂基因、报告基因、内标准基因等检测项目。

在传染病防控检测方面,各种病原在不同国家和地区的病原特性、临床表现、传播方式以及产生的危害等方面可能存在明显差别,需要采用科学的技术、方法和标准,对各种动植物传染病、寄生虫病病原进行检测和鉴别。在外来物种入侵检测方面,为保护我国农业生产安全、生态安全和生物多样性,提高农产品质量,保障农业的可持续发展,自2005年以来我国加快推进对国家重点管理外来入侵物种防控标准体系的制定工作,检测类的行业标准占外来物种入侵行业标准数的72.9%,涵盖昆虫、病原菌、病毒、线虫、杂草外来物种等。

生物安全治理以风险预防原则为基础性和统领性原则,在立法过程、制度安排和机制意义上均全面贯彻了风险预防原则,即必须采取一切有效措施,切实防范可能出现的多种生物安全风险。在风险规制层面,生物安全标准的核心价值在于通过对各种生物安全风险类型化的处理将各个领域的环境风险具体化,实现分级分类管控,最终达到生物安全风险预防的目的。质言之,生物安全标准制度风险预防的要义在于防患于未然,致力于寻找以及防范危害起源,而非专注于事后补救,通过生物安全标准规制危险源,进而影响人们的行为,最终使得损害得以避免。

二、科技伦理问题

(一) 科技伦理问题的表现

1. 生命伦理问题

生命伦理问题围绕人类生命的尊严、权利、责任等展开,影响到人类自身的安全、自由和尊严。首先,生命伦理问题突出体现于生物克隆技术之中。克隆技术对科学和社会的发展起重要的推动作用,同时也伴随着严重的伦理问题,基因和其他外部因素都将影响生物克隆的特征。此外,人类克隆的实现也有可能导致由于生殖权和人权的争议而引发的社会问题,应当关注克隆技术的范围、条件和如何把克隆人类胚胎控制在一定的法律和伦理范围之内。其次,随着基因编辑技术的发展,基因编辑可以改变人类的基因组,基因编辑婴儿能够避免遗传疾病,但是这项技术涉及伦理和道德的考量,例如科学研究的道德规范、信任和社会责任等。

2. 生态伦理问题

人与自然环境的关系问题,自人类出现就已经存在。由于人类对自然资源的长期掠夺性开发,废水、废气和废渣的任意排放,各种化学原料与农药毫无节制地使用,造成生态环境的严重污染,正常的生物链遭到破坏,大量的动植物濒临灭绝,使得生态与环境领域的科学伦理问题显得尤为突出。人类正面临着生态环境危机,世界气候异常,环境灾难频繁的考验。现今代际不平等现象十分严重,人口膨胀、资源短缺、环境污染、生态失衡,已严重威胁后代人的生存发展权。解决代际不平等现象,必须建构生态环境伦理,用理性约束人类的行为,树立可持续发展的生态环境观念。

3. 信息伦理

以数字技术、多媒体技术和网络技术为代表的现代信息技术推动着人类社会从后工业社会向信息社会迅速转变,引发了信息传播在媒介形式、报道方式、受众地位、受众行为等多方面产生了一系列深刻的变革,同时也带来了信息伦理问题。在网络活动中,首先面临的是对个人隐私的挑战,如何保护合法的个人隐私、如何防止把个人隐私作为谋取经济利益的手段,成为网络时代的主要伦理问题。一系列其他新的社会问题诸如网络犯罪、网络病毒、网络黑客、垃圾邮件、网络安全、信息垄断、网上知识产权,以及利用信息网络进行恐怖活动和发动信息战争,危害社会公共利益和威胁国家安全等随之产生,这些都引发了计算机网络技术与信息伦理的激烈冲突。

(二)科技伦理问题的法律应对

2022年3月20日中共中央办公厅、国务院办公厅印发了《关于加强科技伦理治理的意见》(简称《意见》),明确指出要把"坚持依法依规开展科技伦理治理工作,加快推进科技伦理治理法律制度建设"作为治理要求的重要内容。《科技伦理审查办法(试行)》(简称《审查办法》)是为规范科学研究、技术开发等科技活动的科技伦理审查工作,强化科技伦理风险防控,促进负责任创新,依据《中华人民共和国科学技术进步法》《关于加强科技伦理治理的意见》等法律法规和相关规定,制定的办法。由科技部、教育部、工业和信息化部、农业农村部、国家卫生健康委、中国科学院、中国社科院、中国工程院、中国科协、中央军委科技委印发,自2023年12月1日起施行。《审查办法》指出,科技伦理审查应坚持科学、独立、公正、透明原则,公开审查制度和审查程序,客观审慎评估科技活动伦理风险,依规开展审查。

《审查办法》共分为5章57条,主要是明确了科研单位——高等学校、科研机构、医疗卫生机构、企业等——是科技伦理审查管理责任主体,明确了科技伦理(审查)委员会的设立标准和组织运行机制,并对委员会的制度建设、监督管理等提出具体要求。

《审查办法》指出,包括以人为研究参与者的测试、调查、观察性研究等以及涉及使用人类基因、人类胚胎、人类生物样本、个人信息等四大类科技活动应进行科技伦理审查;责任主体单位应为科技伦理(审查)委员会配备专(兼)职工作人员、提供办公场所和经费等条件,并采取有效措施保障科技伦理(审查)委员会独立开展伦理审查工作。

《审查办法》分别规定了一般性审查、简易审查、应急审查、纳入清单管理的科技活动专家复核等的程序和要求。"改变人类生殖细胞、受精卵和着床前胚胎细胞核遗传物质的基础研究"等七类科技活动,列入需要专家复核的科技活动清单。

《审查办法》指出,科学技术部负责建设国家科技伦理管理信息登记平台,为地方、相关行业主管部门加强科技伦理监管提供相应支撑。单位设立科技伦理(审查)委员会后的30日内,主动通过国家科技伦理管理信息登记平台进行登记。单位应在纳入清单管理的科技活动获得伦理审查批准后的30日内,主动通过国家科技伦理管理信息登记平台进行登记。单位应于每年3月31日前,向国家科技伦理管理信息登记平台提交上一年度科技伦理(审查)委员会工作报告、纳入清单管理的科技活动实施情况报告等。

《审查办法》将《需要开展专家复核的科技活动清单》作为附件,提出了生命科学、医学和人工智能三个领域的七类科技活动,后续将根据科技创新发展情况动态调整。

案例

吴某诉某生物科技有限公司买卖合同纠纷案

【案情简介】 2018年4月5日,吴某与上海某生物科技有限公司(简称生物公司)的法定代表人通过微信进行沟通,约定吴某以3.5万元/份的价格向生物公司购买30份"干细胞",由生物公司培养细胞并提供相关场所进行细胞回输。吴某当日即通过银行转账的方式向生物公司转账了半数价款52.5万元作为预付款。

2018年4月20日至7月6日,生物公司共向吴某交付了8份"干细胞"。此后,吴某多次要求生物公司交付剩余"干细胞",而生物公司未能履行,故吴某提起诉讼要求解除双方之间的买卖合同,生物公司返还剩余预付款并支付资金占用利息。

【裁判结果】 上海市浦东新区人民法院于2020年1月3日作出判决:一、解除吴某与生物公司间的"干细胞"买卖合同;二、生物公司于判决生效之日起十五日内返还吴某预付货款397 500元;三、驳回吴某其余诉讼请求。一审宣判后,生物公司不服,向上海市第一中级人民法院提起上诉。上海市第一中级人民法院于2020年8月11日作出二审判决:一、撤销一审判决;二、吴某与生物公司之间的"干细胞"买卖合同无效;三、生物公司应于判决生效之日起十日内返还吴某剩余预付款397 500元;四、驳回吴某的全部一审诉讼请求。

【典型意义】 本案系全国首例干细胞买卖案。我国将干细胞既当药物,又当治疗技术进行管理。在法律层面,干细胞属于人类遗传资源。根据《生物安全法》的相关规定,采集、保藏、利用、对外提供我国人类遗传资源,应当符合伦理原则,不得危害公众健康、国家安全和社会公共利益。对干细胞临床研究进行严格管控,操作要符合生命伦理规范。

国外生物安全立法

国外关于生物安全的立法起步较早。早在20世纪70年代,《禁止发展、生产、储存细菌(生物)及毒素武器和销毁此种武器公约》生效,我国于1984年加入该公约。

在20世纪90年代,虽然生物技术的发展还尚不成熟,但其发展安全性已引起了国际社会的注意。因此早在1992年起,国际社会开始制定生物安全领域的法律文件,先后制定了《关于环境与发展的里约宣言》以及《生物多样性公约》等。此后,为了落地相关法律文件内容,经过四年10轮谈判后,《卡塔赫纳生物安全议定书》和《关于获得遗传资源和公平公正分享其利用所产生惠益的名古屋议定书》相继发布,作为《生物多样性公约》等文件的落地补充协议生效。此外,我国还先后加入了《濒危野生动植物种国际贸易公约》《关于特别是作为水禽栖息地的国际湿地公约》《保护世界文化与自然遗产公约》《国际捕鲸公约》《联合国防治荒漠化公约》《联合国气候变化框架公约》《植物新品种保护公约》等。

美国的生物技术较为发达,早在1974年,美国国家卫生研究院便建立了生物安全委员会,针对生物安全领域展开研究,并逐步建立起了较为完整的法规体系。相关法律文件的位阶上至国家战略文件,下至药物生产指南,涉及诸多主管部门,且分工精细,为美国生物技术的发展与生物安全风险的降低提供了良好的保障。美国现有生物安全立法虽然数量繁多,但仍有较为明确的框架。首先,从综合性管理的角度来看,美国先后颁布了《公共卫生安全与生物恐怖准备与应对法》《生物盾牌法案》《生物防御和大流行性疫苗与药物开发法案》《国家生物安全防御战略》以及《美国迫切需要制定新的生物防御战略》等正式法规及文件。这些文件较为完整地规范了美国在面临生物安全风险的应对措施。其次,在涉及具体生物产品时,美国则采取了较为松散,但针对性较强的立法模式,对许多可被分类的生物产品进行规制,即:其根据各生物产品的类别、研发阶段、上市阶段等要素,制定了数量较大,但涉及规范领域较小的法律、文件或标准。在美国立法模式下,虽然涉及主管部门数量多,程序繁杂,但其依靠广泛的覆盖面和主管部门较强的专业性,让美国生物安全得到了较为完善的保护。

欧盟关于生物安全的立法与美国较为类似,均为综合性法规与针对性法规相结合对生物安全进行管理。与美国不同的是,欧盟立法的侧重点在于转基因产品的研发、生产与销售的限制。根据《卡特赫纳生物安全议定书》《统一食品安全法》以及相关标准,欧洲食品安全局承担了较高监管责任,包括但不限于:向成员国提供食品安全意见、制定风险评估方案、负责相关食品安全企业的运作、向公众传达信息等。针对欧盟内新型生物产品,欧盟通过单独立法的方式,针对特定产品进行严格管理。例如《第1829/2003号条例》对转基因食品与饲料的上市进行了针对性规范。同时,欧盟食物安全局(EFSA)于2002年设立,独立负责转基因食品在欧盟境内的监管、评估、许可等事宜。

日本在生物安全领域立法与美国、欧盟不同,采取了以专门立法为主,其他行政规章制度为辅的立法模式,对生物安全进行规范。日本早在1986年即颁布了《重组DNA工作准则》,针对转基因产品的安全性进行了初步规范。此外,日本在1987年颁布了《重组DNA实验准则》,针对转基因产品的研发进行了初步规制。此后又逐渐颁布一系列法规,完善生物安全领域立法。最终,在2003年国际《卡塔赫纳生物议定书》生效之际,日本通过了《管制转基因生物使用、保护和持续利用生物多样性法》,并将其作为日本生物安全领域的核心专项法律作用至今。虽然日本以转基因产品为生物安全监管侧重点,但近年来,日本陆续发布了《生物技术战略大纲》《生物战略2019——面向国际共鸣的生物社区的形成》以及《实验室生物安全指南》等规范,在转基因领域之外,强调了病原体的预防与管理、输入性传染病防治、实验室运营要求等降低生物安全风险的条款。

第七章

技术转移相关的科技法律规范

科技成果转移转化是科技创新链中的重要一环,是科技与经济紧密结合的关键环节,健全科技成果转移转化法律制度对促进科技成果转移转化,进而推进供给侧结构性改革、加快经济转型升级和产业结构调整,支撑经济高质量发展具有重要意义。

科技成果转移与转化是两个相互关联但存在一定区别的概念。科技成果转移是指科技成果从一方主体向另一方主体转移,转移方式包括转让、许可、作价投资,也包括利用科技成果为委托方提供技术开发、技术咨询等,其突出特点是科技成果的形态一般不发生变化,是至少两个主体之间发生技术交易活动。《中华人民共和国促进科技成果转化法》将科技成果转化定义为:"为提高生产力水平而对科技成果所进行的后续试验、开发、应用、推广直至形成新技术、新工艺、新材料、新产品,发展新产业等活动。"科技成果转化活动的主要内容是对科技成果进行后续试验、开发、应用和推广,从有科技成果开始,直到形成新产业为止,其主要特点是突出科技成果价值形态的变化。实操中,科技成果转移与转化往往交织在一起,因而可统称为科技成果转移转化。

第一节 《科学技术进步法》

> **本节要点**
> 1. 了解《科学技术进步法》的立法背景、体例和意义。
> 2. 掌握《科学技术进步法》的重点条文、实践运用。

一、立法概述

《科学技术进步法》是为了全面促进科学技术进步,发挥科学技术第一生产力、创新第一动力、人才第一资源的作用,促进科技成果向现实生产力转化,推动科技创新支撑和引领经济社会发展,全面建设社会主义现代化国家,根据宪法,制定的法律。

《科学技术进步法》系 1993 年 7 月 2 日第八届全国人民代表大会常务委员会第二次会议通过,2007 年 12 月 29 日第十届全国人民代表大会常务委员会第三十一次会议第一次修订,2021 年 12 月 24 日第十三届全国人民代表大会常务委员会第三十二次会议第二次修订,自 2022 年 1 月 1 日起施行。

《科学技术进步法》共计十二章,117 条,分别为

  第一章　总　则
  第二章　基础研究
  第三章　应用研究与成果转化
  第四章　企业科技创新
  第五章　科学技术研究开发机构
  第六章　科学技术人员
  第七章　区域科技创新
  第八章　国际科学技术合作
  第九章　保障措施
  第十章　监督管理
  第十一章　法律责任
  第十二章　附　则

《科学技术进步法》具有如下重大意义:

(1) 完善立法宗旨和指导方针。强调坚持党对科学技术事业的全面领导,坚持新发展理念,坚持科技创新在国家现代化建设全局中的核心地位,把科技自立自强作为国家发展的战略支撑。体现"四个面向"的战略要求,支撑实现碳达峰碳中和目标,催生新发展动能,实现高质量发展。

(2) 加强基础研究能力建设。强化项目、人才、基地系统布局,国家财政建立稳定支持基础研究的投入机制,提高基础研究经费在全社会研究开发经费总额中的比例。设立自然科学基金,资助基础研究,支持人才培养和团队建设,完善学科和知识体系布局,支持基础研究基地建设。

(3) 强化国家战略科技力量。着力解决制约国家发展和安全的重大难题,强化以国家实验室、科技领军企业等为国家战略科技力量,在事关国家安全和经济社会发展全局的重大科技创新领域设立国家实验室,完善稳定支持机制;推进科研院所、高校和企业科研力量优化配置和资源共享,形成体系化能力。

(4) 推动关键核心技术攻关。完善社会主义市场经济条件下关键核心技术攻关新型举国体制。聚焦国家重大战略任务，推动关键核心技术攻关，实现自主可控。支持基础研究、前沿技术研究和社会公益性技术研究持续、稳定发展。国家构建和完善高效、协同、开放的国家创新体系，建立和完善科研攻关协调机制。

(5) 强化企业科技创新。建立以企业为主体、以市场为导向、企业同科学技术研究开发机构、高等学校紧密合作的技术创新体系，引导和扶持企业技术创新活动。培育具有影响力和竞争力的科技领军企业。国家加强引导和政策扶持，多渠道拓宽创业投资资金来源，对企业的创业发展给予支持。

(6) 加大科技人才培育。营造尊重人才、爱护人才的社会环境。采取多种措施，提高科学技术人员的社会地位，培养和造就专门的科学技术人才。各级人民政府、企业事业单位和社会组织应当采取措施，完善体现知识、技术等创新要素价值的收益分配机制，应当为青年科学技术人员成长创造环境和条件，激发科学技术人员创新活力。

(7) 强化科技创新保障。国家加大财政性资金投入，逐步提高科学技术经费投入的总体水平，国家财政用于科学技术经费的增长幅度应当高于国家财政经常性收入的增长幅度。全社会科学技术研究开发经费应当占国内生产总值适当的比例，并逐步提高。国家采取多种方式支持区域科技创新，县级以上地方各级人民政府应当支持科学技术研究和应用。

二、内容解读

2022年施行的《科学技术进步法》不仅对原有的法律框架和内容进行了部分调整，还新增了"基础研究""区域科技创新"和"国际科学技术合作"三章。

(一) 总则方面

《科学技术进步法》在立法宗旨和指导方针中，凸显了"科学技术是第一生产力、创新是第一动力、人才是第一资源"的核心理念，并强调了"党对科学技术事业的全面领导"。该法坚持"科技创新在国家现代化建设全局中的核心地位，把科技自立自强作为国家发展的战略支撑"。同时，明确了科学技术的四个面向：面向世界科技前沿、面向经济主战场、面向国家重大需求、面向人民生命健康。并提出要健全新型举国体制，构建并强化以国家实验室、国家科学技术研究开发机构、高水平研究型大学、科技领军企业为核心的国家战略科技力量。

(二) 基础研究方面

《科学技术进步法》新增了"第二章 基础研究"专章，旨在加强新型和战略产业等领域的基础研究,推动原始创新。具体措施包括:国家财政建立稳定的基础研究投入机制,逐步提高基础研究经费在全社会研究开发经费总额中的比例;设立自然科学基金,资助基础研究;加大基础研究人才的培养力度;强化基础研究基地建设;并鼓励和推动科学技术研究开发机构、高等学校、企业等加强基础研究。

(三) 科技成果转化方面

在《科学技术进步法》的第三章"应用研究与成果转化"中,提出了"完善共性基础技术供给体系,促进创新产业链深度融合,保障产业链供应链安全"的总体目标。具体实施方案包括:建立和完善科研攻关协调机制,推动产学研紧密合作;加强面向产业发展需求的共性技术平台和科学技术研究开发机构建设;加强科技成果的工程化和产业化开发及应用;以及加快科技成果向现实生产力的转化。

(四) 企业技术创新的主体作用

《科学技术进步法》的第四章"企业科技创新"进一步强调了"企业为主体,市场为导向"的原则,以培养具有影响力和竞争力的科技领军企业为目标。特别是在我国资本市场全面实行注册制的大背景下,该法提出了"完善科技型企业上市融资制度"和"发挥资本市场服务科技创新的融资功能"。此外,还鼓励原创创新和研发投入,并在税收优惠的企业类型中新增了"科技型中小企业"这一类别。

(五) 科学技术研究开发机构的定位

《科学技术进步法》的第五章明确了以国家战略需求为导向,在事关国家安全和经济社会发展全局的重大科技创新领域设立国家实验室,并支持发展新型研究开发机构等新主体。

(六) 激发科学技术人员活力

《科学技术进步法》的第六章在充分调动和保护科技人员的积极性、主动性和创造性方面作出了诸多规定。这些规定包括提高科学技术人员的社会地位,保障他们投入科技创新和研究开发活动的时间;推进权益分配机制改革,探索对科学技术人员的激励机制;并在宽容失败的问题上,对承担科学技术研究开发任务的科技人员和管理人员在特定情况下予以免责等。

(七) 科技创新在国内外的发展定位

《科学技术进步法》新增了第七章"区域创新制度",旨在统筹国内科学技术资源的区域空间布局,采取多种方式支持区域科技创新;建设重大科技创新基地与平台,打造区域科技创新高地;并建立区域科技创新合作机制、跨区域协同互助机制等。同时,该法还增设了第八章"国际科学技术合作",在人类命运共同体的目标下,建设国际科技创新平台,形成高水平的科技开放格局,推动世界科学技术的进步。特别鼓励在国外工作的科学技术人员回国,吸引外籍科学技术人员来华,并完善相关社会服务和保障;通过多途径建设国际科技创新合作平台等。

(八) 科技创新的保障措施

《科学技术进步法》的第九章关于科技创新的保障措施中,继续强调了政府采购支持的规定。即境内自然人、法人和非法人组织的科技创新产品、服务,在功能、质量等满足政府采购需求的条件下,政府采购应当优先购买。同时,还增加了"加强学术期刊建设""促进科学技术交流与传播"以及利用财政资金进行科研的项目负责人在特定条件下免除其决策责任等规定。

第二节 《促进科技成果转化法》

本节要点

1. 了解《促进科技成果转化法》的立法背景、体例。
2. 理解《促进科技成果转化法》的重点条文解读。
3. 关注《促进科技成果转化法》的相关配套。

一、立法概述

《促进科技成果转化法》是为促进科技成果转化为现实生产力,规范科技成果转化活动,加速科学技术进步,推动经济建设和社会发展制定。

《促进科技成果转化法》系1996年5月15日第八届全国人民代表大会常务委员会第十九次会议通过,1996年5月15日中华人民共和国主席令第六十八号公布,自1996年10月1日起施行;2015年8月29日第十二届全国人民代表大会常务委员会第十六次会议《关于修改〈促进科技成果转化法〉的决定》修正。

《促进科技成果转化法》共计6章,52条,分别为:

第一章　总　则
第二章　组织实施
第三章　保障措施
第四章　技术权益
第五章　法律责任
第六章　附　则

二、内容解读

《促进科技成果转化法》的内容坚持问题导向,解决当前制约科技成果转化的突出问题。同时也正确处理政府和市场的关系,充分体现市场在科技成果转化中的决定性作用。并且也更加聚焦于"人",充分激发科技人员在科技成果转化、大众创业、万众创新中的积极性。具体内容如下:

(一)保证科技成果信息发布

科技成果供求双方信息交流不够通畅是影响科技成果转化的突出问题。《促进科技成果转化法》第 11 条规定,国家建立、完善科技报告制度和科技成果信息系统,向社会公布科技项目实施情况以及科技成果和相关知识产权信息,提供科技成果信息查询、筛选等公益服务。公布有关信息不得泄露国家秘密和商业秘密。对不予公布的信息,有关部门应当及时告知相关科技项目承担者。利用财政资金设立的科技项目的承担者应当按照规定及时提交相关科技报告,并将科技成果和相关知识产权信息汇交到科技成果信息系统。国家鼓励利用非财政资金设立的科技项目的承担者提交相关科技报告,将科技成果和相关知识产权信息汇交到科技成果信息系统,县级以上人民政府负责相关工作的部门应当为其提供方便。同时,第四十六条还规定了相应的法律责任。

(二)保障科研人员 50%的收益下限

《促进科技成果转化法》第四十五条规定,科技成果完成单位未规定、也未与科技人员约定奖励和报酬的方式和数额的,按照下列标准对完成、转化职务科技成果做出重要贡献的人员给予奖励和报酬:

1. 将该项职务科技成果转让、许可给他人实施的,从该项科技成果转让净收入或者许可净收入中提取不低于百分之五十的比例;

2. 利用该项职务科技成果作价投资的,从该项科技成果形成的股份或者出资比例中提取不低于百分之五十的比例;

3. 将该项职务科技成果自行实施或者与他人合作实施的,应当在实施转化成功投产后连续三至五年,每年从实施该项科技成果的营业利润中提取不低于百分之五的比例。

(三)科技成果处置权、使用权和管理权的下放

2011 年以来,财政部、科技部等部门开展中央级事业单位科技成果使用、处置和收益管理改革试点。2015 年,中共中央、国务院关于深化体制机制改革加快实施创新驱动发展战略的若干意见也对"三权改革"予以明确,提出单位主管部门和

财政部门对科技成果在境内的使用、处置不再审批或备案,科技成果转移转化所得收入全部留归单位,纳入单位预算,实行统一管理,处置收入不上缴国库。

据此,《促进科技成果转化法》第 18 条规定,国家设立的研究开发机构、高等院校对其持有的科技成果,可以自主决定转让、许可或者作价投资。第 43 条规定,国家设立的研究开发机构、高等院校转化科技成果所获得的收入全部留归本单位,在对完成、转化职务科技成果做出重要贡献的人员给予奖励和报酬后,主要用于科学技术研究开发与成果转化等相关工作。

(四) 强化了企业在科技成果转化中的主体作用

把握好技术创新的市场规律,让市场成为优化配置创新资源的主要手段,让企业成为技术创新的主要力量。为了促进科研与市场的结合,进一步发挥企业在科技成果转化中的主体作用,增强科技进步对经济发展的贡献度,营造大众创业、万众创新的制度环境。具体体现在《促进科技成果转化法》第 10 条、22 条、24 条、25 条规定。

(五) 支持建设公共研究开发平台

为了加强科技成果转化服务,为科技成果转化创造更加良好的环境,《促进科技成果转化法》第 30 条规定,国家培育和发展技术市场,鼓励创办科技中介服务机构,为技术交易提供交易场所、信息平台以及信息检索、加工与分析、评估、经纪等服务。

第 31、32、33 条对科技中介提出要求,包括应当遵循公正、客观的原则,不得提供虚假的信息和证明,对其在服务过程中知悉的国家秘密和当事人的商业秘密负有保密义务。同时提出建设公共研究开发平台、企业孵化器、为初创期科技型中小企业提供孵化场地、创业辅导、研究开发与管理咨询等服务。

(六) 推动科技成果转化资金多元化发展

《促进科技成果转化法》第 33 条、34 条、35 条、36 条、37 条、38 条明确,国家对科技成果转化要合理安排财政资金投入,引导社会资金投入,推动科技成果转化资金投入多元化发展。

(七) 推动军民科技成果相互转移、转化

《促进科技成果转化法》第 14 条对推动军民科技成果相互转移转化,规定:国家建立有效的军民科技成果相互转化体系,完善国防科技协同创新体制机制。军品科研生产应当依法优先采用先进适用的民用标准,推动军用、民用技术相互转移、转化。

（八）完善科技人员考核评价体系

《促进科技成果转化法》第20条规定，研究开发机构、高等院校的主管部门以及财政、科学技术等相关行政部门应当建立有利于促进科技成果转化的绩效考核评价体系，将科技成果转化情况作为对相关单位及人员评价、科研资金支持的重要内容和依据之一，并对科技成果转化绩效突出的相关单位及人员加大科研资金支持。国家设立的研究开发机构、高等院校应当建立符合科技成果转化工作特点的职称评定、岗位管理和考核评价制度，完善收入分配激励约束机制。

三、相关配套

为了配合《促进科技成果转化法》的具体实施，破解科技成果使用、处置和收益权等政策障碍，2016年2月26日，国务院印发《实施〈中华人民共和国促进科技成果转化法〉若干规定》的通知，进一步明确细化了相关制度和具体操作措施。2016年4月21日，国务院办公厅印发《促进科技成果转移转化行动方案》。

《促进科技成果转化法》《实施〈中华人民共和国促进科技成果转化法〉若干规定》及《促进科技成果转移转化行动方案》是一个整体考虑和系统性部署，形成了从修订法律条款、制定配套细则到部署具体任务的科技成果转移转化工作"三部曲"，对于实施创新驱动发展战略、强化供给侧结构性改革、推动大众创业万众创新具有重要意义。

此外，地方各级人民政府也对应制定颁布各项法规、规章及政策，限于篇幅的问题，此处不再赘述。

国外科技成果转化体系介绍

科技成果商品的特殊性、复杂性和专业性，使得科技成果转化难成为各国的共性问题，以下简要介绍美国、欧盟、日本等国科技成果转化（技术转移）经验。

第一，美国的科技成果转化体系。

美国于1980年出台《拜杜法案》，其后30多年间出台和修订相关法律法规达17件之多，以建立相对完善的技术转移体系。

美国的国家技术转移体系分为两个层面，在这两个层面分别建立中介机构，并通过法律予以明确，具体是：

一是围绕联邦科研机构，其中1980年《史蒂文森-威德勒技术创新法》要求作为美国第一部定义和促进技术转移的法律，要求联邦科研机构将技术转移作为其重要职责，推动联邦科研机构的角色扩充至技术转移。围绕联邦科研机构的技术转移,美国1989年成立的国家技术转移中心(NTTC)是美国技术转移及技术成果产业化领域的先驱者,属于国家级的非营利性技术服务机构。NTTC提供了一整套的项目与服务,帮助美国商业界利用已成熟的技术、设备,通过与一流的联邦实验室研究人员合作来实现技术转移。

二是围绕高等院校《拜杜法案》的颁布为标志。《拜杜法案》确认了大学对由政府资助科研项目的成果的所有权,并赋予高校将相关成果进行商业化并应用的义务,从根本上改变了利用政府资助进行研发所形成的知识产权的权属标准,把研发成果的所有权从政府手中转移到与政府签订合同或授权协议的大学、非营利性研究机构和小企业手中。围绕高等院校的成果转化,1974年美国成立了大学专利管理者协会(Society University Patent Administrators,SUPA),专门负责促进高校的技术转移。《拜杜法案》通过后,美国大学技术转移量快速增长,SUPA成员数量不断增加,服务体系也不断完善。到1989年,SUPA的角色和责任大大超出了"专利管理"的范畴,后改名为大学技术经理人协会(AUTM)。AUTM的具体职责为四项,包括为会员提供技术转移方面的培训,促进技术转移职业化发展;搭建技术转移网络信息平台,通过该平台可直接连接到专利技术转移组织;从发明披露、专利授权、技术许可等方面对负责政府资助项目的机构工作情况进行年度调查;定期发行出版物、举办年会等,为全球技术转移经理人和行业组织提供沟通交流的平台。

在美国国家技术转移体系下,形成了较为成熟的职业技术经理人群体。在一套完整的技术转移过程之中,发明人会首先将发明披露给技术经理人,由技术经理人对其进行全面评估,确定是否有申请专利、商业化的价值,之后技术经理人开始接触相关企业,商讨合作意愿,签署技术转移合同,并负责后续监督市场化进程、提供咨询服务等,最后再向发明人反馈市场信息等。同时,在这一模式下,技术经理人的工作权益也将得到合法保证,可以在转化过程中充分展示自身的专业能力,这必然会提高转化的成功率。

第二,欧盟的科技成果转化体系。

欧盟科技成果转化(技术转移)制度建设是欧盟政治经济一体化建设中的一项重要内容,取得了很大成效。欧盟层面的技术转移机构以欧洲科学与技术转移行业协会(ASTP-Proton)为代表。

其中欧洲知识和技术转移行业专业协会(ASTP)于1999年在海牙成立;Proton Europe源自2003年由欧盟委员会支持开展的一个科研项目,随后在2005年正式建立成为同样专注于技术商品化和技术转移领域的非营利协会。2013年5月,ASTP与Proton Europe合并为ASTP-Proton。ASTP-Proton将工作使命定义为促进知识转移实践和实践者的专业化发展,致力于塑造未来的知识转移、技术转移行业,并且提高行业的吸引力和公信力。如今 ASTP-Proton 已成为欧洲最大的技术转移组织,也是每年度泛欧洲技术转移大会的主办单位,拥有1 600多家大学和产业界会员。ASTP-Proton 的核心职能包括六项:分别为:培训技术转移专业人才并助力其职业发展;提供国际认可国际技术转移经理人认证;举办国际技术转移交流活动;提高欧洲科技创新体系的工作效率;倡导在国际舞台上体现国际技术转移行业性特征;为成员单位创新创业提供平台服务。

欧盟的成员国层面,因为经济社会发展水平差异很大,技术转移体系的发展程度也有显著差别。其中,一些发达国家如德国等也已经建立了较为完善的技术转移制度体系,以德国的弗劳恩霍夫协会为代表。德国长居欧盟第一经济大国,其雄厚的工业基础与德国产学研各界的长期合作密不可分。德国科技成果转化体系的重要特征是在科研体系内部建立了专业化的转移转化服务机构,高等院校尤其是工科院校都普遍建立了专业化的科技成果转化中心。

德国的技术转移服务机构主要包括德国技术转移中心、德国史太白技术转移中心和德国弗劳恩霍夫协会等。其中,弗劳恩霍夫应用研究促进会(Fraunhofer-Gesellschaft,FhG)成立于1949年,是欧洲最大的应用科学研究机构,该促进会不隶属于政府或其他部门,属于"民办公助"的非营利科研机构。作为非营利机构,促进会致力于应用研究领域的技术开发和成果转化,为中小企业及政府部门提供合同式的科研服务,通过提高技术水平和改进生产工艺,加强其企业伙伴的竞争力。

第三,日本的科技成果转化体系。

1998年5月,日本政府颁布了旨在促进大学和国立科研机构的科技成果向民间企业转让的《关于促进大学等的技术研究成果向民间事业者转让的法律》,启动技术转移机构发展战略,该国的技术转移机构由此诞生和发展。

日本的科技成果转化机构或中介机构,一般叫"技术转移机构"(Technology Licensing Organization,简称TLO)。从TLO的工作内容看,一方面,其从大学等获取研究成果并实现专利化,并对专利进行市场性评价;另一方面,其向企业提供信息,进行市场调查,通过向最合适的企业提供许可等谋求技术转让。具体流程包括:发掘、评价大学研究人员的研究成果——在向专利局申请的同时使之专利权化——让企业使用这些专利权实施许可——作为对等条件从企业收取使用费,并把它作为研究费返还给大学及其研究者(发明者)。

从组织形式看,日本的TLO分别以财团法人、大学法人内组织、股份有限公司、有限责任公司等形式注册,根据出资方不同,各自以不同的模式运行。

在日本,类似于TLO的组织有很多,但只有取得国家有关部门的批准,才能享受相应国家政策。具体政策包括：(1)国家给予与技术转移有关经费支持(相关经费的2/3以内，上限是3000万日元/年，补助期间5年)；(2)由"独立行政法人中小企业基础建设机构"提供债务担保；(3)专利费减免(依据《产业活力再生特别措施法》)；(4)被批准的TLO可无偿使用国有(大学)设施(依据《产业技术能力强化法》)；(5)派遣技术转移专家(专利流通顾问)；(6)由国立大学向被批准的TLO出资(《国立大学法人法》)；(7)作为特例，由"中小企业投资育成株式会社"出资(被批准的TLO向技术转移接受方提供支持)。

第三节 《技术合同认定登记管理办法》

本节要点

1. 了解《技术合同认定登记管理办法》的立法背景、体例和意义。
2. 理解《技术合同认定登记管理办法》的重点条文解读。
3. 关注《技术合同认定登记管理办法》的相关配套政策。

一、立法背景

2000年2月16日，为了贯彻落实《中共中央、国务院关于加强技术创新，发展高科技，实现产业化的决定》精神，加速科技成果转化，保障国家有关促进科技成果转化政策的实施，加强技术市场管理，科技部、财政部和国家税务总局共同制定了《技术合同认定登记管理办法》，1990年7月6日原国家科委发布的《技术合同认定登记管理办法》同时废止。

《技术合同认定登记管理办法》属于部门规章，共计24条。兑现各级各类促进科技成果转化优惠政策的重要依据。根据《管理办法》规定，未申请认定登记和未予登记的技术合同，不得享受国家对有关促进科技成果转化规定的税收、信贷和奖励等方面的优惠政策；经认定登记的技术合同，当事人可以持认定登记证明，向主管税务机关提出申请，经审核批准后，享受国家规定的税收优惠政策。

通过技术合同认定登记，可以加强国家对技术市场和科技成果转化工作的指导、管理和服务，使技术交易更加规范，减少技术交易纠纷的产生，净化技术市场环境。

通过技术合同认定登记，可以加强国家对技术市场的统计和分析工作，为政府制定政策提供依据。技术合同成交额及其相关数据,已成为国务院有关部门和地方科技管理部门考核科技创新与成果转化工作,和双创高质量发展的重要指标。

二、内容介绍

(一) 技术合同认定适用的合同种类

技术合同是指当事人就技术开发、技术转让、技术许可、技术咨询或者技术服务订立的确立相互之间权利和义务的合同,适用于国内的技术合同,也适用于涉外的技术合同。

技术开发合同是当事人之间就新技术、新产品、新工艺、新材料、新品种及其系统的研究开发所订立的合同。

技术转让合同是合法拥有技术的权利人,将现有特定的专利、专利申请、技术秘密的相关权利让与他人所订立的合同。

技术许可合同是合法拥有技术的权利人,将现有特定的专利、技术秘密的相关权利许可他人实施、使用所订立的合同。

技术咨询合同是当事人一方以技术知识为对方就特定技术项目提供可行性论证、技术预测、专题技术调查、分析评价报告等所订立的合同。

技术服务合同是当事人一方以技术知识为对方解决特定技术问题所订立的合同,不包括承揽合同和建设工程合同。

(二) 合同认定登记申请主体

国内技术合同由技术交易卖方(乙方)提出登记申请。涉外引进合同由技术交易买方(甲方)提出登记申请。

由申请主体在合同有效期内到所在辖区的技术合同认定登记机构进行认定登记。

(三) 完成合同认定登记的优惠政策

1. 免征增值税

《关于全面推开营业税改征增值税试点的通知》(财税〔2016〕36号)规定:纳税人提供技术转让、技术开发和与之相关的技术咨询、技术服务,免征增值税。纳税人申请免征增值税时,须持技术转让、开发的书面合同,到纳税人所在地科技主管部门进行认定,并持有关的书面合同和科技主管部门审核意见证明文件报主管税务机关备查。

2. 减免企业所得税

《中华人民共和国企业所得税法实施条例》第90条规定,经认定登记,符合条件的技术转让所得免征、减征企业所得税。具体是指一个纳税年度内,居民企业技术转让所得不超过 500 万元的部分,免征企业所得税;超过 500 万元的部分,减半征收企业所得税。

技术转让的范围:专利(含国防专利)、计算机软件著作权、集成电路布图设计专有权、植物新品种权、生物医药新品种,以及财政部和国家税务总局确定的其他技术。100%关联交易不享受技术转让减免企业所得税优惠政策居民企业直接或间接持有股权之和达到 100%。

3. 可作为职务科技成果转化奖励

《财政部、税务总局、科技部关于科技人员取得职务科技成果转化现金奖励有关个人所得税政策的通知》(财税〔2018〕58 号)规定,从职务科技成果转化收入中给予科技人员的现金奖励,可减按 50%计入科技人员当月"工资、薪金所得",依法缴纳个人所得税。

4. 研发费税前加计扣除的留存备查资料要求

国家税务总局公告 2015 年第 97 号,国家税务总局公告 2018 年第 23 号规定,技术合同认定登记作为研发费税前加计扣除的留存备查资料。

5. 可作为高新技术企业认定申报的高新收入、科技成果转化佐证材料

通过技术开发、技术转让、技术许可、技术咨询、技术服务签订的合同经科技主管部门认定登记后,可以作为高新技术企业认定申报的高新收入、科技成果转化佐证材料。

三、技术合同认定登记的实务操作

(一)申请技术合同认定登记的基本要求

1. 遵守法律法规、诚实信用原则。当事人申请认定登记应以国家有关法律法规和政策为准绳,遵循诚实信用的原则,如实反映技术交易的实际情况。如果当事人在合同文本中作虚假表示,骗取技术合同登记证明的,应当对其后果承担责任。

2. 地域一次登记制。技术合同认定登记中实行按地域一次登记制度。技术开发的研究开发人、技术转让合同的让与人、技术咨询和技术服务合同的受托人,应当在合同成立后向所在地区的技术合同登记机构提出认定登记申请。

3. 提供书面合同文本。当事人申请技术合同认定登记,应提交完整书面合同文本和相关附件。采用口头形式订立技术合同的,技术合同登记机构不受理。

4. 合同文本表述规范。申请认定登记的技术合同应使用规范名称,完整准确地表达合同内容,避免名称和内容在认定合同性质时引起混乱。

(二) 申请技术合同认定登记应提交的材料

1. 完整的书面合同文本和有关附件。

合同文本可以采用国家科学技术委员会监制的技术合同示范文本。

2. 有关机关批准的文件和证照

（1）列入国家计划或者省、自治区、直辖市计划的重要科技项目订立的合同，应提交国务院主管部门或省、自治区、直辖市主管机关批准的文件；

（2）内容涉及国家安全或者重大利益需要保密的技术合同，应提交由核密级的机关批准的文件；

（3）全民所有制单位转让专利权、专利申请权的合同，应提交其上级主管机关批准的文件；

（4）涉及易燃、易爆、高压、高空、剧毒、建筑、医药、卫生、放射性等高度危险或者涉及人身安全和社会公共利益项目的合同，应提交有关管理机关的批准文件或证照。

3. 个人就非专利技术转让订立的合同，应提交所在单位或者有关单位确认非职务技术成果的证明。

4. 委托代理人订立的合同申请认定登记，应提交委托书复印件。

(三) 技术合同认定登记的办理机关

各省、自治区、直辖市和计划单列市设立的技术合同登记机构，负责办理技术合同的认定登记。

各省、自治区、直辖市和计划单列市人民政府设立技术市场管理机构的，技术合同认定登记的日常工作可以由该机构负责管理和指导。

(四) 技术合同认定登记的办理步骤

1. 申请。技术合同依法成立后，由合同卖方当事人（技术开发方、转让方、顾问方和服务方）在技术合同成立之日起 30 日内，凭完整的合同文本和有关附件，向所在地的技术合同登记机构申请登记。

2. 受理。技术合同登记机构在对合同形式、签章手续及有关附件、证照进行初步查验，确认符合《民法典》（合同编）、《技术合同认定登记管理办法》等要求的，予以受理。

3. 审查认定。技术合同登记机构审查和认定申请登记的合同是否属于技术合同、属于何种技术合同。

4. 办理登记。技术合同登记机构根据《技术合同认定规则》，对符合技术合同条件的技术合同进行分类，填写技术合同登记表，编列技术合同登记序号，在技术合同文本上填写登记序号，加盖技术合同登记专用章，发给当事人技术合同登记证明。对于非技术合同或不予登记的合同应在合同文本上注明"未予登记"的字样。

5. 核定技术性收入。核定的技术交易额要在技术合同中单独载明。技术开发合同或者技术转让合同包含技术咨询、技术服务内容的,技术咨询、技术服务所得的报酬,可以计入技术交易额。

拓展阅读

2023年度全国技术市场发展持续提升,成绩显著

2023年,按照《中共中央 国务院关于构建更加完善的要素市场化配置体制机制的意见》要求,各级技术市场管理部门积极引导技术要素市场体制机制创新,加快推进全国统一大市场建设,科技创新资源的市场化配置效率显著提高,技术市场交易质效持续提升,在服务国家重大战略,促进科技成果转化和产业化,支撑经济高质量发展等方面取得显著成绩。2023年全国共登记技术合同945 946项,成交金额61 475.66亿元,分别比上年增长22.5%和28.6%。

全国技术合同认定登记成交金额居前十位的省市依次为北京、上海、湖北、浙江、江苏、山东、广东、陕西、湖南、安徽。

法律法规简称

《民法典》——《中华人民共和国民法典》
《公司法》——《中华人民共和国公司法》(2023 年修订)
《公司法司法解释三》——《最高人民法院关于适用〈中华人民共和国公司法〉若干问题的规定(三)》(2020 年修正)
《合伙企业法》——《中华人民共和国合伙企业法》(2022 年修订)
《个人独资企业法》——《中华人民共和国个人独资企业法》(1999 年)
《全民所有制工业企业法》——《中华人民共和国全民所有制工业企业法》(2009 年修正)
《城镇集体所有制企业条例》——《中华人民共和国城镇集体所有制企业条例》(2016 年修订)
《证券法》——《中华人民共和国证券法》(2019 年修订)
《高等教育法》——《中华人民共和国高等教育法》(2018 年修正)
《促进科技成果转化法》——《中华人民共和国促进科技成果转化法》(2015 年修订)
《民事诉讼法》——《中华人民共和国民事诉讼法》(2021 年修正)
《海商法》——《中华人民共和国海商法》(2021 年修正)
《诉讼时效司法解释》——《最高人民法院关于审理民事案件适用诉讼时效制度若干问题的规定》(法释〔2020〕17 号修改)
《专利法》——《中华人民共和国专利法》(2020 年修正)
《专利法实施细则》——《中华人民共和国专利法实施细则》(2023 年修订)
《商标法》——《中华人民共和国商标法》(2022 年修正)
《商标法实施条例》——《中华人民共和国商标法实施条例》(2014 年修订)
《植物新品种保护条例》——《中华人民共和国植物新品种保护条例》(2014 年修订)
《刑法》——《中华人民共和国刑法》
《土地管理法》——《中华人民共和国土地管理法》(2019 年修正)

《著作权法》——《中华人民共和国著作权法》(2020年修正)

《著作权法实施条例》——《中华人民共和国著作权法实施条例》(2013年修订)

《自然科学奖励条例》——《中华人民共和国自然科学奖励条例》

《反不正当竞争法》——《中华人民共和国反不正当竞争法》(2019年修正)

《个人信息保护法》——《中华人民共和国个人信息保护法》

《种子法》——《中华人民共和国种子法》(2021年修正)

《TRIPS协定》——《与贸易有关的知识产权协议》(2017年修正)

《保守国家秘密法》——《中华人民共和国保守国家秘密法》(2021年修正)

《民法通则》——《中华人民共和国民法通则》(1986年施行,2021年1月1日废止)

《技术合同法》——《中华人民共和国技术合同法》(1987年施行,1999年废止)

《技术合同法实施条例》——《中华人民共和国技术合同法实施条例》(1989年施行,1999年废止)

《海关法》——《中华人民共和国海关法》(2021年修正)

《知识产权海关保护条例》——《中华人民共和国知识产权海关保护条例》(2018年修订)

《矿产资源法》——《中华人民共和国矿产资源法》(2009年修正)

《合同法》——《中华人民共和国合同法》(1999年施行,2021年1月1日废止)

《侵权责任法》——《中华人民共和国侵权责任法》(2010年施行,2021年1月1日废止)

《技术进出口管理条例》——《中华人民共和国技术进出口管理条例》(2020年修订)

《涉外民事关系法律适用法》——《中华人民共和国涉外民事关系法律适用法》

《数据安全法》——《中华人民共和国数据安全法》

《网络安全法》——《中华人民共和国网络安全法》

《生物安全法》——《中华人民共和国生物安全法》

《科学技术进步法》——《中华人民共和国科学技术进步法》(2021年修订)

参考文献

[1] 曹红丽.生物技术发展引发的生物安全问题研究[J].北京科技大学学报(社会科学版),2005,21(2):6-8,13.

[2] 陈诚.我国生物安全标准制度的功能分析、现状梳理与完善路径[J].南海法学,2023,7(2):14-23.

[3] 陈家宽.《生物安全法》应关注哪些生物安全问题?[J].北京航空航天大学学报(社会科学版),2019,32(5):32-33.

[4] 陈立斌.2014年上海市第一中级人民法院案例精选[M].北京:人民法院出版社,2015.

[5] 崔思琪.论跨境贸易生物安全风险法律规制[J].中国市场,2023(11):67-70.

[6] 单晓光.新一轮科技革命与中国的知识产权战略[J].人民论坛·学术前沿,2019(13):23-31.

[7] 范健,王建文.公司法[M].5版.北京:法律出版社,2018.

[8] 冯晓青.不正当竞争及其他知识产权侵权专题判解与学理研究-第1分册[M].北京:中国大百科全书出版社,2010.

[9] 国际技术转让中的商业秘密保护[J].法制博览,2015(22):85-86.

[10] 国家市场监督管理总局、中国国家标准化管理委员会.技术转移服务规范:GB/T34670—2017[M].北京:中国标准出版社.2017.

[11] 湖北首例夫妻诉医院返还冷冻胚胎案宣判:4枚胚胎予以返还(宜昌伍家岗区法院),人民法院报,2023-2-15.

[12] 黄春林,吴旻奇.他山之石:生物安全国外立法概览.生物安全法微信公众号,2020-02-24.

[13] 姜鸿.国际技术贸易合同条款的风险及其防范[J].江汉大学学报(人文社会科学版),2002,21(5):61-65.

[14] 聚焦技术经理人发展!国内国外的这些创新举措和典型做法,你更看好哪个?国家技术转移中部中心微信公众号,2023-12-05.

[15] 跨境贸易、股权交易、国际航运……这批典型案例关注自贸区涉外涉港澳台、涉外商投资企业商事审判.澎湃新闻,[2023-11-2]. https://m.thepaper.cn/baijiahao_25090527.

[16] 黎四奇.数据科技伦理法律化问题探究[J].中国法学,2022(4):114-134.

[17] 李凡.商业数据跨境流动的规范重塑及合规治理[J].中国流通经济,2023,37(5):71-80.

[18] 李弘宇.人工智能生成物的知识产权争议.元典律智助手微信公众号,2023-11-17.

[19] 李俊,赵若锦,范羽晴.我国数据跨境流动治理成效、问题与完善建议[J].国际商务研究,2023,14(6):84-95.

[20] 李正风.《科学技术进步法》奠定科技伦理治理的法律基础[J].中国科技论坛,2023(2):3-5.

[21] 林利文.律师说案|技术出资中应予关注的几个问题.炜衡广州律师事务所微信公众号,2023-03-16.

[22] 刘海.浅析国际技术转让合同中的法律适用[J].黔南民族师范学院学报,2007,27(2):76-79.

[23] 刘长秋.论生物经济发展视野下的生物安全法律需求[J].法治社会,2020(6):10-18.

[24] 六大要点带你全面解读《数据安全法》.搜狐网,[2023-11-6].https://news.sohu.com/a/718220474_120817739.

[25] 罗东川.职务发明权属与奖酬纠纷典型案例精选与注解[M].北京:法律出版社,2015.

[26] 马一德.商业秘密法学[M].北京:高等教育出版社,2023.

[27] 梅傲.数据跨境传输规则的新发展与中国因应[J].法商研究,2023,40(4):58-71.

[28] 生命伦理问题的法律视角——生命伦理与法律的对话实录|实录.中国民商法律网,[2023-11-3].https://mp.weixin.qq.com/s?__biz=MzA3OTEzMjMwNg==&mid=2651939972&idx=1&sn=51d07f850c873f46bfad7d8561eca627&chksm=845de779b32a6e6f40e540a45b64ae621be3ee9c414212c74469f5f4b962e3f7d471900002fa&scene=27.

[29] 数据财政:新时期推动公共数据授权运营利益分配的模式框架,[2023-10-23].https://baijiahao.baidu.com/s?id=1779244498310651811&wfr=spider&for=pc.

[30] 宋阳.构建生物安全法律机制的全球视角[J].郑州大学学报(哲学社会科学版),2022,55(3):41-46.

[31] 孙茜.国家生物安全风险防控和治理体系的完善研究[J].江苏科技信息,2022,39(31):64-67.

[32] 覃亚莉.人工智能监管新规解读(上).PEVC法律圈微信公众号,2023-10-11.

[33] 覃有土.民法学[M].9版.北京:中国政法大学出版社,2022.

[34] 谭观福.数字贸易中跨境数据流动的国际法规制[J].比较法研究,2022(3):169-185.

[35] 童楠楠,杨铭鑫,莫心瑶,等.数据财政:新时期推动公共数据授权运营利益分配的模式框架[J].电子政务,2023(1):23-35.

[36] 王利明.民法[M].9版.北京:中国人民大学出版社,2022.

[37] 王迁.知识产权法教程[M].7版.北京:中国人民大学出版社,2021.

[38] 魏振瀛.民法[M].8版.北京:北京大学出版社;高等教育出版社,2021.

[39] 文佳.浅析软件著作权许可和转让的界定与应用[J].软件,2022,43(9):48-50.

[40] 我国科技伦理治理的核心议题和重点领域,[2023-10-28].https://baijiahao.baidu.com/s?id=1731008193497308055&wfr=spider&for=pc.

[41] 吴汉东.知识产权法[M].6版.北京:北京大学出版社,2022.

[42] 辛杨.《中华人民共和国反不正当竞争法》修订解析及适用[M].北京:知识产权出版社,2019.

[43] 薛杨,俞晗之.前沿生物技术发展的安全威胁:应对与展望[J].国际安全研究,2020,38(4):136-156,160.

[44] 杨彤丹,尤梦璇.生物安全风险治理的软法进路[J].商丘师范学院学报,2022,38(5):76-80.

[45] 张泽涛,刘尔思.企业跨境技术转移合作中知识产权保护研究[J].项目管理技术,2020,18(3):62-66.

[46] 赵小文.国际技术许可合同中作为被许可方的中方合法权益的保护[J].现代商业,2012(12):60-61.

[47] 赵晓晓.新时代科技伦理问题与价值[J].学理论,2019(6):63-64.

[48] 中国产学研合作促进会.合同起草审查指南:T/CAB0121—2021[M].北京:法律出版社,2021.

[49] 中国经济网,[2023-10-25]http://www.ce.cn/cysc/tech/gd2012/202212/26/t20221226_38308573.shtml.

[50] 最高人民法院.人民司法·案例[J].人民司法,2022(17).